徐建融游艺百讲

当代画家十讲

徐建融 著

上海大学出版社
·上海·

图书在版编目(CIP)数据

当代画家十讲 / 徐建融著. —上海：上海大学出版社，2023.8
（徐建融游艺百讲）
ISBN 978-7-5671-4710-2

Ⅰ.①当… Ⅱ.①徐… Ⅲ.①画家-生平事迹-中国 Ⅳ.①K825.72

中国国家版本馆CIP数据核字(2023)第111315号

统　筹　刘　强
责任编辑　王　聪
助理编辑　夏　安
封面设计　柯国富
技术编辑　金　鑫　钱宇坤

徐建融游艺百讲
当代画家十讲
徐建融　著
上海大学出版社出版发行
（上海市上大路99号　邮政编码200444）
（https://www.shupress.cn　发行热线 021-66135112）
出版人　戴骏豪

*

南京展望文化发展有限公司排版
江苏凤凰数码印务有限公司印刷　各地新华书店经销
开本 710mm×1000mm　1/16　印张 20　字数 257千
2023年8月第1版　2023年8月第1次印刷
ISBN 978-7-5671-4710-2/K·274　定价 80.00元

版权所有　侵权必究
如发现本书有印装质量问题请与印刷厂质量科联系
联系电话：025-57718474

总　序

2005年11月19日，上海大学校长钱伟长在给上海大学美术学院邱（瑞敏）院长、薛（志良）书记的信中讲："据我所知，徐建融教授已在上海大学执教二十余年了。多年来，他一边热心于传道授业解惑，一边更是潜心于学术研究和艺术创作，终于成就一番骄人之成绩。我虽然未得与徐建融教授谋面，但是却知道他在美术界颇被看重和推崇。我为我校有如此杰出之人才而高兴，也为我们美术学院这些年来所取得的进步而欢欣。"

2012年9月，上海大学美术学院院长冯远在为《长风堂集》所作的"序"中讲，徐先生是当今学术界致力于宣传、弘扬传统优秀文化的代表人物。"他对传统文化几十年如一日的坚持，以及对传统文化的研究之全面、深刻，和由此所取得的对传统文化认识的实事求是的科学性、与时俱进的独创性，在全国有着广泛的影响。徐先生的研究和实践，众所周知的是以中国美术史论研究、美术教育、书画创作和鉴定为重点。实际上，他的涉及面几乎囊括了传统文化经史子集的各个方面"，对儒学、老庄、佛学、说文、历史、文学、戏曲、园林、建筑等"无不着意探究，以国学为视野来观照书画。同时，他对西方文化的经典也下过相当的功夫，以西学为参照来审视国学。术业有专攻与万物理相通，'不入虎穴，焉得虎子'与'不识庐山真面目，只缘身在此山中'，立足本职而作换位思考，这是其治学治艺的基本方法"。这使他的传统研究和实践，在新的时代背景下焕发出"科学发展的生命活力，既是历史的，又是现实的"。

子曰:"志于道,据于德,依于仁,游于艺。"有"当代艺术界大儒"之称的徐建融先生,思无邪,行无事,故多艺。而著述,正是其"多艺"中的一项重要内容。孔子说:"盖有不知而作之者,我无是也。"《左传》则说:"言之不文,行而不远。"徐建融先生的著述,从来就不是局限于板凳上、书斋中的"为学术而学术",而都是出之于"学而时习之"的实践体会,所以"如万斛泉涌,不择地,皆可出";又以富于文采辞藻,无论是温柔敦厚,还是慷慨磊落,皆能有声有色地穷理、尽情、动情。真知灼见加上文采斐然,所以其著述为各阶层读者所欢迎。正是四十多年来连续不断地发表、出版的这些著述,使他的"学而不厌""有教无类"在社会上产生了广泛而深远的影响。

为了更集中同时也更条理地反映徐建融先生的著述成果及其学术思想,特在他业已发表、出版的各种著述中,推出"徐建融游艺百讲"十种统一出版,即《晋唐美术十讲》《宋代绘画十讲》《元明清画十讲》《晚明绘画十讲》《当代画家十讲》《谢陈风雅十讲》《建筑园林十讲》《画学文献十讲》《美术史学十讲》《国学艺术十讲》。

其中,除《谢陈风雅十讲》外,大多有之前的相应出版物为依据。但这次的出版并不是旧版的简单重版,而是在体例上、内容上均作了调整。原出版物中多有一定数量的插图,现考虑到书中涉及的图例可从网上搜索到高清图像,故一并删去不用。

全部书稿的整理、修订,徐建融先生本人均给予了极大的支持,十分操劳。在此谨致谢意。限于学识,我们所做的工作还有不足之处,还祈请徐建融先生和广大读者批评指正。

前　言

本书是上海人民美术出版社1995年出版的《当代十大画家》的修订本。系评价20世纪十位已经去世的画家的艺术成就、艺术影响及其在当下艺术史上的地位问题。这次修订所做的主要工作有二：一是以画家的生年重排次序；二是在"导论"后加附《20世纪著名画家》一文，在《大块文章——潘天寿艺术论》后加附《"中西绘画拉开距离"之我见》和《潘天寿学派和浙东学派》二文，《广大精微——徐悲鸿艺术论》后加附《徐悲鸿与传统》和《写实主义与正规传统》二文。附加的文章，于文末均注明撰写或发表年份。本书作为"徐建融游艺百讲"的一种，更名为《当代画家十讲》。

徐建融
2023年春节

目　录

导论 / 1
   附：20 世纪著名画家 / 7

第一讲　**天真烂漫**——齐白石艺术论 / 12
第二讲　**林泉高致**——黄宾虹艺术论 / 36
第三讲　**云表奇峰**——吴湖帆艺术论 / 61
第四讲　**广大精微**——徐悲鸿艺术论 / 85
  附一：徐悲鸿与传统 / 108
  附二：写实主义与正规传统
    ——徐悲鸿与 20 世纪中国写实绘画 / 122
第五讲　**海粟之狂**——刘海粟艺术论 / 137
第六讲　**大块文章**——潘天寿艺术论 / 160
  附一："中西绘画拉开距离"之我见 / 184
  附二：潘天寿学派和浙东学派 / 199
第七讲　**风流倜傥**——张大千艺术论 / 213
第八讲　**欲辩忘言**——林风眠艺术论 / 236
第九讲　**往往醉后**——傅抱石艺术论 / 259
第十讲　**积学致远**——李可染艺术论 / 283

后记 / 307

导 论

本书所论"当代",系指20世纪20年代至80年代这一段历史时期而言;所论述的对象,主要是"中国画"家;所选择的"十大画家",仅是就我个人的标准来衡定的。

在中国绘画史,主要是卷轴画史上,当代是足以与宋、元、清代相媲美的一个重要时期。

每一个重要的时期,都是以一批杰出的画家为标帜的,他们的艺术成就,启导了该时代的画学思想,代表了该时代的画学水平,领导了该时代的画学潮流。一个时代,如果没有一两位才华出众的大画家,就很难在绘画史上占有突出的地位。因此,对任何一个时期的绘画史的研究,首先应该是对该时期的一些大画家的研究。

对某一个或一些大画家的研究,我们又必须注意把他们的成就投影到当时乃至整个绘画史的文化背景之上,才有可能获得更加确切的认识和评价。总之,英雄造时势,抑或时势造英雄,二者之间始终是一种辩证的有机关系。

在中国绘画史的发展进程中,越是重要的时期,越是大家辈出,高手如云。唐代以前以壁画为主,卷轴的存世寥寥无几,不妨撇开不论。五代以降,董源、李成、范宽号称"北宋三大家";李唐、刘松年、马远、夏圭号称"南宋四大家";此外如巨然、关仝、郭熙、王诜、赵令穰、赵伯驹、赵伯骕,也都是一代山水高手;花鸟方面则有"黄徐异体"、赵昌、易元吉、崔白、赵佶、李迪；人物画家则有李公麟、梁楷，等等，遂使宋代画苑极盛一时，辉映百代。甚至一些不知名的小画家之作，沾泽被霖，居然也焕然可观。

元代画坛，赵孟頫、高克恭并称领袖，"古意""简率"风气之所开，黄公望、吴镇、倪瓒、王蒙继起，号称"元四家"，明清之际，被公认为是"南宗"山水的正宗法派；此外如钱选、曹知白、朱德润、盛懋、李衎、柯九思、张渥、王冕等，亦各有千秋。因此，元代历时虽不足一个世纪，而其在绘画史上的贡献，实不亚于两宋。

相对而言，明代是中国绘画史上的一个寂寥时期，浙派的戴进、吴伟自不待论，即以号称"明四家"的沈周、文徵明、唐寅、仇英而言，成就也不是十分突出，所谓"世无英雄，遂使竖子成名"。倒是晚明的徐渭、董其昌、陈洪绶，承先启后，大家无疑；但风气所开，其影响却是在清而不是在明的。

清初画坛，直承董其昌的衣钵，在一片类似于后世"穷途末路"说的危机声中拉开了极盛的帷幕。王时敏关于"流传谬种，为时所趋，前辈典型，荡然无存"的惊呼、王鉴关于"广陵散矣"的惊呼、王翚关于"画道至今日而衰矣"的惊呼、石涛关于"遂使今人不能出一头地"的惊呼，此起彼伏，声气相通。也许，正是这种危机感加强了他们振兴画道的使命感。王时敏、王鉴、王原祁、王翚、吴历、恽寿平并称"清初六大家"，弘仁、髡残、八大山人、石涛并称"清初四画僧"，龚贤则为"金陵八家"首选，其力量气局之雄厚，为宋、元以后所仅见。乾隆以降，虽每况愈下，但"扬州画派""海上画派"复出，或标新立异，或趋时附俗，亦属画苑后劲。

当代中国画的发展，一直处于相比于以前任何一个历史时期都更加严峻、更加错综复杂的形势之中。由于中西文化的大规模交流和碰撞、价值观念的变更、美术教育的普及、国难的压迫、政治的干扰、经济的冲击等等，使得中国画的生存面临着多种选择的可能性和困难性。诸如传统与创新的问题、中西融合的问题、为政治服务与自我表现的问题、深入生活的问题,等等,无时不在困扰并煎熬着诸多画家的心灵。事实上,"中国画"这一名词概念的提出,也正是面对西方绘画挑战的一种回应。在这里,不拟对"中国画"这一名词进行涵义上的界定。"中国画"的定义正如同"艺术"或"美"的定义,任何刻舟求剑或画地为牢的努力都是形而上学的,所以也是无意义的。在约定俗成的观念中,"中国画"的涵义即使永远无法界定,但人们对它的共识是毋庸赘言的。

从20世纪20年代康有为在《万木草堂藏画目》中提出"中国画学应遂灭绝"的危言耸听,到刘海粟、徐悲鸿、林风眠等在早年对中国画的批评;从50年代"中国画不科学""中国画取消"论的民族虚无主义,到80年代由少数"前卫"青年的"穷途末路"说所掀起的否定传统的中国画大讨论,其论争的激烈程度,持续时间的漫长,都是前所未有的。

需要指出的是,在这一片持续不衰的对于中国画的责难声中,其实包含了两种决然不同的观点:一种观点是要从根本上取消中国画,而代之以全盘西化的"新"的绘画形式;另一种观点则是希望通过改良中国画,使之能适应并体现新的时代精神——二者实不可同日而语。同时,与此相反的是恪守传统的态度,其实也包含了两种决然不同的观点:一种观点是从根本上否定中国画创新的全盘继承论;另一种观点则是希望通过在传统的基础上改革中国画,使之能在开放的形势下以民族性赢得世界性——二者亦不可同日而语。

在这里,我们无暇对这场旷日持久的大讨论作出孰是孰非的评判。艺术上的讨论无法诉诸法律,因此,永远无法得出孰是孰非的评判结果。重要的是事实。事实之一是,对中国画持偏激态度的,不外乎两种人:一种是政治家,对艺术,尤其是对中国画完全属于外行或抱有某种偏见;另一种是年轻的学子,对中国画的认识远未深入其精奥。俗话说:"隔行如隔山。"尤其是中国画,作为一种超功利的艺术形式,它难以为政治家所理解,自在情理之中。而即使是艺术家,中国画不同于西方绘画的一个重要之点,在于它不徒为技术之事,而是一种终身的修养课业,它难以为年轻学子所理解,同样在情理之中。

事实之二是,一度对中国画持偏激态度的画家们,伴随着年岁的增长和认识的深化,均在他们后期的艺术生涯中对中国画的创作表现出极大的专注和热情;此外的大多数油画家、版画家,也在晚年纷纷"改行"从事中国画创作。而中国画家中,则几乎没有"改行"从事油画创作的。换言之,被宣布为必将被"先进"的西方绘画所取代的"穷途末路"的中国画,在实际的发展中,这种"取代"的关系恰恰被作了戏剧性的颠倒。这实际上说明,不同的画种之间并不存在"取代"的问题,而对于中国画的发展来说,面对西洋画的冲击,只是如何引进西洋画的长处以另辟蹊径的问题。

事实之三是,当代中国画坛的大家辈出、高手如云,决不亚于宋、元、清。除黄宾虹、齐白石、林风眠、张大千、潘天寿、傅抱石、李可染、吴湖帆、刘海粟、徐悲鸿十大画家外,当代画坛的佼佼者还有不少,他们的成就不只驰名一时,亦可垂诸画史,有些甚至决不在十大画家之下——只是由于他们的艺术,尚处于不断发展的精进状态之中,他们的更大影响,也将延续到20世纪90年代以后,所以,本书中便存而不论了,以便留诸将来。

如上的事实,足以提示我们,无论如何,"中国画取消"论的观点是没有道理的,至少在就近的相当一段历史时期内是没有道理的。至于在遥远的将来,中国画是否会消亡,那就不是今天所能作出结论的了。我曾提出,对包括中国画在内的艺术起源问题,应该持"不可知"论而不作讨论;同理,对包括中国画在内的艺术终极问题,也以持"不可知"论而不作讨论为宜。古人云:"不知生,焉知死?"又云:"可怜夜半虚前席,不问苍生问鬼神。"绘画史的研究要想不流于"空头",就必须把关注点放在可能了解的方面而不是不可能了解的方面,唯有如此,才具有实践的科学意义可言。

综观当代中国画的发生、发展,大体上经历了三个时期。第一个时期是20世纪20至40年代,这一时期,正当国家多灾多难的动荡之际,但是,艺术氛围则相对地比较宽松、自由,所谓"国家不幸诗人幸",大批有成就的画家都活跃于这一时期,涌现于这一时期。第二个时期是20世纪50至70年代,由于政治的干扰,尤其是极左路线的干扰,致使艺术沦为政治的宣传工具,限制了画家的艺术才华和创造力,除一些由上一时期过来的画家外,完全在该时期成长起来的画家,成就突出的并不是太多。第三个时期是20世纪80年代以后,伴随着改革开放的形势,又解除了政治的羁绊,虽一度受到全盘西化思潮的冲击,嗣后又受到商品经济大潮的侵蚀,但中国画的势头总的来说是朝着好的方向发展,涌现出大批年轻而有希望的画家,他们的成就不只在今天已经引人注目,并必将在21世纪产生更大的影响。

本书所论十大画家,基本上都是在第一时期成长起来的,有的则分别进入了第二乃至第三时期。作为当代画史的见证人和启导者,从他们的成就以及成功的经验和得失,足以引发我们关于中国画发展的多种问题的思考。在这些问题中,有的是由来已久的老问题,如继承与创新的关系问题;有的则是当代所特有的新问题,如中西融会的问题、深入生活的问题、美术教育的问题,等等。从理论上来分析,所有这些问题都没有、也不可能有统一的"标准"性答案。从实践上来分析,由于主客体条件的不同,各家对这些问题所作出的"答卷"往往也是大相径庭的。这使我联想起有一段时期报刊和电视的专题栏目中对所谓"长寿秘诀"问题的讨论。有人说"生命在于运动",然而,有些长寿者偏偏终生不下狭小的阁楼;有人主张"长期吃素",然而,有些长寿者偏偏非大鱼大肉则食不甘味;有人提倡"清心寡欲",然而,有些长寿者偏偏容易激动……总之,每一个"正例"都可以找到相对应的"反例"。这实际上证明了生命问题的复杂性,决不能简单化地予以机械的理解。同理,艺术问题,包括中国画问题,也是复杂的,决不能简单化地予以机械的理解,而应该顺其自然,允许百花齐放,百家争鸣,允许画家个人的独创性。

清代诗人赵翼曾经提出：

李杜诗篇万口传,至今已觉不新鲜;
江山代有才人出,各领风骚数百年。

(《论诗》五首之一)

一切历史都是当代史,而当代史则是连着过去、指向未来的。十大画家的艺术生涯都已终结,那么,21世纪的中国画坛,又将由谁来启领风骚呢？且让我们拭目以待。

附：
20世纪著名画家

下面这份名单，是20世纪各地区的著名画家。他们的成就和声名的起落沉浮，足以引起今天还在世的21世纪各地区著名画家的反省。因为，如马克思所说："人到世间来没有携带镜子……所以人首先是把自己反映在另一个人身上。"（《资本论》第一卷郭大力中译本25页脚注18）中国所说的"以人为镜"，正是同样的意思。

两广地区：高剑父、高奇峰、陈树人、关山月、黎雄才、邓芬、方人定、阳太阳、马万里；

港台地区：溥儒、张大千、黄君璧、江兆申、余承尧；

闽赣川昆疆陕地区：陈子奋、郑乃珖、蔡鹤洲、蔡鹤汀、黄秋园、石壶、周霖、袁晓岑、王晋元、冯健吾、石鲁、徐庶之、赵望云、方济众、刘文西、何海霞；

山东安徽地区：于希宁、黑白龙、张朋、萧龙士、黄叶村；

北京地区：齐白石、徐悲鸿、李可染、黄胄、吴冠中、张仃、李苦禅、郭味蕖、王雪涛、陈师曾、徐操、于非闇、蒋兆和、白雪石、周思聪、卢沉、姚有多、秦仲文、胡佩衡、叶浅予、王铸九、潘洁兹、陈半丁、萧愻、萧谦中、祁昆、卢光照、许麟庐、娄师白、马晋、金城、黄均、曹克家、田世光、吴作人、崔子范、汪慎生、俞致贞、董寿平；

天津地区：刘奎龄、刘子久、陈少梅、张其翼、王学仲、孙克纲、孙其峰、刘继卣；

江浙地区：黄宾虹、潘天寿、傅抱石、钱松嵒、陆俨少、余任天、陆抑非、周昌谷、方增先、李震坚、卢坤峰、吴山明、顾生岳、宋文治、魏紫熙、亚明、陈大羽、陈之佛、张辛稼、吕凤子、吴茀之、诸乐三、陆维钊、周沧米、黄逸宾、张文俊、诸闻韵、张书旂、张振铎、林散之；

上海地区：吴昌硕、吴湖帆、贺天健、林风眠、谢稚柳、陈佩秋、程十发、刘海粟、朱屺瞻、唐云、江寒汀、张大壮、赵叔孺、冯超然、吴待秋、关良、钱瘦铁、姚有信、胡若思、沈柔坚、吴琴木、陶冷月、刘旦宅、吴华源、张石园、郑慕康、王个簃、来楚生、谢之光、应野平、黄幻吾、乔木、丁宝书、吴观岱、胡汀鹭、程瑶笙。

需要说明的是，任一时代，最后能在画史上留下姓名来的，一百年间不会超过20个人。所以，这一百多位20世纪的著名画家，五百年后能够依然著称于画史的，肯定不足十分之一。而21世纪刚刚过去20年，其中的不少名字，对于大多数中国画家来说已经非常生疏。而事实上，不仅在这20年，早在70年前，其中不少画家还在世，对他们的成就和声名的认识、评价，便是有所变动的。大体而言，有如下几种情况：

一、生前便已著名，身后、至今依然著名；

二、生前颇为著名，身后逐渐冷落，至今几不著名；

三、生前便已著名，晚年及身后逐渐冷落，至今又著名；

四、生前不著名，晚年及身后逐渐著名，至今依然著名；

五、生前不著名，晚年及身后逐渐著名，至今又不著名。

历史是残酷的，不过几十年的时间，"多"少曾经的著名画家，竟然变得不著名了！历史又是公正的，不过几十年的时间，多"少"曾经的不著名画家，竟然变得著名了！

"以人为镜",也就是"以史为镜"。

21世纪开局的20年间,著名的画家之多,肯定超过20世纪一百年间曾经著名过的画家。那么,有没有可能,这么多的21世纪著名画家,会永远著名下去,像20世纪著名画家的第一种情况呢?"后之视今,亦犹今之视昔"。我的看法,基本上不可能,而应以第二种情况的可能性比较大。这,无疑是对今天广大著名画家自信心的极大打击。但历史从来就是如此,不仅20世纪,清代、明代、元代、宋代……历朝历代,莫不如此,21世纪怎么可能是例外呢?所以,自我打击一下膨胀的自信心,就可以树立对历史的敬畏心。我们要坚定文化自信,根本上便在牢牢地保持对历史的敬畏心,而绝不是抛弃对历史的敬畏心,膨胀对个人的自大心!

21世纪开局的20年间,不著名的画家之多,当然更超过20世纪一百年间的不著名画家。那么,有没有可能,其中也会出现像20世纪著名画家中的第四种情况呢?我的看法,也是基本上不可能。因为,20世纪相对闭塞,包括清代、明代、元代、宋代……所以会出现有成就而不出名的不公现象。21世纪则是一个信息的时代、开放的时代、炒作的时代,有成就而不出名的不公现象再也不会出现,而变成了没有成就而出大名的不公。所以,今天的不著名画家,梦想着自己可能像凡·高、吴镇一样,在身后会名声大振,甚至在临死之前,把自己的作品郑重托付给妻儿好好保存,实在也是盲目的自大自信。

今天,著名的画家强调的是"现实的论定",而不著名的画家强调的则是"五百年后的论定"。在20世纪之前,直到唐宋,这两句话各有一半是真理,更具体地说,前一句的百分之八十是真理,后一句的百分之二十是真理。也就是说,"现实"论定的著名画家,一半以上是可以成立的,并将在身后继续著名下去,一半以下是不成立的,并将在身后沦为不著名。而"五百年后"论定的著名画家,也即"现实"论定的不著名画家中,一半以上将永远不著名,一半以下中有几人可能在身后著名。然而,到了今天的现实中,信息畅通透明到几乎没有隐私可言,埋没人才的情况就再也不可能发生。只有没有成就者,有极大可能在现实中被炒作为著名画家,绝对不可能再发生有成就者在现实中被论定为不著名画家。所以,"待五百年后人论定"的解释,也就不可能再针对现实论定中的不著名画家,而变为针对现实论定中的著名画家。也就是说,现实中的不著名者,应该面对现实的论定来反省自己,而决不可妄想"五百年后"的论定来抗拒现实、坚信自大。而现实中的著名者,应该面对五百年后的论定来反省自己,而决不可盲目于现实的论定来坚信自大、抗拒"五百年后"。

钱锺书引西方哲语说:"艺术与政治、哲学被并列为世界上三大可以骗人的玩意。"又补充说:"艺术家不只可以骗人,更用来骗自己。"现实中的著名者坚信现实而不畏历史,是自欺欺人;现实中的不著名者不畏现实而坚信历史,同样也是自欺欺人。我们需要的是,既尊重现实,又敬畏历史。尊重现实,主要是对现实中的不著名者而言的,如韩愈之所说:"诸生业患不能精,无患有司之不明。行患不能成,无患有司之不公。"要反省自己做得不够,而绝不是抱怨社会、抱怨别人都瞎了眼,使我"笔底明珠无处卖,闲抛闲掷野藤中",并妄想"五百年后人"一定会将我奉若神明。敬畏历史,主要是对现实中的著名者而言的,如启功先生生前就多次讲到,自己的书法实在写得不够好,之所以当上书协主席,就像不会开火车或开得不够好的人当了铁道部部长。所以兢兢业业,如履薄冰,而绝不是自高自大,认为实至名归、舍我其谁、当仁不让。

韩愈在《与卫中行书》中讲到,一个人的命之贵贱祸福"存乎天",名声之善恶"存乎人",成就之高低"存乎己","存乎己者,吾将勉之;存乎天、存乎人者,吾将任彼而不用吾力焉"。所以,现实之中,不著名,什么好处也得不到,应视作"分之宜也";而只要我还能活在这个世界上,还能书画,则活得再狼狈,也应视作"何其幸欤"。

事实上,在今天社会大透明的时代,谁是真有成就,名副其实的著名,在历史上留得下来的著名？谁是实在没什么成就，不过名不副实的著名，不要说在历史上留不下来，就是当他从职位上退了下来，即使人还活着，在前一个"现实"大著其名的他，在后一个"现实"便将泯然众人——这一切，有了20世纪著名画家名录的镜鉴，我们是可以看得非常清楚的。

但是，人自以为是的本性，是永远不肯从历史的借鉴中吸取教训的；艺术家尤其是永远不肯从历史的借鉴中吸取教训的。所以，尽管"现实"中不著名、进入"历史"后变为著名的事例基本上不会再发生，但"现实"中大著名、进入"历史"后不著名的事例却会屡见不鲜。

一言以蔽之，现实中的不著名书画家，应尊重"现实"而不宜奢望"历史"，而现实中的著名书画家，应敬畏"历史"而不可自重"现实"。就像穷人不应该高唱"我对钱财是看得很轻的"，而富人不应该高唱"物质第一性，精神第二性"。

2020 年

01 第一讲
天真烂漫——齐白石艺术论

齐白石(1864—1957),湖南湘潭人,小名阿芝,名璜,字渭清,号濒生,别号白石山人、寄萍堂主人、杏子坞老民、借山馆主人等。擅画花鸟草虫,亦能山水、人物,兼工书法、篆刻,长期以鬻艺为生。曾任中国美术家协会主席。

一

中国传统绘画的创作力量,向有"行家""利家"之分。行家指职业画工,包括宫廷画工和民间画工;利家指业余画家,主要是文人画家。职业画工以绘画作为谋生的专职,他们的创作必须迎合雇主或买主的口味;文人画家则以绘画作为词翰余事,不求娱人,但以自娱。由此而反映在绘画的风格上,画工画不免显得"俗"气,而文人画则以清高脱俗的翩翩文雅独擅胜场。虽然,进入明清以后,不少职业画工开始自觉地借鉴文人画的作风,而多数文人画家也开始走上了职业化的道路以画为生,但其间的雅俗之分依然还是判若泾渭的。

事实上,早从唐代开始,便已出现了重文人、轻画工的批评倾向。张彦远《历代名画记》以为:"自古善画者,莫匪衣冠贵胄,逸士高人,振妙一时,传芳千祀,非闾阎鄙贱之所能为也。"但是,究竟为什么只有"衣冠贵胄,逸士高人"才"善画",而"闾阎鄙贱"则莫能为?张彦远并未加以说明。

南宋的邓椿则在《画继》中进一步指出："画者，文之极也。……其为人也多文，虽有不晓画者寡矣；其为人也无文，虽有晓画者寡矣。"所谓"文"，也就是上文所说相对于"俗"气而言的清高脱俗、翩翩文雅；这样，问题就显得比较明朗化了。于是，进入元代以后，中国传统绘画便成为文人画的一统天下，其间虽有一二杰出的天才画工，如仇英、任伯年等，但必须依傍于文人的门户攀声附响，而且，他们的成就依然也无法取代文人画家的至尊地位；至于一般的画工，当然更难以出人头地了。必须指出，对于这种重文人、轻画工的传统批评倾向，我们并不是无条件地加以接受的。且不论汉、唐的大多数绘画杰迹，均出自职业画工之手；即使元代以后，职业画工的创作依然有其特殊的、为文人画所不可取代的美学价值，并越来越受到今天的美术家们的关注和青睐。但是，对于丰富传统绘画的表现形式及其内涵和意境，使之显得更加含蓄，具有更高的文化品位，文人画家确实起到了职业画工所起不到的作用；从这一意义上，元代以后的中国绘画史几乎成为一部文人画史，也就在情理之中。

齐白石的意义正在于，他既是一个真正意义上的"闾阎鄙贱"的画工，然而他又确乎是一位真正的艺术大师，在当代中国画坛，与作为传统型文人画家的黄宾虹具有同等的地位。这一现象，不能不引起我们加以多方面的关注，并作为我们研究齐白石的一个切入点。

齐白石出身于一个以耕织为生的贫穷农户之家，虽自幼聪颖好学，但直到八岁才有机会入村塾念书，而且因为家境贫寒，不到一年便辍学归农，只能于劳动之余练字、习画、读书。据他自己的回忆，他的祖母曾为之慨叹："三日风，四日雨，哪见文章锅里煮？明朝无米，吾孙奈何？惜汝生来走错了人家。"（《白石老人自述》，以下引齐白石语录、诗文不注出处者同此）当他十二岁时，又因体弱不能耕牧，为了谋生，家长就送他去学木工手艺，三年之后转习雕花木工，兼绘纹饰、图样。因其描绘、雕花的技艺精湛，乡亲都称之为"芝木匠"。于是而有机会进一步沉浸到绘画艺术之中。

但当时他借以起手入门的,只是一部石印的《芥子园画传》,根本无缘观摹古今名人的真迹。一直到他二十七岁时,才正式拜画家胡沁园、文人陈少蕃为师,此后即逐步开拓自己的艺术道路,兼以替人刻印、作画——主要是为乡下人绘制供奉像谋生。但一面仍朝为木工,夜则以松火读书。不久,又得湖湘名流王湘绮的提携,从此就有了较好的学习机会,得以告别木工的行业,专心于从事艺术的创作,同时交游渐广,及于文人的圈子。

四十岁以后,他曾五次离乡远行,漫游南北。六十岁以后正式寓居北京,以治印、鬻画为业,并在樊樊山、夏午诒、罗瘿公、陈师曾、王梦白、徐悲鸿等师友的鼓励之下,锐意改革画风,力求"衰年变法",终于成为一代大师。

关于齐白石的研究,近几十年来可谓连篇累牍,其中虽不无中肯精到的见解,但大都囿于文人画的误区,把齐白石纳入文人画的传统之中,用文人画的一整套观念、体系等等来诠释齐白石、评价齐白石。这样做的结果,既无益于揭示当代中国画发展的本质规律,也无助于更深刻地认识齐白石之所以成功的内在原因以及这种成功的不可替代性和不可重复性。

把齐白石纳入文人画传统中加以研究的理由,不外乎他的人品气节、读书交游、传统功底、"诗、书、画、印"兼擅等等。

其实,就人品气节而论,综观齐白石的一生,他既无经时济世的大志,又无离世绝俗的高节,而始终是以普通平民的身份非常世俗地入世的。所谓"君子喻于义,小人喻于利"(《论语·里仁》)。只要不是对"小人"持歧视的观点,而是客观地承认"君子"与"小人"各自所处的"大传统"(great tradition)或"精英文化"(elite culture)与"小传统"(little tradition)或"通俗文化"(popular culture)的文化层级之别,那么,齐白石按其性格,正属于注重实"利"而忽视虚"义"的"小人"——这是他与作为传统型文人的黄宾虹的本质不同。

至于齐白石的人品气节,多为研究者所津津乐道的是 1937 年北京沦陷之后，他杜门谢客，不趋炎附势，辞却敌伪的官方"聘请"，并在家门口贴上"画不卖与官家"的"告白"。这样的气节固然是值得称道的，但未必非把它与文人的"人品"联系到一起才显得出它的价值。在当时的历史条件下，全国各阶层的民族意识普遍高涨，每一个有良心的、不愿做亡国奴的中国人，不论他是处在"大传统"的文化层级上也好，还是处在"小传统"的文化层级上也罢，无不直接或间接地投身到抗日民主运动之中，成千上万的人甚至为此而献出了他们的生命。相形之下，齐白石所表现出来的气节固然值得称道，但并不宜不加节制地大肆渲染，以致淹没了他以普遍平民的身份非常世俗地入世的基本性格。

就读书交游而论，文人画家固然讲究"读万卷书，行万里路"，讲究广交诗朋画友，但这些并非他们的专利，职业画工，尤其是明清以降的职业画工，同样也注重这方面的修养。所以，重要的并不在于他有没有这方面的修养，而在于这方面的修养究竟在他的基本性格方面产生了多大的影响和怎样的影响。齐白石固然读了一些书，而且读得很刻苦、很用功，但事实上，他读的书在数量上并不是很多，在质量上也根本提不到一般文人所应有的读书水平。至于王湘绮等人同他的关系，更不是一般意义上的文人之间的关系，而仅仅是文人与画工之间的关系，就像唐代的王维对于韩幹的资助、提携一样。此外，从他的五次离乡远行、漫游南北来看，他虽曾遍及三山五岳、长江、黄河、洞庭、鄱阳各大名胜，扩大了视野，开阔了心胸，但这一切，同样没有能够改变他的基本性格。当然，我们也不能否认，由于这方面的努力，使得齐白石有幸超越了一般孤陋寡闻的画工，从而使自己的艺术获得更丰富的滋养；否则的话，也许他很难成为今天意义上的齐白石。问题是，得到了文人修养的滋养是一回事，本身的基本性格有没有进入文人的层级则完全是另一回事。

就传统功底而论，齐白石借以起手入门的不过是一部石印的《芥子园画传》，他所得到的"传统"，不过是一种走了样的"传统"。拜陈少蕃、王湘绮等为师后，他虽然接触到一些古人真迹，但起点也不甚高，无非是流行的湖湘工细画风，所以，他早期的摹古之作，也多从工细入手，匠气十足，雕琢气极浓。嗣后再往上追溯，也不过到扬州八怪、青藤、白阳，尤以八怪的影响较大，如所作人物类黄慎，芭蕉、荷花类李鱓，气格显得穷酸。对于文人画家所应有的高逸传统，他完全是不着边际的。而且，由于缺少鉴赏的眼光，即使从这些起点不高的传统中，他事实上也并没有真正得到多少有益的东西。这只要把他的所谓临古之作与黄宾虹、张大千、吴湖帆、潘天寿等作一比较，便不难明白。如果一定要说齐白石有什么传统的功底，那么，我们不能不看到，真正使齐白石受益的传统并不是文人画的传统，而是民间绘画的传统；而他之所以能够获得成功，也正因为他在由文人画统治了数百年的中国画领域引进了以农民意识为指归的民间绘画的传统。

就"诗、书、画、印"兼擅而论，这固然是传统文人画的一个重要形式要素，但从明清以降，也早已不再成为文人画家的专利。因此，重要的并不在于"诗、书、画、印"兼擅的形式本身，而在于"诗、书、画、印"所达到的文化层级究竟是"雅"还是"俗"。虽然，齐白石曾自我鉴定，认为自己的艺术以"诗第一，治印第二，绘画第三，写字第四"，但事实上，他的诗恰恰是做得最差的，不过是一些近于儿戏的打油诗而已，与文人所应有的诗境格格不入；他的篆刻以单刀直入，书法以率意挥洒，虽有不假造作的天趣，但失之匠气，格调也是比较低俗的；所以，真正能在艺术史上站得住脚、并使他成为众所公认的艺术大师的，还是他的绘画。当然，我们也不能否认，他的诗、书、印与他的画是一种完美的契合，他的画非配上这样的诗、书、印不可，而绝不宜配以其他形式的诗、书、印；但问题是，如果将他的诗、书、印从他的画面上抽离出来，作为独立的审美对象来鉴赏，总给人以这样那样的遗憾而无法令人由衷地服膺。这，正是齐白石作为职业画工的"诗、书、画、印"兼擅与传统文人画家的"诗、书、画、印"兼擅的一个原则性区别。

凡此种种,足以证明,齐白石并不是一位文人画家而是一位"工人"画家;他的绘画并不属于文人画的范畴而属于画工画的范畴。只要不是抱有艺术大师非"衣冠贵胄,逸士高人"莫办的偏见,既承认齐白石是一位"工人"画家,又承认他是一位第一流的艺术大师,这并不是什么不可思议之事。事实上,为历代文人画家所最景仰的《庄子》中那些"技而进乎道"的典故,如庖丁解牛、痀瘘承蜩、梓庆为鐻、解衣盘礴等等,都不是发生在文人身上,而恰恰是发生在"工人"身上。因此,如果说判断一个画家的身份是文人还是"工人",主要在于其人品和画品的雅、俗之分;那么,判断一位艺术大师的标准,则并不在于他的身份是文人还是"工人"、其人品和画品是雅还是俗,而主要的依据正在于他是否进入了"技而进乎道"的境界。宋元以后,由于主客观方面种种条件的限制,使得"工人"而进入这一境界者越来越少,这也是事实。但作为文人画家,其实也并不是每一个人都能进入这一境界的;能够进入这一境界的,也不过少数佼佼者而已。这又反过来提示我们,作为"工人"画家,并不是绝对不可能重新进入这一境界;齐白石便是这方面的一个典型。

基于这样的认识,再来分析、评价齐白石的艺术成就及其出类拔萃的创造性贡献,比简单地沿用传统文人画的一整套观念、体系来诠释齐白石、评价齐白石,无疑要贴切得多,更加符合实际得多,同时也能给予我们以更多、更有益的启示。

二

评价齐白石的艺术,有一个现象不能不引起我们特别的兴趣,即今天的少年儿童学习中国画几乎都是从齐白石入手,而不是从黄宾虹、林风眠、张大千、潘天寿、吴湖帆等入手。而且,事实也证明,对于少年儿童来说,从齐白石入手学习中国画确乎更容易见效果、出成果;而如果从黄宾虹、林风眠、张大千、潘天寿、吴湖帆等入手,则往往会导致一败涂地的结果。这就提示我们,齐白石的艺术与儿童画之间有着某种特殊的一致性。

儿童之可爱,是因为其心性的淳朴无知;儿童画之可爱,是因为其品格的天真烂漫,或者如朱屺瞻所说:

> 老来想学儿童画,看到儿童画犹如扑来一股清风——天真、简朴!
>
> 儿童画饶天真无框框,无矫揉做作之态。
>
> 年老了,愈爱天真之美,爱其自然不伪,爱其简单朴素。
>
> 儿童画施色往往"放"而不"乱","重"而不"俗"。
>
> 庄子云"醉人坠车而不伤,其神全也"。儿童画可爱,在下笔时无杂念,一味率真,故能神全。神全有升华一切的作用。(均引自《癖斯居画谭》)

如此等等。齐白石之可爱,也正是因为其心性的淳朴无知;齐白石艺术之可爱,同样是因为其品格的天真烂漫。他完全是一位金庸《射雕英雄传》中"老顽童"周伯通一样的人物,既胸无大志,又不通世故;对于艺术,纯粹是出于一种天性,而不是刻意地迎合世俗或附庸风雅。因此,他的人品也好,画品也好,既有俗的一面,又有自然的一面。一般的职业画工之作多俗而不自然,为了迎合雇主或买主的需要而雕琢刻画、殚精竭虑,结果也就难以令人有可爱之感了。一般文人画家之作虽然清高脱俗,但往往于自然二字有所不逮,为了附庸风雅而矫揉造作、装腔作态,结果,同样难以令人有可爱之感。因此,俗还是雅,仅仅是判断人品、画品之高下的一个浅层次标准,判断人品、画品之高下的高层次标准应该是自然。张彦远《历代名画记》列画品为五等:

> 夫失于自然而后神,失于神而后妙,失于妙而后精,精之为病也,而成谨细,自然者为上品之上,神者为上品之中,妙者为上品之下,精

者为中品之上,谨而细者为中品之中。

俗而"自然",仍不失为"上品之上";雅而"谨细",充其量只能屈居"中品之中"。至于"自然"者以雅品为多、俗品为少,那是另外一个问题。所谓"自然",也就是"艺而进乎道"的境界,这一境界,在本质上正是一个儿童的世界。所以,《老子》中再三强调,把"复归于婴儿"作为返朴归真的终极境界:"专气致柔,能婴儿乎""我独泊兮,其未兆,如婴儿之未孩""常德不离,复归于婴儿""含德比厚,比于赤子"。而明代李卓吾的《童心说》更把童心的淳朴无知、天真烂漫提到高于《六经》《论语》《孟子》的地位加以褒扬:

龙洞山农叙《西厢》,末语云:"知者勿谓我尚有童心可也。"夫童心者,真心也。若以童心为不可,是以真心为不可也。夫童心者,绝假纯真、最初一念之本心也。若失却童心,便失却真心;失却真心,便失却真人。人而非真,全不复有初矣。

童子者,人之初也;童心者,心之初也。夫心之初,曷可失也!然童心胡然而遽失也?盖方其始也,有闻见从耳目而入,而以为主于其内而童心失。其长也,有道理从闻见而入,而以为主于其内而童心失。其久也,道理闻见日以益多,则所知所觉日以益广,于是焉又知美名之可好也,而务欲以扬之而童心失;知不美之名可丑也,而务欲以掩之而童心失。夫道理闻见,皆自多读书识义理而来也。古之圣人,曷尝不读书哉!然纵不读书,童心固自在也,纵多读书,亦以护此童心而使之勿失焉耳,非若学者反以多读书识义理而反障之也。夫学者既以多读书识义理障其童心矣,圣人又何用多著书立言,以障学人为耶?童心既障,于是发而为言语,则言语不由衷;见而为政事,则政事无根柢;著而为文辞,则文辞不能达。非内含而章美也,非笃实生辉光也,欲求一句有德之言,卒不可得。所以者何?以童心既障,而以从外入者闻见道理为之心也。

夫既以闻见道理为心矣，则所言者皆闻见道理之言，非童心自出之言也。言虽工，于我何与，岂非以假人言假言，而事假事、文假文乎？盖其人既假，则无所不假矣。由是而以假言与假人言，则假人喜；以假事与假人道，则假人喜；以假文与假人谈，则假人喜。无所不假，则无所不喜。满场是假，矮人何辩也？然则虽有天下之至文，其湮灭于假人而不尽见于后世者，又岂少哉！何也？天下之至文，未有不出于童心焉者也。苟童心常存，则道理不行，闻见不立，无时不文，无人不文，无一样创制体格文字而非文者。诗何必古选，文何必先秦，降而为六朝，变而为近体，又变而为传奇，变而为院本，为杂剧，为《西厢曲》，为《水浒传》，为今之举子业，皆古今至文，不可得而时势先后论也。故吾目是而有感于童心者之自文也，更说甚么《六经》，更说甚么《语》《孟》乎？

夫《六经》《语》《孟》，非其史官过为褒崇之词，则其臣子极为赞美之语，又不然，则其迂阔门徒，懵懂弟子，记忆师说，有头无尾，得后遗前，随其所见，笔之于书。后学不察，便谓出自圣人之口也，决定目之为经矣，孰知其大半非圣人之言乎？纵出自圣人，要亦有为而发，不过因病发药，随时处方，以救此一等懵懂弟子、迂阔门徒云耳。药医假病，方难定执，是岂可遽以为万世之至论乎？然则《六经》《语》《孟》，乃道学之口实，假人之渊薮也，断断乎其不可以语于童心之言明矣。呜呼！吾又安得真正大圣人童心未曾失者而与之一言文哉！
（《焚书》卷三《杂述》）

李贽之论，虽然不免偏激，但他以"童心"为"真心"，并以"道理闻见日以益多，所知所觉日以益广"为"童心胡然而遽失"的原因，无疑是颇有见地的。以绘画而论，儿童作画因"无框框，无矫揉做作之态""下笔时无杂念,一味率真,故能神全",故而"天真、简朴""自然不伪"。这是"无法"的阶段。稍长之后,各种"从外入者闻见道理"代替了"童心",懂得了如此作画为美而"务欲以扬之",如彼作画为丑而"务欲以掩之",进而画山水非黄鹤、大痴不足以立品,画花卉非白阳、青藤不足以传久,于是左牵右掣,不复有自然之可言,借用张彦远的说法:"夫运思挥毫,自以为画,则愈失于画矣。"(《历代名画记》卷二)这是"有法"的阶段。所以,有识之士决不会停止于这样的境界,他一定要努力向"童心"返朴归真,努力摒除各种后天习得的外在法则的干扰,进入"涤除玄览"的"坐忘"之境,不滞于手,不凝于心,不知然而然,于是"运思挥毫,意不在于画,故得于画矣"。(同上)这是"无法之法"的阶段。

要之,"无法""有法""无法之法",这是大多数画家向艺术最高峰攀登的必由之路。所谓"童心"高于《六经》《语》《孟》,自然高于雕镂造作,只能是相对的而不是绝对的。否则的话,一切后天的孜孜矻矻的努力,岂非毫无价值乃至只有负价值?换言之,"无法"要看是怎样层级上的"无法",自然也要看怎样层级上的自然:"无法之法"层级上的"无法"当然高于"有法",初始层级上的"无法"则又另当别论,尽管它与"无法之法"层级上的"无法"颇有相通之处,对于"有法"阶段的更进一等也不无启迪的作用;同理,"老顽童"层级上的自然当然高于雕镂造作,"童心"层级上的自然则又另当别论,尽管它与"老顽童"层级上的自然颇有相通之处,对于雕镂造作阶段的更进一等也不无启迪的作用。任何一个天才的儿童画家都不可能被作为艺术史上的大师,道理也正在于此。

当然,作为"有法"阶段的努力,每一位艺术大师所选择的方向都是各各不同的,由此而奠定了他们成为大师之后各各不同的基本风格面貌。在通常的情况下,一般都是从传统包括文人的或画工的、中国的或外国的传统的常规常法入手,逐步地从"无法"走向"有法",从"儿童"走向"成人",最后再从"有法"中超脱出去返老还童、切入"无法之法"亦即自成一家法,如黄宾虹、林风眠、张大千、傅抱石等都是如此。

但是,齐白石的情况有些特别,他似乎有一颗天生的、永不成熟的赤子之心,所以始终处于淳朴无知之中。对于绘画,他似乎也始终处于一种懵懵懂懂的状态中自说自画,他既不懂外国画,甚至也不懂中国画,既不懂文人画,甚至也不懂画工画。因此,从他的作品来看,分明既不能纳入文人画的范畴,然而又很难纳入画工画的范畴——尽管他的身份、学识、修养都称得上是一位地地道道的职业画工。如果硬要归类,则似乎归之于"儿童画"更加合适——当然,并不是初始层级上的儿童画,而是返老还童层级上的"儿童画"。也许,少年儿童学习中国画多从齐白石入手,道理也正在于此。既然是"儿童画",当然也就无所谓文人、"工人"、中国、外国之分;大凡文人的孩子也好,"工人"的孩子也好,中国的儿童也好,外国的儿童也好,其所作画总是多有相通之处的,而不像成年人的作品,文人、"工人",中国、外国,判若泾渭,一目了然。

我们知道,外国画也好,中国画也好,抑或文人画也好,画工画也好,无不各有其特殊的一套常规常法,作为由"无法"而"有法"的基础训练。然而,这一切对于齐白石来说似乎都是格格不入的。他始终是怀了一颗"童心",以儿童般的纯真之眼来看待绘画的。这就使得他对于绘画的理解具有一种常人所永远不可能具有的天真烂漫的特殊悟性。所以,对于齐白石来说,所谓"有法",并不是如黄宾虹等大多数画家那样从传统的常规常法步步积累而成,如何用笔?如何用墨?如何赋色?如何结构经营?等等;如前所述,齐白石对于前人的传统,根本就没有真正地进入过,他始终是在自说自画的情境中逐步地积累、逐步地成熟、逐步地从无法走向"有法"的。由于这种"有法"本身就并不符合传统的成法,因此,齐白石的最终突破"有法"这一关而向"无法之法"的"至法"飞跃,比之一般的画家也就来得轻而易举得多。虽然,在他从"无法"向"有法"迈进的阶段,他也曾读了一些书,观摩过一些古人的真迹,但是,如前所述,这一切并未能从

本质上改变他作为职业画工的基本的农民性格——更确切地说是农村儿童的性格。我们读他的诗,如:

> 徐徐入室有清风,谁谓诗人到老穷;
> 尤可夸张对朋友,开门长见隔溪松。
>
> (自题《山水四屏》之一)
>
> 衰颜何苦到天涯,十过芦沟两鬓华;
> 画里万荷应笑我,五年不看故园花。
>
> (自题《荷花图》)
>
> 石榴子熟叶将落,枝密无能损露华;
> 正好护持开十足,海棠不作可怜花。
>
> (自题《石榴海棠》)

其调格的浅俗,是不言而喻的。我们读他早期的摹古之作,如光绪丁酉(1897)三十五岁时的《山水四屏》、约略同时的《花鸟四屏》《临米氏雨后云山》《临八大山人鱼石图》、丁巳(1917)五十五岁时的《临赵之谦花卉》等等,无不显得稚拙浅薄,与传统的形神俱皆不肖,而决不是如一般评论所认为的是对传统的"师心不蹈迹""师其意不在迹象间"。"师心不蹈迹"也好,"师其意不在迹象间"也好,必须基于对传统的真正的理解,因此,其貌虽离,其神仍合。然而,稚拙浅薄则表现为对传统的不理解和不可理解,因此,其结果必然是形神俱皆不肖的自说自画,就像儿童的临摹之作那样。

种种迹象足以表明,齐白石从来未曾"以从外入者闻见道理为之心",从未因"知美名之可好也而务欲以扬之""知不美之名可丑也而务欲以掩之",其"童心"的天真烂漫始终未曾被障蔽、被污染。因此,他的从"无法"迈向"有法",绝不是外在的"闻见道理"的"为学日增"(《老子》),而是其内在"童心"的不断自我完善。在这种不断的自我完善中,他对于绘画的基本观念并未改变,但是其笔法却随着年龄的增长和实践的反复而越来越功力深厚、越来越老辣沉稳。这就需要相当的时间厚度,如果齐白石不是有幸享有大耋,那么,也许就很难有今天意义上的齐白石。当然,我们也不能否认,齐白石晚年的炉火纯青之作,在许多方面都与传统的精华不无相通之处,特别与吴昌硕的艺术更显得情亲意密。但是,这种相通,并不是他有意识追求的结果,而纯粹是自然而然地与传统的不谋而合,如石涛所说:"纵有时触着某家,是某家就我也,非我故为某家也,天然授之也。"(《画语录·变化章第三》)其实,即使就齐、吴艺术的相通之点而论,主要也是反映在形式的浓墨重彩方面,就对于绘画的基本观念而论,吴昌硕依然是严格合于传统的,他是懂画的,因此,他的布局结构也好,笔墨处理也好,无不在率意中显出相当的严谨性,这一笔长了,那一笔就短一些,这一笔枯了,那一笔就湿一些,这一笔浓了,那一笔就淡一些,对于色彩的搭配、疏密的处理、题款位置的安排,无不殚思竭虑,绝不掉以轻心。然而,齐白石却绝不有意识地追求这一切,因为他确确实实不懂这一切,因此,他的绘画是真正的率意之作,不受任何成规成法的羁绊。吴昌硕的画品,虽然有俗的一面,但另一方面却又涵有很强的文人性格;齐白石的画品,虽然也以俗为基调,但它的基本性格则既不属于文人,也不属于"工人",而是属于农村儿童的。因此,如果说吴昌硕的作品使人感到可敬,一般"工人"的作品使人感到可亲,而齐白石的作品则更多的使人感到可爱。

  因为不懂画而不受一切成规成法的羁绊,因而可以而且敢于自说自画、自然而然地作画,这固然是艺术返朴归真的一个化境。但它的另一面又容易导致草率之作,就像下棋没有规则而乱下一气。这就需要懂画的人从旁加以指导、鉴别。当然,这里所说"懂画的人"必须是高层次意义上的懂画的人,一般层次上的懂画的人,是没有能力承担这方面的工作的。众所周知,儿童画也好,农民画也好,在它们的作者的心目中,自然每一幅都是好的,但实际情况并非如此,其中有极好的作品,有一般的作品,也有极差的作品,既使出于同一位作者之手,其间的优劣也可能判若天壤,而不像懂画的人的作品,其水平相对而言比较齐崭。问题是,无论儿童还是农民,他们都没有能力鉴定自己作品的优劣,而必须由懂画的人代替他们加以鉴别。前文提到,儿童画虽然天真烂漫、自然不伪,但任何一位儿童画家都不可能被作为艺术史上的大师,这一方面是因为缺少时间厚度的积累,另一方面的原因便是缺少高层次意义上的懂画的人所给予的关心和指导。

齐白石始终怀有一颗纯真的童心,他又有幸享有大耄,使自己的童心获得了时间厚度上的积累,但仅仅有这两点还是不够的。齐白石之所以能够成为一代大师,我们还不能忘记陈师曾、徐悲鸿等高层次意义上的懂画的人的指导之功;如果没有陈师曾、徐悲鸿等人的热心的扶植、指导,齐白石要想成为今天意义上的齐白石,依然还是一件难以想象的事。

关于陈师曾与齐白石的交谊,据张次汉笔录《白石老人自传》,两人相识于1917年,当时齐在琉璃厂南纸铺,挂了卖画刻印的润格,陈见了其所刻印章,便到法源寺访齐,晤谈之下,即成莫逆。当时陈画大写意花卉,笔致矫健,气魄雄伟,在京华颇负盛名;齐则仅是一位不起眼的职业画工。齐取出《借山图卷》请陈鉴定,陈以为"画格是高的,但还有不到精湛的地方",当即题诗一首相赠:

曩于刻印知齐君,今复见画如篆文;
束纸丛蚕写行脚,脚底山川生乱云。
齐君印工而画拙,皆有妙处难区分;
但恐世人不识画,能似不能非所闻。
正如论书喜姿媚,无怪退之讥右军;
画吾自画自合古,何必低首求同群。

后来,齐也常去陈家,谈画论世,交谊越来越深。有一次齐出京,还做了一首诗:"槐堂(按,"槐堂"为陈师曾书室)六月爽如秋,四壁嘉陵可卧游;尘世几能逢此地,出京焉得不回头?"齐自称:"我此次到京,得交陈师曾做朋友,也是我一生可纪念的事。"

至于齐白石的"衰年变法",亦是听从陈师曾的劝告而始决计变更画法的,《自传》云:

> 我那时的画,学的是八大山人冷逸的一路,不为北京人所喜爱,除了陈师曾之外,懂得我画的人,简直是绝无仅有(按,一般人不懂齐白石的画,实际上正从反面证明了齐白石本人的不懂画;而陈师曾能懂得齐白石的画,也正因为他是高层次意义上的懂画者)。我的润格,一个扇面,定价银币两元,比同时一般画家的价码,便宜一半,而且很少人来问津,生活落寞得很。……师曾劝我自出新意,变通画法。我听了他话,自创红花墨叶一派。我画梅花,本是取法宋朝扬补之……师曾说:工笔画梅,费力不好看(按,学扬补之而以工笔画梅,又可见齐白石对于传统的扦格难入)。我又听了他的话,改换画法。

正是在陈师曾的劝告、指导之下,齐白石"从此决定大变,不欲人知,即饿死京华,公等勿怜,乃使或可自问快心时也",完全是一副"老顽童"的心怀。后来,陈师曾携带画品到日本展览,两人的作品统都卖去;法国人在东京选去两人作品,参加巴黎艺术展览会,齐白石于是一举成名,卖画生涯也一天比一天兴盛起来。齐曾有诗云:"曾点胭脂作杏花,百金尺纸众争夸;平生羞杀传名姓,海外都知老画家。"并认为:"这都是师曾提拔我的一番厚意,我是永远忘不了他的。"陈对于齐的画,有很多指正的地方,齐都虚心地接受加以改正;而齐的画风,反过来又影响了陈,所以,齐又有"君无我不进,我无君则退"的诗句。实际上,陈师曾之成为陈师曾,不妨没有齐白石;而齐白石之成为齐白石,则无论如何是离不开陈师曾的。所以,1923年陈师曾逝世,齐白石自述:"我失掉一个知己,心里头感觉得异常空虚,眼泪也就止不住流了下来。我做了几首悼他的诗,有句说:'哭君归去太匆忙,朋友寥寥心益伤。''君我有才招世忌,谁知天亦厄君年。''此后苦心谁识得,黄泥岭上数株松。'"

陈师曾的去世,使齐白石的艺术发展又一次受到了严重的阻力,不少人基于传统的观念对之横加挑剔、指责。正是在这样的形势下,徐悲鸿给予他及时的帮助,力排众议,聘请他为北平艺专的教授,成为他的又一位良师益友。所以,后来齐白石在《答徐悲鸿并题画寄江南》中提到:

少年为写山水照,自娱岂欲世人称;
我法何辞万口骂,江南倾胆独徐君。
谓吾心手出异怪,鬼神使之非人能;
最怜一口反万众,使我衰颜满汗淋。

并在致徐悲鸿的信函中说:"生我者父母,知我者君也。"

平心而论,陈师曾和徐悲鸿都是不世出的画才,他们对于绘画的理解都是极其深刻的,远非齐白石的懵懂无知所可同日而语。然而,就艺术创作而论,他们的成就又远远不如齐白石。这就形成一个"悖论":不懂画的人比懂画的人画得更好,尽管他需要懂画的人的指导、鉴别;而懂画的人却反而画不到不懂画的人那样的好,尽管他有能力指导不懂画的人。

这并不奇怪,因为不懂画的人是随心所欲地自说自画的,所以天真烂漫、自然不伪;而懂画的人总是以一定的常规常法来支配创作的,这就很难企及自然的境界,除非他有能力超越常规常法,进入"无法之法";不过,这样一来,他也就失去了对于不懂画的人的指导能力。因此,可以明确的是,一般层次上的懂画的人,是不可能理解齐白石的,因而也是不可能指导齐白石的;进入"无法之法"境界的人如黄宾虹,是能够理解齐白石,但却是不可能有效地指导齐白石的;真正能够有效地指导齐白石的,只能是高层次意义上的懂画的人,也就是虽然尚处于"有法"阶段但已经接近于

"无法之法"阶段而又始终没有能够进入"无法之法"阶段的人,那便是陈师曾和徐悲鸿。

从齐白石的成功及其与陈师曾、徐悲鸿的关系,很自然地使我们联想起金庸《天龙八部》中所描述的虚竹破解珍珑棋局的故事:逍遥派的掌门人无崖子穷三年心血,布成珍珑,二十余年无人都够破解,于是由其大弟子苏星河遍邀天下国手,一时如段誉、慕容复、段延庆等,相继上阵而又纷纷败北。因为这个珍珑变幻万端,因人而施,似正非正,似邪非邪,段誉之败,在于爱心太重,不肯弃子;慕容复之失,由于执着权势,勇于弃子,却说什么也不肯失势;段延庆则先走正着,继入旁门,越走越偏,终于难于挽救。这时,不懂棋局的虚竹有意捣乱一番,便从棋盒中取过一枚白子,闭了眼睛,随手放在棋局之上。他双眼还没睁开,只听得苏星河怒声斥道:"胡闹,胡闹,你自填一气,自己杀死一块白棋,哪有这等下棋的法子?"虚竹睁眼一看,不禁满脸通红。原来自己闭着眼睛瞎放一子,竟放在一块已被黑棋围得密不通风的白棋之中。这大块白棋本来尚有一气,虽然黑子随时可将之吃净,但只要对方一时无暇去吃,总还有一线生机,苦苦挣扎,全凭于此。现下他自己将自己的白棋吃了,棋道之中,从无这等自杀的行径。这白棋一死,白方眼看是全军覆没了。一时慕容复、段誉等人,都不禁哈哈大笑。苏星河则道:"先师遗命,此局不论何人,均可入局。小师父这一着虽然异想天开,总也是入局的一着。"将虚竹自己挤死了的大块白棋从棋盘上取了下来,跟着下了一枚黑子,道:"小师父,你杀了自己一块棋子,黑棋再逼紧一步,你如何应法?"虚竹赔笑道:"小僧棋艺低劣,胡乱下子,志在救人。这盘棋小僧是不会下的,请老前辈原谅。"苏星河不依。虚竹无法,于是在段延庆的暗中指点下取过一枚白子,下在棋盘之中,所下之处,却是提去白子后现出的空位。想不到这一步棋,竟然大有道理。这三十年来,苏星河于这局棋的千百种变化,均已拆解得烂熟于胸,对方不论如何下子,不能逾越他已拆解过的范围。但虚竹一上来便闭了眼乱下一子,以致自己杀了一大块白子,大违根本棋理,任何稍懂弈理之人,都决不会去下这一着。岂知他闭目落子而杀了自己一大块白棋后,局面顿呈开朗,黑棋虽然大占优势,白棋却已有回旋的余地,不再像以前那样缚手缚脚,顾此失彼。这个新局面,苏星河是做梦也没想到过的。他一怔之下,思索良久,方应了一着黑棋。嗣后,虚竹又在段延庆的帮助之下下了数着,局面竟起了大大变化。到最后,眼见黑棋不论如何应法,都要被白棋吃去一块,但如果黑棋放开一条生路,那么白棋就此冲出重围,那时别有天地,再也奈何它不得了。

很明显,珍珑棋局的破解,非一般懂得棋道的人所能胜任,但如果仅有虚竹的胡乱而下,充其量也不过捣乱一番而已,无复有棋道之可言,所以,又非有段延庆的帮助不可。齐白石的成功,及其与陈师曾、徐悲鸿的关系,道理也正在于此。

三

时间厚度的积累,使齐白石的艺术由稚嫩而趋于老辣;懂画的人的指导,又使齐白石的艺术由不入正常的画道而最终臻于最高的画道。但是,齐白石之所以为齐白石,其艺术的基本性格则是一以贯之的,这便是天真烂漫。其稚嫩的作品显得天真烂漫,其老辣的作品同样显得天真烂漫;其不入正常画道之时的作品显得天真烂漫,其臻于最高画道之后的作品依然显得天真烂漫。这种天真烂漫的艺术性格,反映在他的取材中,反映在他的造型中,也反映在他的用笔、用墨和用色中,从而使得他的作品,永远含有一种儿童般的生命活力。

传统文人画的取材,不外林泉高致、梅兰竹菊之类,以表征其清高脱俗的心怀意绪。传统画工画的取材,不外福禄寿禧、金玉满堂之类,以寄寓其喜庆吉祥的生活追求。作为职业画工的齐白石,为了以画谋生,必须迎合不同阶层的买主的审美口味,在他的创作中,自然也有这些方面的题材内容。但是,其基本的取材范围,则完全是在传统的情调之外的。他曾自述:"余日来所画,皆少时亲手所为、亲目所见之物,自笑大翻陈案。"(自题《稻草小鸡》)这就清楚不过地表明,他的绘画内容不仅是他亲身生活体验的真实写照,而且是他"少时"也即以儿童的纯真之心、纯真之眼所为、所见之物的真实写照,因此,也是对传统绘画包括传统文人画和画工画的"大翻陈案"。

确实,从他所画的题材来看,如大白菜、红辣椒、稻黍、玉米、南瓜、萝卜、蘑菇、芋头、春笋、粽子、荸荠、莲蓬、蝴蝶、蜻蜓、蚱蜢、蝗虫、飞蛾、蟋蟀、螳螂、蜜蜂、蝼蛄、青蛙、蝌蚪、老鼠、虾、蟹等等,都是传统的绘画中很少看到的,一股清新的生活气息,扑人眉宇。而且,重要的不在于这些题材本身,而在于画家究竟是以怎样的眼光对待并处理这些题材的。

齐白石画农作物中的稻黍,自题有云:"借山吟馆主齐白石居白梅祠屋时,墙角种粟当作花看。"又画白菜,自题有云:"牡丹为花之王,荔枝为果之先,独不论白菜为菜之王,何也?"这,不正是农村少年的天真情怀?

齐白石画《翠鸟瞰虾》,自题:"从来画翡翠者皆画鱼,余独画虾,虾不浮,翡翠奈何?"这,同样是农村少年的天真情怀。

此外,他还画紫藤花丛中的蜜蜂,杨柳树荫中的蝉鸣,贴水蜻蜓款款飞,向阳蛱蝶深深舞,甚至在菜篮子上也画上一只蚱蜢,插花瓶里也画上一只蝗虫,这一切,依然还是农村少年的天真情怀。

更有意思的是,他画荷花斜出,倒影水中,一群小蝌蚪竟然围绕着水中的荷花影追逐不休。荷花倒影水中,是人在岸上所看到的景象,蝌蚪在水中,又怎能看到这样的景象?然而,正是在这种匪夷所思的形象描绘中,将齐白石天真烂漫的农村少年的情怀发抒得淋漓尽致。

最为脍炙人口的,当然是他的《蛙声十里出山泉》。此图是应老舍"蛙声十里出山泉"之求的"命题画"。"画为无声诗",齐白石自己也曾刻有"可惜无声"的闲章。那么,这"蛙声"又应该怎样来画?齐白石以他丰富的想象力恰如其分地展示了诗中的境界：在四尺长的条幅上，一片湍急的奔流自高远的山涧中冲击乱石飞泻而出，水中游动着几只小蝌蚪，此时无声胜有声，"蛙声十里"仿佛鼓噪于画表！论者多以为，从这幅作品反映了齐白石诗心的颖悟；其实，这恰恰是其农村少年天真情怀的流露。如果一定要说是诗心，那也决不是成年人的诗心，而是少年人的诗心，而且只能是农村少年人的诗心。

齐白石对于形象塑造的要求，主张"妙在似与不似之间"。类似的意思，他还曾在自题《画虾》中表述过："凡画动物，欲不似，画家本来不能为；欲似，又不能免俗。此画难处。"之所以"欲不似，画家本来不能为"，是因为画家作画必须以生活的真实对象为依据的缘故；之所以"欲似，又不能免俗"，是因为画家作画必须对生活的真实对象加以提炼、概括的缘故。其实，所谓"妙在似与不似之间"，不仅仅是齐白石形象塑造的一个基本特点，而且是传统绘画包括文人画和画工画形象塑造的一个基本特点，当然，也是古今中外儿童画形象塑造的一个基本特点。他的作品，之所以能为雅俗所共赏，而且特别适合于作为儿童画起手入门的范本，"妙在似与不似之间"的形象塑造，是一个重要的原因。

但是，为什么同样"妙在似与不似之间"的文人画难以为一般的"俗"人所接受，而且不适于作为儿童学习中国画起手入门的范本？同样"妙在似与不似之间"的画上画又难以为一般的"雅"人所接受，而且不适于作为儿童学习中国画起手入门的范本？这就涉及多方面的问题。首先，当然在于"似与不似之间"的形象本身的雅俗之分、老成与天真之分，所造成的相互之间的隔阂而难以沟通。如倪云林的茅亭疏树，当然难以为普通的"俗"人所欣赏；杨柳青年画的莲笙贵子，当然也难以为大多数"雅"人所欣赏；而无论倪云林的茅亭疏树，还是杨柳青年画的莲笙贵子，其形象寓意的老成性，又都难于为天真的少年儿童所理解。然而，齐白石"似与不似之间"的形象如青蛙、蝌蚪之类，其妙处正在"雅与俗之间""老成与天真之间",所以,当然也就能为各阶层所普遍接受了。论其"雅",是因为其所洋溢着的清新的自然氛围,恰好是合于"雅"人对于"自然"的理想的;论其"俗",是因为其所洋溢着的浓郁的生活气息,又恰好是合于"俗"人对于"生活"的愿望的;论其"老成",是因为其出于一位老画家之手,虽然稚拙但绝不稚嫩,恰好合于成人的审美理想;论其"天真",是因为其出于一位老顽童之手,虽然稚拙但绝不古拙,又恰好合于儿童的审美理想。

其次,就"似与不似之间"的处理手法而论,文人画主要是通过"似与不似之间"的形象刻画来蕴涵一种"萧条淡泊""闲和严静"的"难画之意"和"趣远之心",因此,就显得十分哲理化、诗意化。这种哲理化、诗意化的"似与不似之间",既反映在他们的创作实践中,更反映在他们的理论建构中,如欧阳修所云:"古画画意不画形,梅诗咏物无隐情;忘形得意知者寡,不若见诗如见画。"(《欧阳文忠公文集》卷六《盘车图》)沈括所云:"书画之妙,当以神会,难可以形器求也。世之观画者,多能指摘其间形象、位置、彩色瑕疵而已,至于奥理冥造者,罕见其人。"(《梦溪笔谈》卷十七《书画》)苏轼所云:"论画以形似,见与儿童邻。"(《苏东坡集》前集卷十六《书鄢陵王主簿所画折枝二首》)吴镇引陈简斋诗所云:"意足不求颜色似,前身相马九方皋。"(《佩文斋书画谱》卷十六)倪瓒所云:"仆之所谓画者,不过逸笔草草,不求形似,聊以自娱耳。"(《清閟阁全集》卷十《答张藻仲书》)王绂所云:"古人所云不求形似者,不似之似也。"(《书画传习录》)石涛所云:"不似之似似之。"(《题画跋》)"不似之似当下拜。"(《题画诗》)"欲以不似之似似之。"(《题自画松跋》)黄宾虹所云:"绝似又绝不似于物象者,方为真画。"(《黄宾虹画语录》)等等,不一而足。而画工画主要是通过"似与不似之间"的形象刻画来组织一种"好看""有趣"的平面构成,因此而具有很强的装饰性和操作性效果。这种装饰性、操作性的特点,既反映在他们代代相传的一些口诀中,更反映在他们的创作实践中,如表现鸡的尾巴,忽儿形似刀豆,忽儿状如藕节,忽儿像柔和的飘带,忽儿又像沉重的锣锤,甚至将尾饰和花草茎蔓混合在一起;画仙桃,有时从中纵割为二,有时在桃尖处横剖成块,有的在大桃内部加进一个小桃,有的则桃中有桃并长着花叶。凡此种种,所强调的都是视觉本身的审美感受。至于儿童画的"似与不似之间",作为其天真烂漫的童心的写照,一方面固然是他们的造型能力的限制使然,另一方面又是他们所具有的远比成年人来得丰富的想象力的活跃使然。可见,三者之间依然存在着雅俗之分、老成与天真之分的隔阂而难以沟通。而齐白石的意义,又正好在于泯灭了这三者之间的隔阂,所以能为各阶层所普遍接受。从他歪歪扭扭、假痴假呆的形象设计中,我们既可以看到他对于哲理化、诗意化的自觉或不自觉的追求,也可以看到他对于"好看""有趣"的视觉效果的自觉或不自觉追求,同时还可以看到他所受造型能力的限制和想象力的丰富、活跃。正是由于这几方面的原因,尽管齐白石有着丰厚的生活滋养,他之所画无不是他曾经亲手所为、亲眼所见之物,然而,对象本身只能为他提供极少的结构特征,此外的东西则完全赖之于对哲理化、诗意化、"好看""有趣"的追求和天真烂漫的想象力。他画的山峦,形如馒头,全无高远、深远、平远的起伏转折;他画的万年青,果实的硕大,完全超出真实的生活之外;他画的牵牛花,花头与叶片的大小根本不合实际的比例;他画的青蛙,憨态可掬,也是难可以形器求者……凡此种种,人们既可以用得之于象外的哲理、诗意去加以诠释,也可以用视觉审美的"好看""有趣"去加以诠释,当然还可以用造型能力的限制和想象力的丰富、活跃去加以诠释。显然,这种多元诠释的可能性,无论对于文人画、画工画还是儿童画来说,都是不存在的。

  作为"似与不似之间"的形象塑造的具体造型语汇,齐白石的用笔、用墨、用色也颇具特点。简而言之,他的用笔和用墨自由而洒脱,老辣而遒劲,既合于文人画的审美理想,又合于儿童画的欣赏口味。论其自由洒脱,似乎更近于儿童画,因为,文人画虽也追求自由洒脱的笔墨境界,但由于种种成规成法的束缚,实际上只有极少数出类拔萃的画家才能企及这一境界。论其老辣遒劲,当然更近于文人画,而绝非稚嫩的儿童画所能望其项背。既自由洒脱,又老辣遒劲,不外乎一、从成规成法入手,最终又从成规成法中超越出去,二、对于成规成法懵懂无知,但却拥有相当时间厚度的积累——舍此之外,别无他途可行。黄宾虹走的是第一条道路,齐白石走的则是第二条道路。以其画虾而论,其"似与不似之间"的形象塑造,晶莹透明的笔情墨韵,标志着齐白石艺术成就,尤其是其笔墨成就的登峰造极,完全是一种前无古人的创造。据其自述:"余之画虾,已经数变,初只略似,一变毕真,再变色分深淡……"进而提炼、概括,"画虾数十年,始得其神"。平心而论,后人学习齐白石的画虾,要达到对象本身的形神皆备并不难,但是,要达到其既自由洒脱、又老辣遒劲的笔墨情韵,则难上加难。究其原因,几十年不失童心的时间厚度的积累至关紧要。齐白石的用色,自由而洒脱,热烈而响亮,因此,既合于画工画的审美理想,又合于儿童画的欣赏口味。论其自由洒脱,似乎更近于儿童画;而论其热烈响亮,则似乎更近于画工画。但由于出之以老辣遒劲的用笔,所以又决然不同于画工画和儿童画,而与文人画也发生了内在的关联性。至于他喜欢以极细笔的草虫与极粗笔的花卉相结合,以极深黑的墨叶与极浓丽的色花相结合,对于"似与不似之间"的形象塑造虽然也起到了极大的强化作用,但从这种处理手法本身的理性化来看,应该是出于陈师曾等懂画的人的指导,而不像是齐白石天真烂漫的童心的自然流露。

齐白石云:"学我者病,似我者死。"苏轼云:"天真烂漫是我师。"王阳明则云:"尔身各各自天真,不用求人更问人。"在中国绘画史上,也许,齐白石的画是最容易学的,然而恰恰又是最不宜学的。

02 第二讲
林泉高致——黄宾虹艺术论

黄宾虹(1865—1955)，安徽歙县人，名质，字朴存，一作朴人，别署予向、虹庐、虹叟，中年更号宾虹。擅画山水，兼作花卉；亦能诗、工书，精鉴赏，兼治金石文字、篆刻之学，并长期致力于美术史论和中国画教学。曾任中国美术家协会华东分会副主席。

一

辛稼轩《丑奴儿》词有云："少年不识愁滋味，爱上层楼。爱上层楼，为赋新词强说愁。而今识尽愁滋味，欲说还休。欲说还休，却道天凉好个秋。"读黄宾虹的山水画，《霜林晚眺》《湖上秋阴》《摄山红叶》《齐山秋浦》《峭壁疏林下，玉宇秋无云》……一种萧条淡泊、寂寞无言之美，盖与辛稼轩"欲说还休"的词境吻合无间。

登楼强愁是一个惊叹号(！)，实在只是一种"幼稚的冲动"。欲说还休却是一个省略号(……)，实际上意味着老年深沉。然而，在表象的分歧下，其实正掩蔽了二者在本质上的潜在一致性，欲说还休正是登楼强愁的精神超升，正是少年意气的净化和深化，标志着一个人的境界由忧时感世而进入了通天尽人。当然，这其间必须经由千锤百炼的曲折和磨炼。

黄宾虹也曾有过轰轰烈烈、幼稚冲动的热血少年时代。他生于1865年，正当中国历史上最后一个封建专制的王朝岌岌可危的时代。当时的有志之士，多为政治的腐败、官场的黑暗、列强的入侵感到忧虑不安，各地的革命团体相继出现。少年黄宾虹也勇敢地投身到反清的洪流之中推波助澜，大有"以天下是非风范为己任"之志。他开垦过荒田，举办过义学，三十二岁时投函康有为、梁启超，力陈政事不图革新，国家将有灭亡之危险。不久，谭嗣同由水路东下，黄宾虹从歙县趋程，约晤于安庆，在贵池煮酒纵谈天下事。谭嗣同就义后，黄宾虹哭以诗，有"千载嵩里颂，不愧道中人"之句（《虹庐诗存》）。1906年合组黄社，借纪念黄宗羲鼓吹革命。1909年又和柳亚子、陈佩忍等创南社，参加者多为"西台恸哭，人呕皋羽之歌；眢井沉书，家抱所南之史"的慷慨愤激之士。此外，由他与汪鞠友、许承尧的交谊推测，他很可能还曾参加过同盟会的活动。因此，一度被人密告，直指他是"革命党人"，受到清政府的严令通缉，不得不化装出奔上海。

1911年，武昌新军起义，辛亥革命告成，黄宾虹的安徽公学同事柏文蔚任安徽都督，韩思伯任参军，先后电告黄宾虹返皖参与政事，他却婉言辞绝了。他在《任耕感言》中有这样一段文字："辛亥秋，皖都督及韩思伯参军先后电召，谓正人君子联翩戾止，虚左以待足下。余谢未赴。"从此以后，黄宾虹退出了政治舞台，结束了惊叹号的少年慷慨，走上了林泉高致的艺术道路，开始用省略号来记述自己的晚年生涯——而当时，他其实还只有四十六岁，正当中年有为的年华。

这种激流勇退的精神价值转向，并不足为怪。在这前后，黄宾虹耳闻目睹到同盟会内部的一些矛盾，同盟会与光复会的矛盾，以及徐锡麟和秋瑾的遇难，等等，江、浙、皖的革命一度处于低潮，"秋风秋雨愁煞人"（秋瑾绝命诗句）。而他本人，也饱尝离乡背井、妻离子散的颠沛流离之苦，"嗟我负清明，蹉跎竟何事"（《虹庐诗存》），不免有悲观的意念，便于痛悟之后遁入艺林，离开了刀光剑影的政治革命运动。

在黄宾虹倾心艺林之时，汪鞠友的革命热情却不减当年，为辛亥革命进行了艰苦卓绝的斗争。武昌事起，应皖都督之召，树职本省，历参孙、柏两君戎幕,危疑震撼,筹赞尽劳。汪鞠友曾规劝黄宾虹从政,黄不听,二人为此大吵一场,甚至将酒桌都掀翻了。汪鞠友批评黄宾虹不问政事,何不干脆上天都峰去隐居,落个耳目清静?黄宾虹则警告汪如不急流勇退,以后还不知脑袋是怎样掉的。显然,黄宾虹以他的政治阅历已看出时局的不稳。果然,民国后,汪鞠友被选为参议院议员,不久袁世凯任总统,以兵胁票,汪不为所动,在选票上写了"哀世凯"三字,并对人说彼当奈我何。之后,曹锟贿选,武夫弄兵,军阀混战。汪常扼腕叹恨,以为"平生贲志犯死,屡犯危难,而所得效果,乃尽反昔期,誓不复与世事"。至此,当年与黄宾虹的那场掀桌之争算是有了结论。约在同时,许承尧辅政张广建,数次入甘,饱尝宦海艰辛,终于辞去政务,居乡田园。自兹,三人之间又有了更多的诗画交谊。

这段轶事,发人深省。它说明黄宾虹的退隐,标志着他对中国的社会政治有了更深刻的本质认识。在历时久长的中国封建社会中,人与人之间的关系表现为个人与整个社会腐朽势力的对抗,这种力量上的绝然悬殊,使那些志在"兼济天下"的书生气十足的文人士大夫无一例外地落得一个粉身碎骨的下场,血淋淋地暴露出封建专制的社会体制对于人性的无情钳制。于是,正直而明智的文人士大夫便不得不选择了"独善其身"的道路,通过对社会的退避得以全身避害。细数中国历史上的文豪画杰,如陶渊明、宗炳、王微、王维、卢鸿、荆浩、李成、苏轼、黄公望、吴镇、倪瓒……多为志节高迈之士,而又大都经历过由少年强愁到欲说还休、由惊叹号到省略号的思想嬗变,以致使"行路难""归去来"成为中国文化史上所独有的惊心动魄的千古绝唱!这实在让人痛心扼腕,但又不能不让人由衷地钦佩他们冷静、理智的选择之正确性。在封建专制的社会历史条件下,他们实在别无选择。诚如朱子《答刘子澄书》所云:

近看温公论东汉名节处,觉得有未尽处。但知党锢诸贤趋死不避,为光武、明、章之烈,而不知建安以后,中州士大夫只知有曹室,不知有汉室,欲是党锢杀戮之祸有以殴之也。且以荀氏一门论之,则荀淑正言于梁氏用事之日,而其子爽已濡迹于董卓专命之朝,及其孙彧则遂为唐衡之壻、曹操之臣而不知以为非矣。盖刚大方直之气,折于凶虐之余,而渐图所以全身就事之计,故不觉其论胥而至此耳!(引自王懋竑《朱子年谱》卷一下)

所谓"大树将颠,非一绳所维"(《后汉书》卷五十三《徐穉传》);而同为"全身就事之计",向个体的精神境界"归去来"的"独善其身",比之"濡迹于专命之朝"的同流合污,其间的清浊之分,也是不言而喻的。同时需要指出的是,朱子所论虽是针对汉末党锢之争中文人士大夫的处境而言,实际上也是适合于用来诠释汉末以后历朝历代的文人士大夫处境之艰难的。

省略号是一个无限的象征。大音希声,大言无言,然而无言胜于有言。它什么也没有说,然而又什么都说了。这种无言之言,标志着中国文人士大夫的人生价值观念由向外开拓转为向内沉潜、由对社会群体的功利价值的追求转为对个体的超功利价值的执着。

众所周知,中国封建专制的政治体制,具有无可救药的"痞子运动"的性质,因此,尽管孟子曾经提出:"穷则独善其身,达则兼济天下。"(《孟子·尽心上》)作为知识阶层立身处世的原则,但事实上,痞子们"成则为王,败则为寇"的政治赌博,使得他们根本不可能用惊叹号去"兼济天下",而只能用省略号去"独善其身"。省略号所导向的知识阶层个体的悲剧精神,使中国的文化艺术呈现出一种"出污泥而不染"(周敦颐《爱莲说》)的君子风范,与痞子运动的政治形成鲜明的对照。而在中国绘画史上,作为欲说还休的精神避难所,这种君子风范的最高形式便是"林泉高致"的山水画,尤其是文人水墨山水画。诚如《宣和画谱·山水叙论》所指出:

> 以画山水得名者,类非画家者流,而多出于缙绅士大夫。
>
> 盖昔人以泉石膏肓,烟霞痼疾,为幽人隐士之消。

这就把中国山水画的审美功能说得再也清楚不过。黄宾虹的艺术,正反映出他对这种特殊的山水情境的深刻理解。

黄宾虹一生好入名山游,退出政治以后,更是一往情深地托迹于泉石,玄对山水。他曾筑舍池阳湖中,清泉茂树,最宜消夏,吟诗作画,宁静致远。又曾西游巴蜀,并绘蜀游诗册赠陆丹林,林山腴题以七古长句,其中有云:"宾虹生长黄山麓,七十看山苦不足。南逾五岭东雁宕,一棹西来更入蜀。上峡画稿束筒多,巫峰十二连三峨。猿啼峡响风帆张,百丈隐隐疑瞿塘。青城洞天三十六,乌龙耸翠凌云苍。一一收拾入画册,此行何异千金装。"(林山腴《黄宾虹蜀游画册为丹林作》,载《国画月刊》1934年12月号)他曾逾北燕,跨南海,攀天都,涉洞庭,九上黄山,四登泰岱,折桂林之一枝,挹匡庐之五老,到七十岁时,已经遍历了苏、浙、皖、沪、燕、晋、陕、甘、赣、湘、鄂、闽、粤、桂、黔、蜀、滇诸省市的名胜古迹,可谓尽天下之大观,而使浩然之气充乎其中而溢乎其貌,动乎其言而见乎其文,而不自知也。整个人生境界因此而获得一种超功利的升华,达到向宇宙自然之"道"返朴归真的境界。

这一时期,他淡泊的心境体现在他的诗文中、画卷上,"半壑松风,一摊流水,此画家寻常境界"(《黄宾虹画语录》),与他的少年强愁、幼稚冲动,形成多么强烈的反差!诗如:"寺前秋潭万峰闲,正好寻山又别山;谷转溪回留不住,水声相送到人间""闲里吟哦沙浴鹭,荒寒画意石潜蛟;钓船常系人归暮,伴月沧流未寂寥""爱好溪山为写真,泼将水墨见精神;闲来秋木亭中坐,又弄轻舫曲涧滨。"(均《虹庐诗存》)画如前述以悲秋为题的一些作品外,再如《湖舍晴初》《江山归帆》《湖山清兴》《云山欲雨》《江行暮景》《溪桥诗意》……恬澹,闲适,隽永有味,令人咀嚼不厌。虽然没有慷慨的豪情,然而却有一种通天尽人的浩然之气扑人眉宇。这就映射出画家的悲愁思想完全进入了一种净化的境界,同时也是深化的境界。这种境界,与少年强愁并不是对立的,正如绝望与希望并不是对立的。唯有有过大希望的人,才有大绝望;唯有大绝望的人,才不会对人生抱自暴自弃的态度,而是异乎寻常地珍惜人生,使自己的人生真正地艺术化。当少年黄宾虹不惜抛头颅、洒热血为之奋斗不已的政治理想幻灭之后,他便以欲说还休的林泉高致沉潜到大自然的怀抱之中澄怀观道,这虽是对于人生的群体社会价值的退步,却又意味着对于人生的个体生命价值的进步。在超功利性观念的支配下,他的作品总给人以超脱尘世、不求名利、寄情自然的雅趣。湖舍初晴,云敛天际,一舟摇曳,波光如镜,或得之于精神寂寞之表,自在化工之外一种灵气,漠漠跃动,如欲化去。

包括绘画在内的中国艺术,尤其是文人士大夫的艺术,特别注重一个"品"字,并以此作为衡量君子风范的标尺。所谓"人品既已高矣,气韵不得不高"(郭若虚)、"人品不高,落墨无法"(文徵明),等等,在古代的画史、画论中屡见不鲜,俯拾皆是。黄宾虹也曾指出:

> 人品的高下,最能影响书画的技能,讲书画不能不讲品格,有了为人之道,才可讲书画之道,直达向上以至于至善。"真、善、美"三字为近代论画之要旨,与古圣贤言论相合。(转引自张振维《师今人、师古人、师造化》)

但是,中国艺术所讲求的"品",无论人品也好,画品也好,主要并不是就"达则兼济天下"的经时济世而言,而是就"穷则独善其身"的逍遥退隐而言。因此,历来品题绘画,尤其是山水画,必以逸品置神品之上,诚如黄宾虹在《谈因与创》一文中所说:

> 画分神、逸、妙、能四者。或置逸品于神品之外,或尊逸品于神品之上,古来逸品画格,多本高人隐士,自寓性灵,不必求悦于人,即老

子所云"知希为贵"之旨。

据《说文》,逸,失也,从辵兔,兔漫诡善逃也。所以,所谓"逸品",就具有两方面的美学涵义。首先,画家的主体心境必须是超逸的,即逃遁于世俗的社会功利包括政治功利和物质功利之外,通过高蹈远引、离世绝俗而向自然或"第二自然"之"道"返朴归真。古代的山水画家,尤其是文人山水画家,如宗炳、王微、荆浩、李成、元四家,皆拟迹巢由,放情林壑,与琴酒而俱适,纵烟霞而独往,并以绘画"聊以自娱""写胸中逸气"(倪瓒)、"适一时之兴趣"(吴镇),无一不是超功利的高逸心境的体现。其次,其图式的表现样式,包括用笔、用墨、用色、造型、布局等也必须是超逸的,即所谓"格外不拘常法"(朱景玄)、"拙规矩于方圆,鄙精研于彩绘"(黄休复),如米氏父子、高克恭的"不事绳墨""游戏水墨三昧,不可与画史同科",倪瓒的"逸笔草草,不求形似",等等。至于神品、妙品、能品,则无论画家的主体心境还是图式的表现样式,都不出规矩准绳之外。所以,以逸品置神品之上,正好可以用来诠释中国文人士大夫包括山水画家欲说还休的心理机制和悲剧精神:一方面是清操洁行之士在污浊的现实社会关系中的失落,另一方面又是这些失落者向宁静的自然之"道"返朴归真的逃遁。由这样的人品决定了相应的画品,也必然是"格外不拘常法""不可与画史同科"的,因而也是只可为知者道而难以与俗人言的。

在美学史上,历来有悲剧美与优美之分。悲剧美以强烈的冲突震慑人心,优美以恬静的意境抚慰人心。根据这一原则,中国的文化艺术包括山水画,便被划归优美的类型,这似乎已经成了美学史上的一个常识。对此,我始终是有不同看法的。

诚然,中国的文化艺术中很少有如西方那种灾难、恐惧、惨痛、反抗、毁灭、流血牺牲、轰轰烈烈的悲剧美。但是,当一代又一代的民族文化精英由少年慷慨转向欲说还休,由以天下为己任转向林泉高致,难道我们有理由把这一切作为歌舞升平、天下无事的优美来浅斟低唱吗？诚然，中国的文化艺术显得恬澹、幽雅、宁静、闲适、洒脱、蕴藉，但这一切不正是痛感"行路难"而不得不"归去来"的悲剧美的深化和净化？真正的人生悲剧，在更深刻的层面上并不是因为个别人的肉体的毁灭，而是因为整个民族文化精英的灵魂的枯寂而带来的一种近乎无事的独孤无奈。黄宾虹最推崇的清代画家恽南田云："寂寞无可奈何之境，最宜入想，极宜着笔，所谓天际真人，非鹿鹿尘埃泥淬中人所可与言也。"又云："元人幽亭秀木，自在化工之外一种灵气，惟其品若天际冥鸿，故出笔便如哀弦急管，声情并集，非大地欢乐场中可得而拟议者也。"（均《瓯香馆画跋》）这种近乎无事的悲剧虽然欲说还休，却是何等沉痛，何等辛酸、凄凉！理查兹认为：

> 压抑和升华都是我们企图回避使我们感到困惑的问题时采用的办法。悲剧的本质就在于它迫使我们暂时地抛开压抑和升华。处于悲剧经验中心的那种快乐并不是表明世界终究会是合理的，或无论如何总会有正义公理，而是表明在神经系统的感觉中，此时此刻一切都是合理的。悲剧也许是一切经验中最普遍的、包容一切、调整一切的经验。（转引自朱光潜《悲剧心理学》）

所以，我们还有什么好说的？苏轼则干脆表示："古之所谓豪杰之士，必有过人之节，人情有所不能忍者。匹夫见辱，拔剑而起，挺身而斗，此不足为勇也。天下有大勇者，卒然临之而不惊，无故加之而不怒，此其所挟持者甚大，而其志甚远也。"（《留侯论》）于是逆来顺受，唾面自干，欲说还休，这正是抉尽了中国知识阶层悲剧精神的三昧。

明乎此，我们就有足够的理由认为，中国文化艺术包括黄宾虹山水画艺术的恬澹、幽雅，具有远比西方文化艺术的流血牺牲更加深刻的悲剧内涵。这种悲剧美，归根到底是中国封建专制制度下的产物，有它特定的历史、时代背景。因此，尽管我们十分欣赏这种美，却并不希望延续这种美；

我们的时代,自有我们时代的美。

二

马克思在《摘自〈德法年鉴〉的书信》中曾指出:

> 新思潮的优点就恰恰在于我们不想教条式地预料未来,而只是希望在批判旧世界中发现新世界。(《马恩全集》第一卷第416页)

一部中国绘画史,正是形象地展示了历代画家"在批判旧世界中发现新世界"的文化运动律。黄宾虹在艺术上的成功,也不在例外。黄宾虹对于前人的优秀传统曾投下过极大的精力,并从画史、画论、画迹诸方面做过极其深刻、全面而又理性的批判研究,在此基础上进而建构起自己独特的理论体系和创作风格。特别就绘画理论而言,与恽南田更有着一脉相承的渊源关系。

提起恽南田,人们一般都熟知他被誉为"写生正宗"的没骨花卉画。其实,作为"清初六大家"之一,恽南田同时还是一位优秀的山水画家,尤其是一位杰出的山水画理论家。我以为,在中国山水画理论的发展进程中,恽南田的《瓯香馆画跋》足以与六朝宗炳的《画山水序》、五代荆浩的《笔法记》、宋代郭熙的《林泉高致》、明代董其昌的《画禅室随笔》和同时代石涛的《画语录》相媲美。特别在对山水、山水画与文人士大夫人格修养关系的认识方面,更有过人的独到之见。黄宾虹的画论,便是在深刻领悟恽氏画论的基础上,广泛地涉猎诸家之说,并结合自己的创作实践而提炼出来的真知灼见。这些画论,反过来又指导、促进了他的创作,成为黄宾虹艺术总体的一个重要组成部分。因此,研究黄宾虹,不能撇开他的画论;而研究黄宾虹的画论,又不能撇开恽南田对他的影响。

黄宾虹在1953年自题《山水册》中云:"古人画境,渊源不同,到微妙处,无有差别。"

恽南田则云："古人笔法渊源,其最不同处,最多相合。"(《瓯香馆画跋》,下引恽氏语录出处同此,不另注)

在这里,表现出两位异代艺术大师对于传统认识的惊人一致性。

中国绘画与西洋绘画的一个重要相异之点,是前者注重深度的开掘,由此而十分强调师承的必要性,后者却注重广度的开拓,由此而视模仿为创作的死敌。中国画家,常以模、仿、拟、法某家笔意为荣,这决不能简单地斥之为泥古不化的"保守惰性"。黄宾虹所说的"微妙处",就是深度的开掘;而"无有差别""最多相合"云云,则是中国文化精神对于沟通人生与自然关系内在节律的洞察。按照反映论的观点,绘画的基础在于观察自然,在于复制大脑所映照的自然景象的造型能力。由于每一个画家都是用自己的眼睛去观察、去烛照,所以,作画就必须画出自己特殊的性格和感觉,这当然是不错的。但中国山水画的功能,借用黄宾虹的说法,"乃写自然之性,亦写吾人之心"(1951年《致友人函》);所谓"林泉高致",实际上正是人的"高致"而于物无与,因为人有此"高致",能以似乎"林泉"亦有此"高致"。因此,绘画,尤其是山水画的目的更注重于"畅神",所谓"神之所畅,孰有先焉"(宗炳《画山水序》);更注重于把握一种只可意会而不可目视的、"心有灵犀一点通"(李商隐)的整合人生之道。"道",作为沟通人生与自然关系的内在生命意识,是超个人、超历史、超地理的,它蕴涵于宇宙万象的深层,也流荡于传统山水画千种笔墨、万般风貌的底层。用志不分地凝神于品味、临摹前人"渊源不同"的画迹,便能使胸中廓然而生一种精神的灵感。这种灵感融会于自然物象的形神,音乐般地激发、郁勃于运思挥毫之间,情移画中,兴发尘表,便化为生气远出的"气韵",生生不息而又广漠无垠,或平淡幽真,或浑厚华滋,直使虚空粉碎,真宰上诉。

因此,对传统的师承,决不是亦步亦趋,皮毛袭取,而是要求透过表层的"不同",直切其内在"最多相合"的"无有差别"境,也就是石涛所说的"师心不蹈迹"。用黄宾虹自己的说法:"作画应入乎规矩范围之中,又应超出规矩范围之外,应纯任自然,不假修饰,更不为理法所束缚。"(1947年《中国画学史大纲》)"规矩""理法",都是传统的表层结构,先入后出并不等于多此一举的空手而回,而是从"不同"的"规矩""理法"中擒得了"无有差别"的"真种子"(董其昌语)——"纯任自然,不假修饰"。这时,传统便为我所有,为我所化,我既"不同"于传统,又与传统"无有差别",于是达到了民族绘画精神的认同。黄宾虹的这一论点,与恽南田"作画须优入古人法度中,纵横恣肆,方能脱落时径,洗发新趣也"的说法,可谓若合符契。

正因为要从不同中求同,不似处求似,又要与古人同而不同,似而不似,所以,黄宾虹反复告诫学者:"古人作画,用心于无笔墨处,尤难学步,知白守黑,得其玄妙,未易言语形容。"(1954年自题《山水册》)这段话,又可与恽南田的一则画跋相为发明:"今人用心在有笔墨处,古人用心在无笔墨处,倘能于笔墨不到处观古人用心,庶几拟神明,进乎技已!"请注意,这里所说的"无笔墨处"也好,"笔墨不到处"也好,不能表面化地理解为画面的空白处,而应该认为是对笔墨的超越、粉碎处。高明的画家,面对前人的画迹,从画面的形象进而看到了画面的笔墨,这就使他对于传统的认识深入了一步;进而又从画面的笔墨看到了"无笔墨",这就使他对于传统的认识又深入了一步;进而又从"无笔墨处"看到了古人的"用心",这就使他对于传统的认识最终进入了"拟神明,进乎技"的境界而"得其玄妙",皮毛落尽,洞见真谛。所谓"观画之法,先观气韵,次观笔意、骨法、位置、敷染,然后形似,此六法也;若观山水、墨竹、梅兰、枯木、奇石、墨花、墨禽等,游戏翰墨,高人胜士,寄兴写意者,慎不可以形似求之,先观天真,次观意趣,相对忘笔墨之迹"(汤垕《画鉴·杂论》),正是"于笔墨不到处观古人用心"的最好说明。

落实到具体的"古人",不妨以宋代的燕文贵、江参为例。恽南田云:"宋代擅名江景,有燕文贵、江参,然燕喜点缀,失之细碎,江法雄秀,失之刻画,以视巨公,燕则格卑,江为体弱,论其神气,尚隔一层。"黄宾虹则在

1954年自题《山水册》中进而指出："宋代擅名江景,有燕文贵、江参,然燕喜点缀,失之细碎,江法雄秀,失之板刻,用长舍短,当有卓识。"读黄宾虹的江景画,气象涵浑,格高境大,我们不能不服膺于其"用长舍短"的"卓识";而他之所以能有这样的"卓识",无疑正是"于笔墨不到处观古人用心"而"得其玄妙"的结果。

从某种意义上可以说,临摹古人的画迹与直接临摹自然景象并无本质的不同,不过前者是从平面到平面、后者却是从立体到平面而已。换言之,师法古人与师法造化并不是截然对立的,特别从内在生命意识"道"的结构层次上,二者更是相通的:临摹古人需要透过其表层的"渊源不同"深透其"无有差别"的意境,临摹自然同样需要刊落其表象的纷繁芜杂,直抉其内涵的微茫天机。

黄宾虹自题《层峦叠嶂图》册云:"澄怀观化,须于静处求之,不以繁简论也。"又题《富春山图》云:"江山本如画,内美静中参;人巧夺天工,剪裁青出蓝。"

恽南田则云:"川濑氤氲之气,林岚苍翠之色,正须澄怀观道,静以求之。若徒索于毫末间者,离矣!"

黄宾虹1951年自题《山水册》云:"意远在能静,境深尤贵曲;咫尺万里遥,天游自绝俗。"

恽南田则云:"意贵乎远,不静不远也;境贵乎深,不曲不深也。一勺水亦有曲处,一片石亦有深处,绝俗故远,天游故静,古人云:'咫尺之内,便觉万里为遥。'"

如此等等。从这里,我们不难窥见黄宾虹对于恽氏画学思想的特别钟情,并成功地付诸了自己的创作实践。(按:恽氏画跋中所涉及的"澄怀观道""静""远"等等,都是中国画,尤其是中国山水画家师法造化时所必须具备的一种极其重要的精神境界,是艺术超功利、空灵化的主观条件。当然,这种境界同样也适用于传统的师承,庶几"纯任自然,不假修饰,更不为理法所束缚"。此外,后文还将提到,它对于进入具体创作情境所起的重要作用。)

"澄怀观道"的典故出于宗炳《画山水序》。宗炳一生好入名山游,晚年则结茅衡山,画所游山水于四壁,说是:"老病将至,名山恐难遍睹,唯当澄怀观道,卧以游之。"宗炳所要"澄怀"而"观"的"道",就是黄宾虹所说的"内美"。"道"即"无",它是"视之不见,听之不闻,搏之不得"的,唯有"无视无听,抱神以静"(《庄子》),才能感悟到它的存在。而"澄怀"正是"静"观活动的起始,以空诸一切的心境去凝神寂照孤立绝缘的物境,终于二者的默契神会而成就一独立自足的意境。是时也,画家"坐究四荒,不违天励之丛,独应无人之野,峰岫峣嶷,云林森渺,圣贤映于绝代,万趣融其神思"(宗炳《画山水序》)。这,便是"绝俗",便是"远"。"咫尺万里遥"云云,实在并非空间透视的图式,而是一种心理的矩式,一种超功利的、澄明的心境。

恽南田云:"出入风雨,卷舒苍翠,模崖范壑,曲折中机,唯有成风之技,乃致冥通之奇,可以悦泽神风,陶铸性器。"又云:"深林积翠,中置溪馆焉,千崖瀑泉,奔雷回旋其下,常如风雨,隐隐可听。墨华蒸尝,目在五色,欲坠人衣,便当呼黄竹黄子同游于此间。掇拾青翠,招手白云,正不必藐姑汾水之阳,然后乐而忘天下也。"画家"澄怀观道"的时候,"乃致冥通之奇""正不必藐姑汾水之阳,然后乐而忘天下",其心境的宁静致远可想。而黄宾虹"雨淋墙头月移壁"的故事,尤其凸显了中国山水画家以澄明清澈、一尘不染的心境深入宇宙动向的精神境界。

1933年春,黄宾虹独自去青城,不意中途遇雨,他照样前进。在风声、雨声、水声、松声交作中,他一边注视对面山崖的千尺流泉,一边吟出了"泼墨山前远近峰,米家难点万千重;青城坐雨乾坤大,入蜀方知画意浓"的诗句。当时他全身被雨淋透,但却浑不在意,只觉得名山空蒙的奇妙雨景似乎专门供他欣赏。陶醉在这样的大自然中,感到无比畅快,身与物化。

同年五月,黄宾虹路过奉节,夜游白帝城。夜山的基调是深黑的,月光照射之处呈银白色,而且凹凸分明。黄宾虹便取出写生本,在月光下摸索着画起速写来。是时万籁俱寂,一真孤露,他以神遇而不以目视,勾出峡谷崖壁的轮廓,再层层加染,莫不中节。翌日清晨起床,取出昨夜的速写稿一看,不禁失声大叫:"月移壁,月移壁,实中虚,虚中实,妙!妙!妙极了!"(参看王伯敏《山水画纵横谈》)

雨色月光,静寂空灵,隐约朦胧,这是艺术超功利、空灵化的物质条件。在这一片迷离朦胧中所幻现的一山一水、一树一石、一舟一桥,都负荷着无边的深情和无限的深意,万物浸淫在这光被四表的幽秘中,有如一淡泊和平的梦境,所给予审美主体的感受是透彻的灵魂的安抚和惺惺的微妙的领悟。雨失楼台,月迷津渡,此外还有烟水雾霭、斜阳夕照……萦回反复,思之思之,遂由静而见深,最后切入"山川与予神遇而迹化"(石涛语)的不思之思。这种不思之思便是"静以求之",它使心灵和宇宙净化,又使心灵和宇宙深化,使我们在超脱的胸襟里体味到内在生命的律动,从而使"写自然之性,亦写吾人之心"的山水画成为可能。不然的话,"若以形似为贵,则名山大川,观览不遑,真本具在,何劳图焉?"(黄宾虹《自题山水》)

日人铃木大拙在《禅天禅地》里记述了他亲身经历过的这么一桩公案:"我记得那天夜里,我从禅堂走向我在寺里的宿处时,只见月光下的树木和我自己皆澄澈透明。"这使我们联想起苏轼《记承天寺夜游》的类似经历和感受:

> 元丰六年十月十二日夜,解衣欲睡,月色入户,欣然起行。念无与为乐者,遂至承天寺寻张怀民。怀民亦未寝,相与步于中庭。庭下如积水空明,水中藻荇交横,盖竹柏影也。何夜无月?何处无竹柏?

但少闲人如吾两人耳!

"闲人"最与月相宜。而月色世界,似乎也是专为"闲人"而设;终日皇皇鹿鹿、踆踆马走中人,欲证乎月光世界之妙明清静者,所谓下士问道,如苍蝇声耳!恽南田云:"画以简贵为尚,简而入微,则洗尽尘滓,独存孤迥,烟鬟翠黛,敛容而退矣。"这正是月境的妙谛。月色包裹天地间的万物,使之齐现共同、纯静的色相,"洗尽尘滓,独存孤迥",莹然彻骨,一直透入到人的精神的深髓,于是,物我俱化,成为透明的一体。明人张大复在他的《梅花草堂笔记》里曾提到:

> 邵茂齐有言:"天上月色能移世界。"果然!故夫山石泉涧,梵刹园亭,屋庐竹树,种种常见之物,月照之则深,蒙之则净,金碧之彩,披之则醇,惨悴之容,承之则奇,浅深浓淡之色,按之望之,则屡易而不可。以至河山大地,邈若皇古,犬吠松涛,远于岩谷,草木生长,闲如坐卧,人在月下,亦尝忘我之为我也。

"忘我",是超功利的终极境界。从这一意义上,不妨认为"天上月色"所移易的,首先是主观的精神世界,它使"白天里一定要做的事,一定要说的话,现在都可以不理"(朱自清《荷塘月色》)。于是而领略到"常人不可见"的造化的神韵,江山的"内美""虚中实,实中虚""不以繁简论也"。黄宾虹曾云:

> 对景作画,要懂得"舍"字;追写物状,要懂得"取"字。"舍、取"不由人,"舍、取"可由人。懂得此理,方可染翰挥毫。(《黄宾虹画语录》)

这正是面对山川造化、五光十色的表象世界,以"澄怀观道"的深静冷眼"静以求之"的必然结果,体现了文化创造中心灵的主宰性和能动性,与师承传统时的"用长舍短",当有异曲同工之妙。

需要指出的是,黄宾虹于月下的妙语,在《瓯香馆画跋》中也屡有记

载,兹录二则,以资比较:

> 湖中半是芙蕖,人从绿云红香中往来。时天雨无纤埃,月光湛然,金波与绿水相涵,恍若一片碧玉琉璃世界。身御冷风,行天水间,即拍洪崖、游汗漫,未足方其快也!

> 三五月正满,冯生招我西湖轻舫,出断桥,载荷花,香气随风往来不散。倚棹中流,手弄澄明。时月影天光,与游船灯火上下,千影同聚一水,而歌弦鼓吹与梵吹风籁之声,翕然并作。目劳于见色,耳疲于接声,听览既异,烦襟澡雪,真若御风清冷之渊,闻乐洞庭之野,不知此身尚在人间与否?

月夜的美感,月色的微妙,有如此摄人性情、动人心魄者!伊人于此盘游,渺若云汉,一碧如烟,虽欲不思,乌得而不思?回头去看黄宾虹的喜游夜山,常于宵深人静中启户独立,静参森然万象映射在太空背景上的空灵和丰实,也就决非偶然了。

我曾反复申说,中国山水画在本质上并不是"应物象形"的"画",而是整合人生的"道"。因此,其创作思想也决不是现实主义的,而是超现实主义的。当然,作为画家,他必须经过一个"饱游饫看"地"外师造化"的过程,但是,这一过程的目的,却并不是为了搜罗奇松怪树之类作为创作的素材,而是出于扩充心襟、涵养性灵的需要,进而达到与宇宙深秘之道同脉拍的"神遇迹化",不知山川之为我还是我之为山川。画家凭借他深静的冷眼营魄抱一、涤除玄览、"澄怀观道",发现并沉潜到宇宙律动的广大精微,他便大涤了一切尘世的烦恼,获得了少年强愁所得不到的人生的平淡和丰足,于是便"艺而进乎道"了。历来关于山水画传统的研究,总是强调它的现实主义精神,如何"外师造化",如何"行万里路",又是如何"搜尽奇峰打草稿",等等。例如五代时荆浩入洪谷,见古松夭矫,因惊其异,遍而赏之,明日携笔复就写之,凡数万本,方如其真的故事,便常常为人称道,被认为是荆浩画品之所以高标独立的原因。其实,这恰恰是荆浩未能深透山水画精髓时的作为。所以,当他把写生的画本拿给山中老叟指点,受到了严厉的批评:"肉笔无法,筋骨皆不相转,异松何之能用?"换言之,这一故事在《笔法记》中根本就不是作为值得借鉴的经验,而是作为必须否定的教训加以记载的。这就足以说明,中国山水画的最高目标,始终是指向"因心造境"的超现实主义的。如果没有"中得""澄怀观道"的"心源","外师造化""行万里路""搜尽奇峰打草稿"等等,充其量不过徒得山川的形势体貌而已。

  黄宾虹的山水画,包括他的理论和实践,正集中体现了这种超现实主义的精神境界。尽管他也十分注意师法造化,如曾反复提出:"作画当以大自然为师,若胸有丘壑,运笔便自如畅达矣""法从理中来,理从造化变化中来""后世学者师古人,不若师造化,有师古人而不知师造化者,未有师造化而不知师古人者也""名画大家,师古人尤贵师造化,纯从真山水面目中写出性灵,不落寻常蹊径,是为极品"(均《黄宾虹画语录》)等等。但是,他更注意的乃是师法造化过程中审美主体对山川客体的主宰作用,以便摄取山川对象的"内美"和"神韵"、"要领"和"奥秘"。"同画一座山,彼此所画不相同,非山有不同,乃画者用心有不同"。所以,"写生只能得山川之骨,欲得山川之气,还得闭目沉思,非领略其精神不可""吾人惟有看山入骨髓,才能写山之真,才能心手相应,益臻化境"(均《黄宾虹画语录》)。他之所以喜欢在雨中或夜间观览山川、对景构想,目的并不是为了更清晰地捕捉山川对象的形貌,而是为了在形貌的模糊之中通过"闭目沉思"去把握山川对象的"精神"和"骨髓"。他曾提出:

  山水画家对于山水创作,必然有着它的过程,这个过程有四:一是"登山临水",二是"坐望苦不足",三是"山水我所有",四是"三思而后行"。此四者,缺一不可。

>"登山临水"是画家第一步,接触自然,作全面观察体验。

>"坐望苦不足",则是深入细致地看,既与山川交朋友,又拜山川为师,要在心里自自然然,与山川有着不忍分离的感情。

>"山水我所有",这不只是拜天地为师,还要画家心占天地,得其环中,做到能发山川的精微。

>"三思而后行",一是作画之前有所思,此即构思;二是笔笔有所思,此即笔无妄下;三是边画边思。此三思,也包含着"中得心源"的意思。(《黄宾虹画语录》)

这里,前三个过程都属于师法造化的过程。黄宾虹之所以不提倡作机械的写生,而主张"登山临水""坐望苦不足""山水我所有",正意味着他对"中得心源"在"外师造化"中的主宰和能动作用的理解,所以,最后进入创作的阶段,还必须"三思而后行",而不是照搬写生的稿本了事。他常说:

>古人论画,谓造化入画、画夺造化。夺字最难。造化天地自然也,有形影常人可见,取之较易。造化有神有韵,此中内美,常人不可见。画者能夺得其神韵,才是真画,徒取形影如案头置盆境,非真画也。

>览宇宙之宝藏,穷天地之常理,窥自然之和谐,悟万物之生机。饱览饫看,冥思遐想,穷年累月,胸中自具神奇,造化自为我有。是师造化,不徒为技术之事,尤为修养人格之终生课业。(《黄宾虹画语录》)

请注意,黄宾虹所谓的"真画"之真,决非客观真实意义上的真,而是返朴归真、本真、率真意义上的真,所以说"师造化,不徒为技术之事,尤为修养人格之终生课业"。这样的真,便是"澄怀"而观所得的"道"。在黄宾虹的作品中,我们常常可以看到有一位高人徘徊或箕坐于山脚下、水滨边、茅屋里、小舟上,正默对大荒、因象悟意、相看不厌、欲辩忘言。作为画家的自我写照,他便是在"澄怀观道""静处求之",体现了与宇宙同构律动的林泉高致。

三

"半壑松风,一摊流水,此画家寻常境界,天游(陆广)、云西(曹知白)寥寥数笔,与墨华相掩映,斯境须从极能盘礴中得来,方不浮弱"。——这是1954年黄宾虹自题《山水图》的一段话。这段话,实际上是糅合恽南田的两段画跋而成:

> 半壑松风,一摊流水,白云度岭而不散,山势接天而未止。别有日月,问是何世?倘欲置身其中,可以逍遥自乐。

> 作画须有解衣盘礴,旁若无人意,然后化机在手,元气淋漓,不为先匠所拘,而游于法度之外矣。

恽跋前一段是说静明的心境在直面山川真景时的移情作用,后一段则是倡导以同样的心境面对画纸运思挥毫的神化境界。黄宾虹进一步把二者贯通到一起,从而使蒙养生活、陶铸性灵与创作实践成为不可或分的有机整体,比之恽南田的见解,无疑更深刻了一层。

《庄子·田子方》记"解衣盘礴"的故事:

> 宋元君将画图,众史皆至,受揖而立,舐笔和墨,在外在半。有一史后至者,儃儃然不趋,受揖不立,因之舍。公使人视之,则解衣盘礴,裸。君曰:"可矣,是真画者也。"

画家"解衣盘礴"之时,实有老僧补衲之沉静,静心凝志,纯任自然,神气莫不听命,于是又有天马腾空之热情。虽半壑松风,一摊流水,而有"道"存焉。这是中国画最高的创境,基于这一最高创境的立场,画家便完全把握了画面构成的主动权。

恽南田和黄宾虹都十分注重画面的疏密、虚实关系。恽南田曾云:

> 文徵仲述古云："看吴仲圭画，当于密处求疏；看倪云林画，当于疏处求密。"家香山翁每爱此语，尝谓："此古人眼光烁破天下处。"余则更进而反之曰："须疏处用疏，密处加密，合两公神趣而参取之，则两公参用合一之元微也。"

这一见解，极受黄宾虹的青睐。他在1953年自题《柳村归棹图》中云：

> 香山论画，言疏中密，密中疏。南田为其从孙，亟称之，又进而言密处密，疏处疏。余观二公真迹。尤喜其至密处。能作至密，而后疏处得内美，于瓯香馆似逊一筹。

恽南田又云：

> 古人用笔极塞实处，愈见虚灵；今人布置一角，已见繁缛。虚处实则通体皆灵，愈多而愈不厌玩，此可想昔人惨淡经营之妙。

黄宾虹则自题《壁崖山居图》亦云：

> 用笔于极塞实处能见虚灵，多而不厌，令人想见惨淡经营之妙。

需要指出的是，恽南田的画论虽高，但他的山水画创作实践其实并未臻相应的境界。真正将"密处加密""极塞实处，愈见虚灵""愈多而愈不厌玩"的理论成功地付诸实践的乃是黄宾虹。读黄宾虹的山水画，大都铺天盖地，黑、密、厚、重，"黑墨团中天地宽"。画面上，山川的浓重墨色和天空、水流的空明洁净，给人以醒目的印象。苍劲的笔触和淋漓的墨痕，交织簇拥着的线和点，既莽莽苍苍、沉酣雄奇，又隽秀娟雅、华滋柔润，黑、密、厚、重中，闪烁出异常丰富的光泽。山川的暗面由于山谷的漆黑而显得发亮，黑洞洞的山坳在暗淡的山谷中呈现出最深暗的色调，而闪闪发光的宿墨点，又在这些浓重的暗部巧妙地分布了无数的灰点、白点，恍如夜幕上的群星璀璨。曲折的小径疏通了画面的气韵，飘荡的云雾浮泛于山麓林杪,使黑暗的山崖反射出微妙而神秘的光芒。林中的房舍在黑荫中透露出光亮,湖面的小舟像点缀在明镜上的珍珠。正是对光的深刻体验、追思以及精湛的艺术处理,构成了黄宾虹艺术"密处加密""极塞实处,愈见虚灵""愈多而愈不厌玩"的精华所在,使黄宾虹的作品达到了浑厚华滋的意境,紧紧地把人们的思绪和情感带入到一个长久的沉思和心灵恬静的境界之中。需要指出的是,浑厚华滋的自然之光就是"道"的悲剧闪光,它浑沌恍惚,玄之又玄,于混沌中放出光明,就像一个可怕的黑太阳耀射出昏夜。它"黑入太阴雷雨垂,真宰上诉天应泣"(杜甫语),作为中国山水画林泉高致乃至整个中国文化悲剧精神的原型,将引导光明的灵魂走出黑暗的深渊。

为什么黄宾虹的山水画"能作至密,而后疏处得内美"呢?又为什么其"用笔极塞实处,愈见虚灵"呢?对于"光"他又是怎样地用之于黑、密、厚、重的整体经营之中的呢?对此,他在1953年自题山水小品中有一个说明:"岩岫杳冥,一矩之光,如眼有点,通体皆虚;虚中有实,可悟化境。"请注意,这里"如眼有点"的"一矩之光",不仅指大密中的小疏即空白点,如云气、流泉、房舍,等等,更是指"密处加密"的极浓的松烟宿墨点即"亮墨"。黄宾虹一生于墨法上力争上游,所谓"五墨法""七墨法",尤以"亮墨"法堪称其墨法中的画龙点睛之笔。关于"亮墨",黄宾虹在《九十杂述》中有一段话极称其妙用:"墨为黑色,故呼之为墨黑,用之得当,变黑为亮,可称之为亮墨。"又说:"每于画中之浓黑处,再积染一层墨,或点之以极浓宿墨。干后,此处极黑,与白处对照,尤见其黑,是为亮墨。亮墨妙用,一局画之精神或可赖之而焕发。"黄宾虹对用墨的这一独特体会,不仅为恽南田所未曾提到,而且也是前无古人的。

然而,对疏密、虚实、繁简的惨淡经营,还只能算是"解衣盘礴"的第一步,"三思而后行"的"思"而未"行"阶段;真正进入"行"的阶段,"解衣盘礴"的终极境界应是"虚空粉碎"的"无笔墨痕"。恽南田一再指出:"作画至于无笔墨痕者,化矣!""全是化工神境,磅礴郁积,无笔墨痕,当令古人歌笑出地。""如此荒寒之境,不见有笔墨痕,令人可思。"……黄宾虹1950年自题《山水》亦云:"画先求有笔墨痕,而后能无笔墨痕,起讫分明,以至虚空粉碎,此境未易猝造。"

中国画历来讲求"骨法用笔""有笔有墨",画面形象的构成离不开用笔的轻重疾徐,用墨的枯湿浓淡,以及笔墨点线的疏密聚散,如果画以"无笔墨痕"为贵,那又如何成画?那岂不成了一张白纸?其实,"无笔墨痕"的真切涵义是指对用笔用墨的超越,是指作画时忘墨之在案、笔之在手的一种下意识精神活动,一切都不假造作,一切都是自然而然地构成,同时一切又都合于"道"亦即"内美"的原则。唐符载《观张员外璪画松石序》云:"观夫张公之艺,非画也,真道也。当其有事,已知遗去机巧,意冥玄化,而物在灵府,不在耳目。故得于心,应于手,孤姿绝状,触毫而出,气交冲漠,与神为徒。若忖短长于隘度,算妍蚩于陋目,凝觚舐墨,依违良久,乃绘物之赘疣也,宁置于齿牙间哉!"可为"无笔墨痕"下一转语。此外,荆浩《笔法记》中的洪谷老叟不厌其烦地反复申说了画的"六要"、笔的"四势",最后却以"可忘笔墨,而有真景"作结,也是这个意思。所谓"道要知得,知得又要行得,行得又要证得,证得又要忘得,忘得方才用得"(真可《义井语录》),"知得""行得""证得"是"先求有笔墨痕"的阶段,必须投下苦心孤诣的不懈努力;"忘得"则是"而后能无笔墨痕""一至虚空粉碎"的阶段,标志着个人风格的最终确立,既不为先匠法度所拘,又不为客观真景所囿,纵使笔不笔,墨不墨,亦自有我在,天下之能事毕矣!

而特别就笔墨而论,对于传统的深入是画家努力的主要方向。董其昌曾在《画禅室随笔》中指出:

> 大慧禅师论参禅云:"譬如人具万万赀,吾皆籍没尽,更与索债。"

> 此语殊类书家关捩子。米元章云:"如撑急水滩船,用尽气力,不离故处。"故书家妙在能合,神在能离。所欲离者,非欧虞褚薛诸名家伎俩,直欲脱去右军老子习气,所以难耳。哪吒拆骨还父,拆肉还母。若别无骨肉,说甚虚空粉碎,始露全身?

这段话虽是就书法而论,实际上同样适合于绘画。意思是说,对于传统必须先入后出,入而不出、死煞于古人脚下当然不行,但如果没有先入的努力,所谓"后出"也就失去了对象,无异于痴人说梦。

黄宾虹的笔墨,论其渊源是与清初"四王",尤其是王原祁的"笔底金刚杵"一脉相承而来的。对此,在以往的黄宾虹研究中几乎没有人注意过这一点。众所周知,"四王"对传统的研究几乎达到了集大成的巅峰,所谓"以元人笔墨,运宋人丘壑,而泽以唐人气韵,乃为大成"(王翚《清晖画跋》),对传统的孜孜矻矻,使他们的笔墨就"有笔墨痕"而论,几乎达到了无懈可击的境界。问题是,他们就此乐而忘返,结果也就无法企及"无笔墨痕""虚空粉碎,始如全身"的最高境界。黄宾虹则在继承"四王"传统研究方向的前提下,进而"拆骨还父,拆肉还母",也就是先"具万万赀",进而"皆籍没尽,更与索债",最终使传统融于个人的品禀之中,在创作时不是以传统笔墨的样式出现,而是以主体品禀的创造面貌出现。

黄宾虹是一位大器晚成的画家。就其笔墨的锤炼而言,四十岁之前,主要是受新安派诸家的影响,画得疏简而秀逸。四十岁以后,路子渐为拓宽,留存至今的临古作品,既有摹董源、米芾的,也有摹李唐、马夏的,还有摹子久、云林的,大都一笔不苟,极似原作。五十岁以后遁入艺林,交游既广,眼界亦开,乃陶铸宋元,取精用宏,作风渐趋浑朴苍劲,并努力使古人的笔墨样式与主体的文化修养相般配,但直至八十岁之前,仍嫌"有笔墨痕"而未能猝造"虚空粉碎"之境。八十岁以后,黄宾虹因患严重白内障,视觉渐趋消失,到八十九岁那年,几乎完全失明。但就在这几年间,他仍不停地作画。积数十年摹古仿古、饱游饫看之经验,他本已臻于闭着眼睛也能作画的自由之境,但只有到这时才彻底地做到了"以神遇而不以目视,官知止而神欲行"(《庄子》),将早先孜孜矻矻积累起来的"百万赀""皆籍没尽,更与索债",以手运心,因心造境,画风为之大变特变而不复有"笔墨痕"可循。骤看之下,笔不笔,墨不墨,铺天盖地,粗黑凌乱,惊世骇俗,内在里却充溢着出神入化的韵律和生命节奏,成为其林泉高致的最佳形式载体。

  行文至此,我们不难发现,所谓"林泉高致",究其实质可以视之为一种超越之道:超越功利的羁绊,超越传统的羁绊,超越生活的羁绊,超越笔墨的羁绊。必须向上一齐涤,才有真正意义上的自然、自由之可言——这,便是黄宾虹的艺术所给予我们的最高启示。

03 第三讲
云表奇峰——吴湖帆艺术论

吴湖帆(1894—1968),江苏苏州人,原名翼燕,字遹骏;更名万,字东庄,号丑簃;又改名倩,字倩庵。斋名"梅景书屋"。擅画山水、花卉,偶作人物,兼能书法。工诗词,精鉴赏,富收藏。曾任中国美术家协会上海分会副主席。

一

《云表奇峰》是吴湖帆作于1936年,在他43岁时的一件成名作。画面纵96.5厘米,横49厘米,自上而下依次描绘数峰并峙云中,或如笋,或如墩,主峰并不高峻,但斜欹横出,落落不群,最为引人注目。山麓下群松杂树,极其蓊翳茂密;山径曲折,高阁掩映,泉涧奔湍,出奇无穷。画法或用没骨渍染,得淡荡明艳之致;或用解索皴,或用披麻皴,或用小斧劈皴,有深穆渊厚之气。水墨与青绿兼施,熔南北二宗于一炉。左上方自题:"云表奇峰,丙子初冬仿赵仲穆法,吴湖帆。"正上方又题:"世事升平,窗明几净,闲人染翰,确是快怀。回忆作画已七载余,当日夫人画兴尤浓,爱而留存。旋为《美术生活》彩色假影,南北竞摹,因此赝本百出,观者捉摸无措矣。癸未灯节重检旧本,漫题数韵于空:'闲静日长时,与妻商属稿。笔端机忽生,奇峰出云表。一幅生活图,脱胎尤多少。七载劫余身,我已耄华老。疮痍未全休,湖山依旧好。'倩庵又题。"右下角另有"甲申冬至""重为润色"的补记。此外还有定山（陈定山）、遐翁（叶恭绰）观款二则："十载重观，云山无恙，天际真人，可为想象。乙酉夏日定山题。""此为湖帆成名之作，精力弥满，万象在旁，所谓初写《黄庭》，他日重书皆不及者也。遐翁。"

综观此图，构思新颖，立意巧妙；云气蒸腾，氤氲缥缈；层次井然，立体感强；苍翠华滋，缜丽丰润。难怪此图一出，便引起了当代画坛的翕然从风，竞相仿效。在此之前，吴湖帆主要是从传统中讨生活；而从此以后，则开始正式确立了自己的个性风貌，如云表奇峰，秀出千岭，独占风骚。而且，终其一生，描绘云中山顶，竟成为他艺术创作的一个基本母题，如作于1938年的《黄山松云图》《万松金阙图》《山居友瀑图》、作于1939年的《云壑奔泉图》、作于1944年的《海野云冈图》、作于1945年的《相对夕阳红图》、作于1946年的《潇湘雨过图》《云中山顶图》、作于1948年的《阿里山云海图》《石梁飞瀑图》、作于1949年的《洞天新域图》《涧底泉声图》、作于1951年的《石壁飞虹图》、作于1956年的《夕阳萧寺图》《云中山顶图》、作于1958年的《庐山五老峰图》《黄山翡翠池图》、作于1959年的《双松叠翠图》、作于1960年的《谢朓青山图》、作于1964年的《庐山仙人洞图》等，不一而足。在中国山水画史上，似乎还找不出有第二个画家像他这样对于云中山顶是如此情有独钟的。

据吴湖帆自题《云中山顶图》："荆浩有《云中山顶图》，真迹失传已数百年，宋末赵彝斋游深山森林浓密处，曰：'洪谷子在此。'丙戌冬日，国樑先生属图云山，随笔成之，偶忆彝斋当日情景，仿佛相合。"此外，米芾、米友仁、高克恭等，也有云山之作，真迹尚有传世。但是，比较吴湖帆与荆、米、高的云山图，其间的差异性是十分明显的。荆浩对于云山的处理，着意于一个"厚"字。如米芾《画史》云："荆浩善为云中山顶，四面峻厚。"梅尧臣《玉原叔内翰宅观山水图》诗云："石苍苍，连峭峰，大山嵯峨云雾中，……气象一似高高嵩。"（《宛陵先生集》卷五十）传世《匡庐图轴》，便正是如此情景,所以给人以高山仰止般的审美感受。米芾、米友仁、高克恭等对于云山的处理,着意于一个"平"字,所谓"平淡天真""不为奇峭之笔",等等,在当时、后世的画评中屡见不鲜。而他们的共同之点,都是以山作为画面的主体,而以烟云仅仅作为山的点缀,如郭熙《林泉高致·山水训》所云:"山,大物也,其形欲耸拔,欲偃蹇,欲轩豁,欲箕踞,欲盘礴,欲浑厚,欲雄豪,欲精神,欲严重,欲顾盼,欲朝揖,欲上有盖,欲下有乘,欲前有据,欲后有倚,欲上瞰而若临观,欲下游而若指麾。此山之大体也。""山有高有下,高者血脉在下,其肩股开张,基脚壮厚,峦岫冈势,培拥勾连,映带不绝,此高山也。故如是,高山谓之不孤,谓之不仆。下者血脉在上,其颠半落,项领相攀,根基庞大,堆阜臃肿,直下深插,莫测其浅深,此浅山也。故如是,浅山谓之不薄,谓之不泄。高山而孤,体干有仆之理;浅山而薄,神气有泄之理。此山之体裁也。"至于烟云,则被作为山的"神彩":"故山……得烟云而秀媚,……山无烟云,如春无花草,山无云则不秀。"然而,吴湖帆对于云山的处理,却着眼于一个"奇"字。所谓奇,有两方面的涵义,一是主峰本身的奇峭之势,如《云表奇峰》的斜欹横出,一是主峰的完全隐没,如《云中山顶》的莫可端倪。从艺术上来分析,这样的处理固然可以收到出奇制胜的效果;但是,从风水学的角度,这样的处理并不能认为是十分妥当的。当然,对于这里面的内在矛盾性,吴湖帆本人是不可能觉察到的。一切似乎都是冥冥中的注定,作为当代画坛的一座"云表奇峰",吴湖帆在艺术上的成功端赖于此,而他在生活遭际方面的悲剧无疑也可以从中找到先验性的答案。"云表"显得过于理想化,"奇峰"又显得过于佼然不群。也许是他的先天禀性使他作出了这方面的艺术选择,而这方面的艺术选择又从后天的层面上强化了他的这种禀性品格。

作为中国画的大宗,同时又是蕴涵了"天人合一"思想的最佳绘画形式,中国山水画的嬗递演变,始终是与风水堪舆学说有着或明或暗、千丝万缕的联系。山水艺术的缘起,与山水崇拜相关,如上古原始时代的祀山祭山活动，这正意味着山水精神系作为沟通天人关系的术数精神的一种审美形式。所以，六朝山水诗中弥漫着神仙长生思想，仅以谢灵运的诗为例，如："想象昆山姿，缅邈区中缘。始信安期术，得尽养生年。"（《登江中孤屿》）"虑淡物自轻，意惬理无违。寄言摄生客，试用此道推。"（《石壁精舍还湖中作》）这就是所谓"山水养生"或称"烟云供养"。从山水崇拜到山水养生，实际上标志着山水精神从群体的"天人合一"转向个体的"天人合一"，但其深层结构所蕴含的术数精神——包括它的玄学形态和技术形态依然不变。传统山水画便是在这样一种思想环境里成长起来的。所以，董其昌认为："（山水）画之道，所谓宇宙在乎手者，眼前无非生机，故其人往往多寿。"（《画禅室随笔》）既然山水可以养生，作为"第二自然"的山水画当然也可以养生。问题是，并不是随便一处山水都可以养生，而必须是合于风水堪舆的"佳山水"才可以养生；所以，山水画要想达到养生的目的，其取象造意也必须合于风水堪舆的原则："宇宙在乎手。"否则的话，"刻画细谨，为造物役者，乃能损寿，盖无生机也。"（同上）

中国山水画的最高精神境界是"玄对山水""澄怀观道"。而"玄对山水""澄怀观道"正是术数精神的哲学形态；落实到造型取象的技术形态，则如钱锺书所说：

> 我国堪舆之学，虽荒诞无稽，而其论山水血脉形势，亦与绘画之同感无异，特为术数所掩耳。李巨来《穆堂别稿》卷四十四《秋山论文》一则曰："相冢书云：'山静物也，欲其动；水动物也，欲其静。'此语妙得文家之秘。"云云。实则山水画之理，亦不非是。堪舆之道于艺术，犹八股之道于戏剧，是在善简别者不一笔抹杀焉。（《谈艺录·一一附说九》）

风水术所考虑的是一个地区地理环境的阴阳结构及其与人的交感作用问题。不同的地方风水不同，也就是地理、自然、气候诸因素的结构不同、场能不同,对一个人生理、心理的影响也就不同;对一个人的生理、心理发生影响,当然也就影响到他的气数命运;对一个人的气数命运发生影响,又必然影响到他的子孙后代的气数命运。换言之,风水术是山水崇拜、山水养生的必然产物,它与中国的文学艺术结下不解之缘,正在情理之中。古代的不少山水画家如李成、朱德润、黄公望、吴镇、曹知白、倪瓒等,同时又是阴阳术数家,亦在情理之中。此外需要指出的是,在以往的中国画,尤其是山水画研究中,往往强调人品决定画品;而从风水对于人的气数命运的影响,也许在更多的情况下反而是作为"第二风水"的画品决定人品;至少,人品与画品的关系应该是一种双向建构的影响关系。这从吴湖帆的艺术创作和人生遭际,尤其可以看得清楚。

钱锺书在《管锥编》中以相当篇幅排比了风水与文学的关联。事实上,在中国山水画论中,以风水喻画的事例更是俯拾皆是,如:

> 初铺水际,忌为浮泛之山;次布路岐,莫作连绵之道。主峰最宜高耸,客山须是奔趋。回抱处僧舍可安,水陆边人家可置。(传王维《山水诀》)

> 观者先看气象,后辨清浊,定宾主之朝揖,列群峰之威仪,多则乱,少则慢,不多不少,要分远近。(传王维《山水论》)

> 山头要折搭转换,山脉皆顺,此活法也。众峰如相揖逊,万树相从,如大军领卒,森然有不可犯之色,此写真山之形也。(黄公望《写山水诀》)

> 近阜以下承上,有尊卑相顾之情;远山低以为高,有主客异形之象。……山脉之通,按其水径;水道之达,埋其山形。……势之推挽,在于几微,势之凝聚,由于相度。(笪重光《画筌》)

> 主山来龙起伏,有抱客山之势。朝揖相随,阴阳向背,俱各分明。主峰之胁旁起者,为分龙之脉。……主山一幅中纲领也,务要崔嵬雄

浑,有大君之尊也。群峰拱揖而朝,四面辐辏。布局之稿,落笔时一
得大势,作者先自悦目畅怀,遂笔笔得趣,皴染如意,有自得之乐。
(唐岱《绘画发微》)

如此等等,其论"气象""清浊""宾主""威仪""折搭转换""推挽凝聚",均
与青囊家论"脱卸"所谓"分支擘脉,一起一伏,于散乱节脉直脱至平夷藏采
处,乃是绝佳风水"若合符契。至于郭熙《林泉高致·山水训》中提到:

山以水为血脉,以草木为毛发,以烟云为神采。故山得水而活,得
草木而华,得烟云而秀媚。水以山为面,以亭榭为眉目,以渔钓为精神。
故水得山而媚,得亭榭而明快,得渔钓而旷落。此山水之布置也。

石者,天地之骨也。骨贵坚深,而不浅露。水者,天地之血也。
血贵周流,而不凝滞。

更是青囊家视风水堪舆为活物体或人体观的翻版,深刻地道出了中
国山水精神中天人关系的情结。它的"原型",可以一直追溯到上古的神
话,如《绎史》卷一引《五运历年纪》《述异纪》中都提到盘古"垂死化身"的
故事:气成风云,声为雷霆,眼为日月,四肢五体为四极五岳,血液为江河,
筋脉为地理,肌肉为田土,发须为星辰,皮毛为草木,齿骨为金石,精髓为
珠玉,汗流为雨泽,等等。所以,郭熙进而指出:"画亦有相法,李成子孙昌
盛,其山脚地面皆深厚阔大,上秀而下丰,合有后之相也。非特论相,兼理
当如此故也。"黄公望《写山水诀》亦云:"李成画坡脚须要数层,取其湿厚。
米元章论李光丞有后代,儿孙昌盛,果出为官者最多。画亦有山水存焉。"
这正是绘画作为"第二风水"对人品、对人的气数命运发生影响的实例。
李成的作品久已湮灭无存,但从其传派的郭熙、王诜的作品如《早春图》
《渔村小雪图》等来看,主山巍峨,客山拱揖,群峰耸秀,万壑争流,确乎有
一种豁达大度、堂堂正正的气象。相比之下,南宋"院体"的所谓"马一角"
"夏半边",尽管极尽细节真实和诗意追求之能事,却被作为"残山剩水"而

不入鉴赏之列,究其原因,正在于堪舆学的"风水不佳"所致。

　　基于上面的认识,回过头来看吴湖帆的《云表奇峰》和其他一系列以云山为母题的创作,无疑缺少"耸拔""偃蹇""轩豁""箕踞""盘礴""浑厚""雄豪""精神""严重""顾盼""朝揖"之致,上无盖,下无乘,前无据,后无倚,上瞰而不若临观,下俯而不若指麾。高山则肩股不尽开张,显得"孤"而体干有"仆"之理;浅山而根基不够庞大,显得"薄"而神气有"泄"之理。因此,尽管他的画法有缜丽丰润、苍翠华滋之妙,但在富丽堂皇的表象下,似乎总给人以掩蔽着某种孤高自许、淡淡哀愁的印象,过于理想化的境界,显得难以合群而又多愁善感。

　　这种"云表奇峰"般的画品,同样也反映在他的花卉画中,无论是"雾障青罗"的荷花,还是"风娇雨秀"的翠竹,其总体的风格也是缜丽丰润、苍翠华滋的,但在富丽堂皇的表象下,同样掩蔽着某种孤高自许、淡淡哀愁,过于理想化的境界,显得难以合群而又多愁善感。

二

　　吴湖帆的人品也如"云表奇峰",他不仅是难以合群的,而且是多愁善感的。他的一生,既有富丽堂皇的一面,又有淡淡哀愁的一面。他只能处顺境,而难以处逆境,既不会逆来顺受,更不会变逆为顺。

　　他出生于一个世代簪缨之家,祖父吴大澂系晚清大吏,甲午战争中湘军的主要指挥者,曾历官山、陕、河、湖、广,退隐后雅好文艺,工书画,能诗文,富收藏,为东南艺坛领袖,曾与顾鹤逸结"怡园画社",吴昌硕、金兴来、翁尹石、倪墨耕等均为社友,在苏州形成了一个文士群,皆志深笔长、梗概多气之士。其外祖父沈树镛官至内阁中书,家藏极富。其夫人潘静淑亦为苏州名门,家藏文物可富敌东南。生长在这样的环境中,耳濡目染,潜移默化,自然养成了吴湖帆骄傲的性格、与社会现实相脱离的书生意气。这种性格和意气,当他处于一帆风顺的境遇中时,自然不会对他的心理带来什么障碍;然而,一旦遇到挫折,便使他难以排解。

现实毕竟不同于理想。有谁能永远一帆风顺?有谁能永远不遇挫折?重要的是必须学会应付现实,学会排解挫折。然而,吴湖帆偏偏不会。他不是一个豁达的人,任何一点小小的挫折,他都会耿耿于怀。更何况,他的一生中所受的挫折,决不是一点点,也不是小小的。这就注定了他的悲剧性的宿命。

> 玉立自亭亭,翠珮凌波,红情映罗绮。新绿芊芊,迎人犹似说,槛袂谁倚。忍苦芳心,记纤手丝丝曾系。到而今独暗伤神,空怅幽蕊。
>
> 笺底,旧约星期。素旐把魂招,粉镜重洗。小劫华鬘、莫闲辜、倩影洒飘花泪。点点相思,怎肠断、音书难寄。梦回时,香雾还绕仙气。(《绿盖舞风轻》)

这首精彩绝艳而又充满了伤逝之痛的长调,是吴湖帆为其夫人潘静淑的遗作《华鬘倩影图》题写的。1939 年,潘静淑去世,给吴湖帆带来了折鸾之痛。潘氏于 1915 年二十四岁时与吴湖帆成婚,直到她去世,二十四年间,夫唱妇随,琴瑟和鸣,诗画酬唱,极为相得。潘氏曾配合吴湖帆校订刊印了吴大根《澹人自怡草》、吴大澂《愙斋诗存》以及《吴氏书画集》,"梅景书屋"所藏一千四百多种金石书画,一一为之校订序录,有"合归来堂鸥波馆寒山千尺雪于一冶"之誉。吴湖帆尝自言其"三病三濒于危",全仗潘氏"手治药膳,早夜惢慎"而得痊愈。所以时人多将他夫妇比作梁(鸿)孟(光)、赵(明诚)李(易安)、赵(孟頫)管(仲姬),潘氏的去世,给吴湖帆精神上的刺激是极大的。他在《故妻潘夫人墓状》中写到:

> 呜呼夫人!幼年失恃,孝事继母;及笄言嫔,亲侍尊姑。华姿婉淑,慧性敏明;恭恭承帏,和以接众。十年习画,抉崔、赵之精华;五字娴吟,邃李、朱之雅韵。护高柔于三病,抚杜甫之四儿。咸鄘曰懿,家庭惟淑。方期偕老青山,同证白首;不意崇朝示疾,瞬息仙游。呜呼

> 痛哉！从此绿草新词，反成断肠之句；梅花旧影，空照梦离之魂。金镂长埋，佳城永闭，我心碎矣，君灵知否？

其奉倩伤神之意，溢于言表，一往情深，不能自已。并从此更名为倩，号倩庵。这一段时期，吴湖帆整个身心沉浸在悲哀之中，先后作词十数首，皆哀婉凄约，深沉地寄托着他"愿天上神仙似人间，再盟订他生，白头如愿"的思绪。凡潘氏遗物上可以题记之处，无不一题再题，然而他似乎还有万语千言无从倾诉。

为了减轻他的孤独和悲忧，同年冬，其子吴孟欧、述欧特辑父母画作十六帧影印行世，名《梅景书屋画集》。又，潘氏生前雅好填词，有"绿遍池塘草"之句，极得时人推崇。吴湖帆感念夫人，遂以此为题，广征图咏。数月之间收到各界名流应征作品一百数十件，于1940年刊印问世。吴湖帆亲为之序，语极沉痛。书成之后，又作《绿遍池塘草》画一帧，并题《金缕曲》一词：

> 绿遍池塘草。过清明妒春风雨，春残人渺。无可奈何花落去，肠断离情难道。忍检点零星遗稿。一念相思更番读，惹伤心更把心萦绕。千万语，总嫌少。
>
> 危楼半角斜阳照。问从今怨怀孤愤，何时能了？双眼泪痕干不透，去去寻思凄吊。料地下应知余抱。指望虹桥桥边路，叹青青一例年年扫。非痛哭，即狂笑。

不久，吴湖帆的母亲因儿媳去世，悲伤过度，亦沉疴突发而死。吴湖帆家门迭遭不幸，给他的刺激之大，是不难想象的。连续几年间，他的心灵被悲怆的苦痛闷塞着，除了调治笔墨外，他拼命地吸食鸦片，借以抑制其烦躁、悲观、哀愁的心情。直到1942年与顾抱真结婚，才慢慢从悲痛中解脱出来。

长期以来，由于身世和禀性的原因，吴湖帆很少关注也几乎全然不懂世事、政事。他的过于理想化、艺术化的人格和喜欢交游的性格,伴随着他的盛名,吸引了当时不少社会上各式头面人物出入"梅景书屋"。作为一位"云表奇峰"式的艺术家,他一向把自己被视作"中心"而引为自豪。他天真地认为,凡到"梅景书屋"来的,只要是他艺术的崇拜者,只要是为了研讨或学习艺术而来的,对于其身份,是可以不问的。这就又一次给他带来了麻烦。

1945年,抗日战争胜利,吴湖帆和全国人民一样沉浸在洗清国耻的喜悦中。然而,是年冬,突然横祸飞来,上海军界首脑汤恩伯将他幽禁于锦江饭店,理由是他和汪精卫等汉奸有过来往。此事虽经叶恭绰等的奔走,证实了他的无辜,并不久就恢复了他的自由,但还是有人乘机大做了一番文章。这,对于洁身自好的吴湖帆无疑是一个沉重的打击,在他的心头留下了洗不清的耻辱。从此以后,他的情绪变得更加消沉,时时流露出看破红尘和悲观厌世的思想。

打击他心灵的事情接踵而至。当外界的干扰刚刚过去,他的长子的堕落又一次而且更为剧烈地刺激了他。他与潘静淑共生二子,长子孟欧原能继承家学,以书画为业,吴湖帆对他抱有很高的期望。不料后来染上恶习,与一班纨绔子弟为伍,竟走上了邪道。起初,吴湖帆尚念父子之情,每逢他潦倒时还对他有所接济。后来见他挥霍无度,便不许他再上门要钱,父子由是反目成仇。孟欧走投无路之际,便偷偷将苏州故家的藏物拿出去变卖,直至连祖上所遗御赐之匾的金粉金皮亦尽数刮剥而去。吴湖帆伤心之余,即在亲友中宣布与此子断绝关系。

进入20世纪50年代,在新的社会生活和政治风气下,吴湖帆从思想到生活习惯都经历了一番痛苦的改造。首先,他根据政府的规定,戒除了鸦片烟;接着,他变卖了大量古董,按土改条例完成了"累进税"的交付;不久,又经受了长子孟欧伏法给他带来的精神上的刺激。当这一切过去后,紧接着的是中国画坛关于继承和创新的讨论。在当时极"左"思潮的影响下,这场讨论被政治上的进步与倒退的观念混淆了。主张创新者,被认为是政治上的进步;强调继承者,则被看作是政治上的保守和倒退。许多画家为了迎合"创新"的时髦,纷纷在自己的作品中加入一支高举红旗的登山队之类,以表示与传统绘画的区别。对于这种时髦,吴湖帆始终不愿苟合,他坚持中国画以传统为基础的观点,反对不讲继承、无视传统的观念。以致在人们看来,他在创新方面始终是那么迟疑,那么步履艰难。"云表奇峰",与新的时代、新的生活依然格格不入。

1956年,经国务院批准在上海成立包括华东六省一市在内的"中国画院",由当时上海市委宣传部负责人赖少其主持其事。根据叶恭绰的推荐,组织上初步考虑由吴湖帆任院长。这个设想在由浙江潘天寿、江苏傅抱石等众多画家参加的筹备会上提出后,基本没有异议。这并不奇怪,因为上海是画院的所在地,由上海方面的画家出任院长自然最为合适;此外,从20世纪30年代以来,吴湖帆在绘画上的成就和海内外的声望也决定了此职非他莫属。然而,正当一切顺理成章地进行时,有人却以吴湖帆出身大官僚、大地主,上海画院任用非人为理由,对此提出了非议。于是,这件事便搁置了下来。不久,以丰子恺为院长的上海中国画院正式成立,吴湖帆只是一名普通的画师。

吴湖帆向以"清高"自诩。不过,他的"清高"实际上是假清高,在一帆风顺的境遇中,他可以表示出对一切看得很淡;然而,一旦受到挫折,他便耿耿于怀,难以排遣。在这件事上,他也未能免俗。对他来说,这不单是个职衔问题,更为重要的是个面子问题。早从20世纪30年代开始,由于他的家世和才华,便使他的声誉日隆,与赵叔孺、吴待秋、冯超然合称"海上四大家",又与吴子深、吴待秋、冯超然合称"三吴一冯",与张大千则有"南吴北张"之称。所谓"海上四大家"也好,"三吴一冯"也好,实际上都是以吴湖帆为首的,他是东南画坛众所公认的领袖人物;而在全国范围内,除张大千外,也无人能与之相埒。他已习惯了受人尊敬的画坛盟主地位。

而从此以后,他不仅要抛弃那种"云表奇峰"式的高高在上的优越感,而且要克服由于政治环境的变化所带来的沮丧心理,这是一种痛苦而近于残酷的灵魂搏斗。然而事情并未就此结束,几个月后,反右斗争接踵而来。他平素那些不自检点的率性之言和"哀怨"情绪,他与张大千的交谊和通信关系,等等,构成了他不满社会现实、内外勾结等一系列罪名,理所当然地受到了严厉的批判。

吴湖帆的态度十分顽固。当有关领导找他谈话,要他将所作诗词拿出来接受审查时,他竟然书生气大发,将诗词手稿统统付之一炬。当他的家人受组织委托帮助他认识错误时,他又固执己见,使一次次谈话不欢而散。虽然,后来因主持华东局和上海市工作的领导中,以及吴湖帆的友人中,有不少人为他作了大量的辩白和解释,使激烈的矛盾获得了缓解,使他在"右派"的边缘上奇迹般地开脱了出来,但他并不因此而感到轻松。儿子述欧因替他写检查,堕入了"右派"行列,无辜代他受过;北京方面又传来消息,叶恭绰已被划为"右派"……这是使他比自己的遭遇更感痛心的。反右斗争虽不久即告过去,但由此而产生的社会效果伴随着它的内容则长期存在于社会生活之中,存在于吴湖帆的家庭生活之中。他那"世界观基本上是资产阶级"的结论,作为无形的"帽子",犹如古希腊神话中的达摩克利斯利剑一样,使人不敢须臾忘却它的威胁。吴湖帆开始从人们的眼光中觉察到一些新的内容,不再是崇敬和殷勤的神色,而是回避、怜悯、甚或带有几分鄙夷。一种从未有过的寂寞之感爬上了他的心头。他变得寡言鲜欢,身体明显地虚弱下去,病魔又一次一次地乘隙而来,使他备尝了汤药之苦。心灵上和肉体上的双重折磨,使得当代画坛的这座"云表奇峰"摇摇欲坠了。

1966年风云突变,"文化大革命"一声炮响,文艺界首当其冲地迅速沉浸于灾难之中。吴湖帆在劫难逃了。他有那么多大得吓人的"罪行",再加上几度中风和手术后的虚弱身体、惊弓之鸟般的脆弱神经,使他的身心很快就瓦解了。而且,这一次连安逸的休养环境也被剥夺了,病床的一角也成为批判会的现场。

1968年8月11日,弥留之际的吴湖帆鼓起最后的余勇拔下了插于喉头的导管。一代"云表奇峰"终于倒塌下来……

吴湖帆酷爱北宋周邦彦的词,他的词风力追清真,深入三昧;他还曾以画笔再三描摹清真词意,颇能传其神韵。按清真词品,既富艳精工,又沉郁凄婉,陈廷焯《白雨斋词话》评其《满庭芳·夏日溧水无想山作》有云:"此中有多少说不出处,或是依人之苦,或有患失之心,但说得虽哀怨却不激烈,沉郁顿挫中,别饶蕴藉。"归根到底,清真词之所以"哀怨"而并不"激烈",正是因为其思想的过于理想化而这种理想又难以实现、最终导致其思想的极度消沉而难以解脱所致。事实上,人生一世,有几个能像张大千那样时时、处处都应付裕如的?不如意事,十常八九,因此,重要的是要善于从逆境中超脱出来。理想当然是要有的,但必须建构于现实的基础之上,而不可过于"理想化",成为"云表奇峰"或空中楼阁;且不可太过于执着,而应该更多地关注现实。惜乎周邦彦一代高才,竟未能勘破穷通之理,卒以抑郁而终,岂不令人扼腕!观其《西河·金陵怀古》一阕,缠绵悱恻,寄意深远,不独自写胸臆,亦与吴湖帆的遭际若合符契。词云:

  佳丽地,南朝盛事谁记?山围故国,绕清江、髻鬟对起。怒涛寂寞打孤城,风樯遥度天际。

  断崖树,犹倒倚,莫愁艇子曾系。空余旧迹,郁苍苍,雾沉半垒。夜深月过女墙来,伤心东望淮水。

  酒旗戏鼓甚处市?想依稀、王谢邻里。燕子不知何世,向寻常、巷陌人家,相对如说兴亡,斜阳里。

三

传统山水画的审美境界,大体上可以一分为三:宋人山水注重物境美,故以丘壑为胜;元人山水注重心境美,故以人品为尚;明清山水注重笔墨美,故以图式为宗。逮至当代山水,则注重构成美,故以制作见长,具体不在本文论列。

郭熙《林泉高致·山水训》指出:

> 嵩山多好溪,华山多好峰,衡山多好别岫,常山多好列岫,泰山特好主峰。天台、武夷、庐霍、雁荡、岷峨、巫峡、天坛、王屋、林虑、武当,皆天下名山巨镇,天地宝藏所出,先贤窟宅所隐,奇崛神秀,莫可穷其要妙。欲夺其造化,则莫神于好,莫精于勤,莫大于饱游饫看,历历罗列于胸中。

> 山近看如此,远数里看又如此,远数十里看又如此,每远每异,所谓山形步步移也。山正面如此,侧面又如此,背面又如此,每看每异,所谓山形面面看也。……山春夏看如此,秋冬看又如此,所谓四时之景不同也。山朝看如此,暮看又如此,阴晴看又如此,所谓朝暮之变态不同也。

这两段话,足以表征当时的山水画家在"外师造化"方面所投下的深厚功力。所以,反映在他们的创作实践中,北方画家多写崇山峻岭、气象森肃,江南画家多写沙渚渔村、山峦平缓,地理学的特征相当明显;或高远而色清明,或深远而色重晦,或平远而意冲融,或全景风光,或边角境观,尽丘壑磊落之能事。宜乎当时、后世的鉴赏家,都是着眼于作品的物境和丘壑津津乐道、流连忘返。如楼钥的《宇文枢密借示范宽〈春山图〉》:

> 此图不是江南山,寒空青嶂疑商颜;
> 高高下下几佳处,庄家时有茅三间。
> 桥梁楼观各有趣,一夫驱驴何处去;
> 安得随入杳霭间,布袜青鞋踏空雾。
> 近山忽断见遥碧,天涯一望无中极;

胸中丘壑谁测知,铁屋石人惊笔力。

(《攻媿集》卷五)

又如王沂《为施淳民题临本郭熙山水歌》:

崇宁一片郭熙山,沦落人间感流转;
毫分隐显别清妍,千叠峰峦坐中见。
葱茏云树只重重,世间春风几度逢;
怪石常存犇蠖势,幽泉微露出山踪。
缘奇挹胜茅亭小,亭下清江自萦绕;
诸峰斩绝出陂陀,夭矫苍松立尘表。
百尺丝纶一钓舟,石阑斜对路悠悠;
山色自多朝暮趣,江流不尽古今愁。

(《伊滨集》卷四)

元人山水多高人隐士之作,用以寄寓其离尘绝俗的志节操守,传世画边多"山居""渔隐"之类,盖与画家的人品相表里。所以,其审美的重心,也从侧重于客观物境美转向侧重于主体心境美。如吴镇自题《渔父图轴》:

西风潇潇下木叶,江上青山愁万叠。
长年悠优乐竿线,蓑笠几番风雨歇。
渔童鼓枻忘西东,放歌荡漾芦花风。
玉壶声长曲未终,举头明月磨青铜。
夜深船尾鱼拨剌,云散天空烟水阔。

又如倪瓒自题《渔庄秋霁图轴》:

江城风雨歇,笔研晚生凉;
囊楮未埋没,悲歌何慨慷。
秋山翠冉冉,湖水玉汪汪;

珍重张高士，闲披对石床。

恽南田则云："元人幽亭秀木，自在化工之外一种灵气，惟其品若天际冥鸿，故出笔便如哀弦急管，声情并集，非大地欢乐场中可得而拟议者也。"（《瓯香馆画跋》）

当然，宋、元山水中并不是没有笔墨美，也并不是不讲对于传统图式的师承关系。但是，在宋人山水中，笔墨美和图式的师承都是服从于物境美和丘壑的结构经营的，如董源、巨然的披麻皴、落茄点和"矾头"，是对江南山峦平缓的真境提炼；李成的云头皴和惜墨法是对齐鲁烟林清旷的真境提炼；范宽的豆瓣皴是对关陕峰峦浑厚的真境提炼；二米的云山墨戏是对镇江烟雨迷蒙的真境提炼；刘李马夏的大斧劈皴是对边角景观的真境提炼，等等。至于"齐鲁之士，惟摹营丘；关陕之士，惟摹范宽"（《林泉高致·山水训》），更可见图式的师承与写实之间的明确对应关系。

在元人山水中，笔墨美和图式的师承都是服从于心境美和人品的陶冶挥洒的，如倪瓒所云："仆之所谓画者，不过逸笔草草，不求形似，聊以自娱耳。"（《清閟阁全集》卷十《答张藻仲书》）吴镇所云："墨戏之作，盖士大夫词翰之余，适一时之兴趣，与夫评画者流，大有寥廓。"（转引自《佩文斋书谱》卷十六）因此，线的飞沉涩放，墨的枯湿浓淡，点的稠稀纵横，笔的轻重疾徐，旨在托出气氛，表达心意，传写兴味观念，而并不再在于如何真实地去描绘自然景物本身。反映在对传统图式的师承方面，高克恭等北方画家不妨对董、巨的江南画派情有独钟，而朱德润等江南画家也不妨对李、郭的北方画派青眼有加。

要之，无论在宋人山水还是元人山水中，笔墨美和图式的师承至多只具有某种相对独立的审美价值，而绝不具备绝对独立的审美价值。

然而，进入明清以后，以董其昌发其端、"四王吴恽"尽其极，对于笔墨美的追求和对于传统图式的师承就被提到了山水审美境界的首要地位。

宋代山水画家所关注的是物境和丘壑,当时和后世也以此作为评其画品的标准;元代山水画家所关注的是心境和人品,当时和后世也以此作为评其画品的标准。然而,明清山水画家所关注的则是笔墨和图式,当时和后世也以此作为评其画品的标准。如董其昌在《画禅室随笔》中反复指出:

> 以径之奇怪论,则画不如山水;以笔墨之精妙论,则山水决不如画。
>
> 古人云:"有笔有墨。"笔墨二字,人多不晓,画岂有无笔墨者。但有轮廓而无皴法,不分轻重、向背、明晦,即谓之无墨。古人云:"石分三面。"此语是笔亦是墨,可参之。
>
> 画平远师赵大年,重山叠嶂师江贯道,皴法用董源麻皮皴,及《潇湘图》点子皴。树用北苑、子昂两家法,石用大李将军《秋江待渡图》及郭忠恕雪景,李成画有小幅水墨及著色青绿,俱宜宗之。集其大成,自出机杼。

至于"四王吴恽",更在笔墨和图式方面下足功夫。他们的理论,大多着眼于传统的图式,尤其是在传统图式的笔墨风格大做文章;他们的创作,大多标题为仿、拟、摹、法某家某派的字样,以示渊源有自。他们即使讲求生活的体验、人品的修养,也是摆到了从属的地位,目的是更深刻地体会传统图式的精神,更精湛地创造笔墨审美的境界。

吴湖帆的山水画,完全属于传统的审美范畴,尤其与明清山水境界一脉相承,系无旁出。在这一点上,他与张大千早期的艺术追求是完全一致的。不同的是,张大千是从石涛、八大的画派入手,上追明、元、宋、唐;吴湖帆则是从"四王吴恽"的画派入手,上追明、元、宋、唐;张大千进而兼取敦煌壁画的体貌精神,融会于卷轴画的创作之中;吴湖帆则始终是从卷轴画的传统中汲取营养;张大千进而开创了泼墨泼彩的画风,启导了当代山水画注重构成美、讲求制作性的审美境界之先河;吴湖帆则始终是立足于传统的基础来建构自己的笔墨风格。就笔墨的精妙和传统功力的深厚而论,在当代画坛,当以吴湖帆首屈一指。对此,就是张大千也是供认不讳的,他曾多次与人谈道:"昔日游京师,见溥心畬作画出入古今,以为生平所见一人。及至上海,识湖帆先生,其人渊博宏肆,作画熔铸宋元而自成一家,甚服我心,乃知天下画人未易量也!"后来张大千举办个人画展,徐悲鸿推为"五百年来第一人",张大千则明确表示自己的山水不如吴湖帆。再后数十年,张大千一跃而成为世界范围的画坛巨擘,而出于各种原因,吴湖帆则一度声誉杳然。但就在1981年的一次国际性中国画讨论会上,张大千仍推其为当代最杰出的山水画家。

吴湖帆正式学画是在弱冠以后,家藏的宏富,优裕的物质生活,使他有足够的条件潜心画学。出于禀性,源于学养,再加上家藏的原因,他一开始学画所选择的是一条在当时已经并不时髦的途径:以"四王"作为起手入门的津梁。"四王"作为传统山水画笔墨美的集大成者,曾经有过很高的声誉,几乎笼罩了有清二百余年的画坛。然而,从晚清以后,写意之风兴盛,"四僧"地位日隆,尤其是"五四"前后陈独秀等所发起的"打倒四王"运动,使"四王"的地位一落千丈。在这里,我们无意于评述"四王"的功过,但作为"山水正宗",相比于"四僧""扬州画派""海上画派""岭南画派",等等,"四王"的纯正、敦厚、缜丽、恢廓的气度,只要不抱偏见,当无可否认;他们以毕生的精力开继六法,承启画学,实践对于传统山水画笔墨图式的完备总结,其嘉惠艺林之功,只要不抱偏见,亦无可否认。

早年的吴湖帆,并没有对于画史、画论的自觉认识,所以他的思想中并没有任何先入为主的印象,他只是深为"四王"纯正、缜丽的画风所吸引,以几年的时间,遍临了家藏的"四王"真迹,每帧均达数十遍,每遍反复增损。一次临毕,必将原稿与临本并悬,久久玩味,于布局、经营、勾勒斫拂之处认真比较、细心体察,然后继之以两遍、三遍,直到毫厘毕肖。"四王"各有所长,王时敏运腕虚灵,布墨神逸,随意点刷,丘壑浑成;王鉴沉雄古逸,皴染皆长,精诣工细之作,纤不伤雅,绰有余妍;王翚天分人功,俱臻绝顶,南北二宗,自古枘凿,而能一一熔铸毫端,独开门户;王原祁气味深醇,沈雄骀宕,元气淋漓笔端,"金刚杵"之语信然。吴湖帆日夕临习,久而能辨其异同,遂又于王鉴、王翚"精诣"的一路下力尤勤。

王翚有一段画论曾给吴湖帆以很深的启迪:"以元人笔墨,运宋人丘壑,而泽以唐人气韵,乃为大成。"(《清晖画跋》)至于什么是元人笔墨、宋人丘壑和唐人气韵,吴湖帆在当时还是很模糊的。后来,1918年起吴湖帆悬格鬻画,开业伊始,名动乡里;但不久即有冒其名作假画者,人往往不能辨。吴湖帆对此颇为疑惑:"作假者与吾画何其似也?"一位师长便告诉他:"有清以降,江南一带学'四王'者代不乏人,是为作假者易也。"这就使吴湖帆明确了元人笔墨、宋人丘壑和唐人气韵的内涵,于是又将目光不断地朝着"四王"的横向和纵向展开,从恽南田、吴历、戴熙到董其昌、明四家、元四家、赵孟頫、南宋四家、赵千里、赵大年、郭熙、范宽、李成、董巨、杨升……一一穷其阃奥,并加以融会贯通。这样用功的结果,不仅培养了他的绘画能力,而且也造就了他的鉴赏能力。同时,他的鉴赏能力又反过来使他能从一个更高的层次把握画学。逮至20世纪30年代,伴随着他的画名远震,他对于书画鉴定也赢得了"一只眼"的称誉,几乎能够开卷触目立辨真伪。

1934年,吴湖帆以上海博物馆筹备委员和董事的身份接受故宫之邀,前往北京鉴定文物并担任评审委员。这是吴湖帆一生中最重要的一次际遇,它对于吴湖帆所产生的影响具有划时代的意义。在此之前,他孜孜以求而又难窥全豹的名迹,尤其是宋元名迹,如今都一一呈现在他的眼前,上下千载,南北二宗,点入洪炉一火成!终于,1936年,代表吴湖帆山水画崭新起点的《云表奇峰》巍然崛起!所谓"元人笔墨,宋人丘壑,唐人气韵",在这幅作品中表露无遗,例如青绿设色,精工而有士气,可见二李、二赵的影响;石峰高耸,峭拔嶙峋,可见马远《踏歌图》的影响;水墨渲淡,浑厚潇洒,可见二米云山的影响;解索皴、披麻皴、群松,可见王蒙、黄公望的影响;成排的林木,可见董源《潇湘图》的影响;斧劈皴,可见李唐的影响;鹿角树,可见范宽的影响……虽自题"仿赵仲穆法",实际上糅合了多种传统的风貌而自成一家法。这,正标志着吴湖帆对于传统图式的超越,从此而形成了他个性的笔墨风格特征——借用他的夫人潘静淑在他《溪山兰若图》上的题诗:

> 溪山兰若巨然画,李夏当家斧劈皴;
> 北派南宗冶一手,苍茫潇洒又嶙峋。

明代董其昌等提出山水画的"南北宗"论,主要是从笔墨风格的角度对传统图式的一个分类,以便于后学对于传统"沿流讨源"的动态把握。虽然,董其昌曾明确表示:北宗"非我曹当学也";但他同时又指出:在以南宗为根本的同时,必须对南北二宗"俱宜宗之,集其大成""乃足关画师之口,而供赏音之耳目也";不然的话,便难免为"护短者窜入其中"(《画禅室随笔》)。至于王翚,更在这方面身体力行,他对于绘画的基本观点,虽然也是以"学古""师古"为宗旨,但与王时敏、王原祁等专注于董巨、元四家的"南宗正脉"不同,主张"不复为流派所惑"而对"南北二宗"兼收并蓄,从而将笔墨美的抒写性与叙述性相结合起来,也就是使"南北二宗"合为一家。历来评论王翚的艺术,无不认为他能合"南北二宗"为一手,如盛大士《溪山卧游录》称其:"能合南北画宗为一手。"秦祖永《桐阴论画》称其:"南北两宗,自古相为枘凿,格不相入,一一熔铸毫端,独开门户。"张庚《国朝画征录》引恽南田语:"古今来笔墨之至龃龉不能相入者,石谷则罗而置之笔端,融洽出之。"又引木威先生语:"画有南北宗,至石谷而合焉。"从传世作品来看,王翚山水的"绘画性"在"四王"中较为别致,显得特别的严谨精微,法度周密,古朴而清丽,潇洒而妩媚,甚至不免"画史"习气,正与其合"南北二宗"为一手的艺术追求不可分。

至于吴湖帆,对于传统的涉猎已经无所不至,对于画学的把握也已经具有相当高的能力,在各种不同风格流派的图式之间,他当然足以游刃有余地攫取其最为本质的特点并加以融化,逐步变为自己的东西。尤其当他对于"南宗正脉"有了深入的实践基础之后,回过头来研究"北宗",也就有可能从不同中求同,使格不相入者有可能融洽出之。

从传世作品来看,吴湖帆由"四王"入手,上追董其昌、沈周、元四家、巨然、董源,于南宗正脉的典范图式用功最深,从而形成了其笔墨蕴藉、真率而内敛的特点,绝不崇尚意气发扬的风华。同时,对于荆浩、李成、范宽等虽属南宗但却偏向于北方刚硬之气的路数也用功甚勤,以力纠江南画派的阴柔。这是对于"南宗"自身中南、北两派的兼取并蓄。同时,如上文所已指出,"四王"中的王翚能合南北二宗为一手,而这一点,也正是吴湖帆孜孜以求的目标。当然,在这种融合中,他是有所侧重的。南宗的以画为寄、以画为乐,固然是烟云供养的最佳选择,但其弊失于草率,失于不讲绘画本身的功力;北宗的刻画细谨、为造物役,固然是烟云供养的大敌,但其长恰在对于绘画本身功力的千锤百炼。吴湖帆深知这其间的体用关系,他以南宗的烟云供养为本,而以北宗的刻画力矫其草率之弊,诚如董其昌所论:"士大夫当穷工极妍,师友造化,能为摩诘,而后为王洽之泼墨,能为营丘,而后为二米之云山。""赵令穰、伯驹、承旨,三家合并,虽妍而不甜;董源、米芾、高克恭,三家合并,虽纵而有法,两家法门,如鸟双翼,吾将老焉。"(《画禅室随笔》)不过,对于南北二宗的融合,他的做法是非常谨慎的。他并不是直接从南、北二宗分别入手并强行加以捏合,而是首先从历史上合南北二宗为一手的图式入手,如王翚、唐寅、文徵明、赵孟頫,等等;在此基础上,进而直探仇英、李唐、二赵、二李的堂奥,也就水到渠成。根据吴湖帆对于"南宗正脉""南宗中的北方画派""合南北二宗为一手""北宗"按部就班的图式实践经验,他曾反复指出:

西庐老人笔墨丰腴而能不甜俗,镂金错采,落落大方,承明启清之关键也。(自题《仿梅村九友册》)

痴翁浅绛法为千古画坛绝调,后惟娄东太常、司农祖孙得其三昧,非余子所能梦见。(自题《秋山晴霭图》)

学古人画,至不易,如倪云林笔法最简,寥寥数百笔,可成一帧,但摹临者,虽一二千笔,仍觉有未到处。黄鹤山樵笔法繁复,一画之成,假定有万笔,学之者不到四千笔,已觉其多。(《丑簃谈艺录》)

倪高士画世多以平林远岫目之,而《幽涧寒松》与《虞山林壑》二图最沉厚,无多让子久、仲圭也。(自题《溪山深秀图》)

宋释巨然《海野图》开卷作云冈之景,大气磅礴,足夺董源,启米高南宗法派。(自题《海野云冈图》)

如此等等,主要是就南宗正脉立论。而如:

朱泽民笔意,其法出自郭熙,元人中如曹贞素、盛子昭、李紫筼、马文璧一派皆如此。(自题《古木寒泉图》)

董文敏云:"元季大家皆宗北苑,赵松雪得其髓,黄子久得其骨。"髓者凝于内,骨者坚其外,故松雪蕴藉风华,子久精英发露,俱称画苑神圣。明清诸家,咸向执鞭。(自题《溪山萧寺图》)

松雪笔法全师郭熙,而气韵淡沲处,实自李成来也。(自题《春山晴霭图》)

叔明法范宽、巨然而融以赵氏家法,自成一帜,乃是倪、黄畏友。(自题《山居友瀑图》)

李唐、倪迂皆从关仝得笔,可知峻严、疏宕本是一家眷属,徒求形似,原非确论。李唐勾斫势深沦,迂老功夫不事渲;一脉荆关南北合,白云碧嶂两无言。(自题《晓云碧嶂图》)

巉岩陡壑溯荆关,董巨渊源浑一般;休指太行尊北岳,重经灵谷

变中山。(自题《密树连云图》)

宋元以来论青绿法莫不称三赵：大年华贵，千里工丽，松雪儒雅，各具绝韵。明之文沈，犹存仿佛。清初惟廉州有特诣，石谷蚤岁亦曾涉猎，至今消沉矣。(自题《清真词意图》)

文氏青绿法千里，唐氏青绿法松雪，后惟玉圆照集大成。(自题《秋林观瀑图》)

用范宽、李唐法写造化之境，或与思翁而后异趣耳。(自题《巘岩云瀑图》)

用南北宗合写《密树连云图》，聊适我意，工拙不计也。(自题《密树连云图》)

年来所见宋元真迹，如李成、关仝、范宽、郭熙、江参、朱锐、李唐、赵伯驹及元之赵孟𬖨、朱德润、唐棣、盛懋、徐贲等，皆一鼻孔出气。(自题《山水横卷》)

实父工三赵青绿法，都界画楼台之作，偶写元人，则在六如、衡山之间。(自题《寒岩雪霁图》)

如此等等，或就南宗中的北方画派立论，或就合南北二宗为一手立论，或就北宗立论，可见吴湖帆优游于传统之中而不为前人的图式所束缚的功力和能力。在当代中国画坛，能对传统作如此全面而深刻的把握的，当推吴湖帆为第一人，即以张大千与之相比，亦稍有不逮。

不过，张大千在继承传统的同时，还注重师法造化，足迹遍天下，因而其所创作，既有传统的气息，又有生活的基础。吴湖帆则基本上足不出户，他的艺术完全是建立在传统的理想化"基础"之上的。偶从摄影作品上体验生活，也总显得缥缈恍惚，如"云表奇峰"。从风水术的角度，如前文所述，"云表奇峰"固然是人生悲剧的一个危险信号；但是，从艺术学的角度，"云表奇峰"却不啻是中国山水画笔墨审美境界的一座里程碑。

04 第四讲
广大精微——徐悲鸿艺术论

徐悲鸿(1895—1953),江苏宜兴人,原名寿康,改名黄扶,更名悲鸿。1919年留学法国,通中西绘画。中国画擅长动物、花鸟、人物,亦能山水,兼工书法,对美术理论也有一定研究,并长期致力于美术教学,为中国当代美术教育创始人之一。曾任北平艺术学院院长、北平艺术专科学校校长、中央美术学院院长、中华全国美术工作者协会主席。

一

在当代画坛,徐悲鸿的地位是与林风眠、刘海粟相当的。他们都是中国当代美术教育的创始人,都是融会中西的艺术倡导者和实践者。但是,就具体的成就而论,三人又各有不同。在美术教育方面,由于客观方面的原因,徐悲鸿的贡献最为杰出,其次是刘海粟,至于林风眠的美术教育主张,则始终没有得到顺利的贯彻,所以收效甚微。在融会中西的艺术实践方面,林风眠的成就最为显著,其次是刘海粟,徐悲鸿则局限性较大。撇开美术教育不论,试就融会中西的艺术实践来分析,林风眠、刘海粟都是从印象派之后的西方现代艺术思潮入手,寻求与中国传统绘画的契合点,而徐悲鸿则是从印象派之前的西方古典艺术思潮入手,力矫中国传统绘画的写意之弊。我们知道,印象派之后的西方现代艺术思潮,主要是受东方艺术的影响,使绘画的侧重点,由客观写实的再现转向主观写意的表现,因此,它与传统绘画的融合也就容易取得认同、获得成功。而印象派之前的西方古典艺术思潮,主要是在一种与东方文化迥异的氛围中发展成长起来的,它与传统绘画的融合也就有较大的难度和局限性。

毋庸置疑,中外美术的交汇交融,是当代中国画所赖以发生、发展的一个基本背景。无论以林风眠、刘海粟、徐悲鸿为代表的融会中西的画派也好,还是以黄宾虹、潘天寿、吴湖帆为代表的恪守传统的画派也好,都不能逃脱这一基本背景的制约。但是,需要说明的是,这一背景本身,并非当代所独有,而不过是"古已有之,于今为烈";其次,对这一背景的自觉认识,则完全可以作为中国画进入当代的一个重要标志。

综观中国绘画史,大规模的中外美术交流运动大体上有两次:一次是汉魏六朝隋唐时期,伴随着"丝绸之路"的开辟,西域的佛教美术广泛地传入,在传统绘画的题材内容和技法形式诸方面引起了一大变革,促使了民族绘画的圆转成熟并放射出辉煌的光彩。另一次是明清之际,以西方传教士为纽带,带来了文艺复兴前后写实逼真的画风,却在士大夫"虽工亦匠,不入画品"的同仇敌忾的反对声中终归夭折。

关于这两次中外美术交流的结果,在学术界有一种十分流行的观点,即以汉魏六朝隋唐时期为中国民族心理的开放时期,好比青壮年人的肠胃功能极好,对外来的文化营养皆能消化吸收;而以明清之际为中国民族心理的封闭时期,好比老年人的肠胃功能较差,所以对外来的文化营养已经无力消化吸收。这种观点当然自有它的道理,但未免只知其一,不知其二。交流,是双方的问题,因此,看问题不能只看一面,还需要看另一面,即外来文化的性质如何?如果汉、唐时期,外来的是欧洲文艺复兴前后的科学文化,那也未必会被中国方面所吸收;正如青壮年人的肠胃功能再好,如果吃食日本的生鱼片,同样有可能引起肠胃的不适;而如果明、清之际,外来的是犍陀罗佛教文化,那也未必会被中国方面所拒绝;正如老年人的肠胃功能再差,如果吃食的是西方的流汁,同样可以被消化吸收、强身益体。从本质上看,中国传统文化所注重的是术数玄学精神,所谓"天际真人",天就是一个大人,而人则是一个小宇宙,所以而有天人合一的同形同构,所以而注重从内部去把握世界包括人类自身的命运,所以而讲究"听其自然,顺乎天命"。汉、唐时期传入的外来文化,在本质上与传统文化是正相一致的,所以,它们的被消化吸收,自在情理之中。以绘画而论,当时传统的观念讲求"明劝戒,著升沈"(谢赫《古画品录》)、"成教化,助人伦"(张彦远《历代名画记》),所以多画忠臣、孝子、烈士、贞女,善以示后,恶以诫世;而外来的佛教绘画则讲求"像教",也就是用形象来宣传佛教因果报应的教义,所以多画佛传故事、本生故事、因缘故事、净土经变等,同样是善以示后,恶以诫世。在技法形式方面,当时的传统绘画所注重的是骨法用笔;而外来的佛教绘画亦注重曲铁盘丝的线描,如此等等。其中虽在某些具体的细节方面不无差异性,但本质上的基本一致性,使得两者的融合显得顺理成章。

然而,明、清之际传入的外来文化,所注重的是科学精神,所以而有天人分裂的异形异质,所以而注重从外部去把握世界包括人类自身的命运,所以而讲究"逆天而行,人定胜天"。凡此种种,在本质上都是与传统文化正相反对的,所以它们的被拒绝排斥,同样在情理之中。以绘画而论,当时的传统绘画所注重的是术数精神,山水画的搭配同于堪舆,人物画的描绘通于相术,花鸟画的写生注重阴阳;而西洋绘画所注重的则是科学精神,风景画的处理讲究透视,人物画的结构合于解剖,花卉画的写生多取静物。其中,虽在某些具体的细节方面不无相通之处,但本质上的根本差异性,使得两者的融合显得举步维艰。正如吴历在《墨井画跋》中所指出:

> 澳门一名濠境,去澳未远,有大西小西之风焉。其礼文俗尚,与吾乡倒行相背。如吾乡见客,必整衣冠,此地见人,免冠而已。若夫

书与画亦然,我之字以点画辏集而成,然后有音,彼先有音,而后有字,以勾画排散横视而成行。我之画不取形似,不落窠臼,谓之神逸,彼全以阴阳向背、形似窠白上用功夫。即款识,我之题上,彼之识下,用笔亦不相同,往往如是,未能殚述。

其实,所谓形似、款识还是其次的,关键的问题在于"用笔亦不相同"。对此,邹一桂在《小山画谱》中说得更为明确:

> 西洋人善勾股法,故其绘画于阴阳远近不差锱黍,所画人物屋树,皆有日影,其所用颜色与笔,与中华绝异。布影由阔而狭,以三角量之,画宫室于墙壁,令人几欲走进。学者能参用一二,亦具醒法,但笔法全无,虽工亦匠,故不入画品。

邹一桂论画,极以形似为重,认为"未有形不似而反得其神者",然而,对于"全以阴阳向背、形似窠白上用功夫"的西洋绘画,他却掉头不顾,以"笔法全无"一语轻轻带过,予以全盘否定,这就颇能说明问题。关于"笔法"在中国画中的意义,将在后文另有论列,这里不作展开。需要指出的是,注重科学精神的西洋绘画与传统绘画的融会并非绝对不可能,但是,这要看大的文化气候。特别从进入20世纪以后,中国文化包括政治、经济中的科学精神逐渐昌明并开始取代玄学精神,如何在传统绘画中融会西洋绘画的课题就被重新提了出来。请注意,我在这里所说的"西洋绘画",主要是就印象派之前的古典艺术思潮而言,而不是指印象派之后的现代艺术思潮。因为,前者具有作为"西洋"绘画的纯粹性,而后者作为"东西融合"之后的新的西洋绘画,其"西洋"的特点显然不如前者来得纯粹。

这里,有两个问题需要提出来加以探讨。第一个问题,西方现代艺术思潮对于东西方艺术的融会,正当对科学精神能否穷尽一切的能力表示怀疑之际,由此而引发了社会各阶层对于东方思想的广泛好尚,反映在艺术领域，便是现代艺术的蔚然勃兴，写下了西洋美术史上的崭新一页。这就提示我们，当代中国文化中科学精神的昌明以及对玄学精神的批判，无疑也提供了中西绘画融会的最佳契机，中国美术史上的崭新一页，完全有可能从此写起。

第二个问题，既然是中西绘画的融会，徐悲鸿的道路也就远比林风眠、刘海粟来得艰难。如前所述，林风眠、刘海粟都是从印象派之后的西方现代艺术思潮入手，寻求与中国传统绘画的契合点，由于这一思潮本身已经融会了东方的艺术精神，所以，它与传统绘画的融合也就容易取得认同、获得成功。而徐悲鸿则是从印象派之前的西方古典艺术思潮入手，力矫中国传统绘画的写意之弊，所以，它与传统绘画的融合也就有较大的难度和局限性。不过，正因为此，所以，从"中西融会"本身的纯粹性而言，徐悲鸿的实践无疑又比之林风眠、刘海粟要有价值、有意义得多。

事实上，这一方向早在清代便已有人作过尝试，那便是以郎世宁为代表的"中西合璧"新画风，其特点是使用了中国传统绘画的工具、材料，而却运用西洋绘画科学的造型观念进行创作，其堪与照相摄影相媲美的写实模真，在照相摄影术尚未发明的条件下，自有为传统绘画所不可取代的新闻纪实功能，在当时深受统治者的青睐。然而，就整个中国社会文化氛围而论，毕竟以传统的观念占据主导的地位，西洋的科学文化仅仅被看作奇器异玩之类，因此，这一"中西合璧"的画风最终难逃夭折的命运。

郎世宁的尝试虽然失败了，但是，他在中国美术史上的影响却不能因此而被抹去。特别从进入 20 世纪以后，中国文化中科学精神的逐渐昌明，传统绘画中融会西洋绘画的自觉要求，自然而然地引发了人们对郎世宁的再认识和再评价。其中，尤以康有为在《万木草堂藏画目》中的一段话最能振聋发聩：

> 郎世宁乃出西法，他日当有合中西而成大家者，日本已力讲之，

当以郎世宁为太祖矣。如仍守旧不变,则中国画学遂应灭绝。

措辞不免过激,自当另作别论。但他重翻历史旧案,不以成败论英雄,不失为中国画学变革的一个方向。

也许是受康有为的影响,徐悲鸿早期的绘画正是直接从郎世宁入手的。他于1916年3月,应征为哈同花园作《仓颉像》,识哈同之秘书姬觉弥,又经姬介绍认识康有为,拜其为师,得以纵观其所藏书画碑版,认真临摹,用功至勤。观其书法,全出康有为的路数;而从传世画迹来看,如作于1918年的赠蔡元培《三马图》《晴岚翠峰图》,作于1919年的赠姬觉弥《三马图》,无年款的《芭蕉三鸡图》《南海夫子命写诸老图》,等等,施彩有深浅明暗之分,勾勒线条则不见笔力,形象造型逼真如生,而气韵则有所未逮,纯为郎世宁"虽工亦匠,不入画品"画派的法嗣番衍,系无旁出。

1919年,徐悲鸿赴法国留学,得以纵览文艺复兴以来艺术家的名作,对印象派之前的古典艺术思潮尤为钦仰,而对印象派之后的现代艺术思潮则颇不以为然。继入国立巴黎高等美术学校,师从弗拉孟;又识达仰,每星期日坚持到达仰画室求教,苦攻素描和油画。直到1927年回国,达仰对徐悲鸿以后的艺术道路影响甚大。这一段艰苦的留学生涯,使徐悲鸿对中西绘画的融会有了全新的认识。

早在1918年,徐悲鸿应蔡元培之邀担任北京大学画法研究会导师的时候,他就多次发表演讲,主张中西绘画的融会贯通。如五月十四日的讲题是《中国画改良之方法》,其中提到:

> 古法之佳者守之,垂绝者继之,不佳者改之,未足者增之,西方绘画之可采者融之。

这篇演讲,后来以《中国画改良论》为题,发表在蔡元培主编的《绘学杂志》1920年六月号上,成为徐悲鸿改革中国画的一句名言。如前所述,在当时,主张中西融会的画家并不在少数,如林风眠、刘海粟等,无论理论还是实践方面的成就，都不在徐悲鸿之下。因此，问题并不在于中西融会的主张，而在于这一主张的具体内容。根据徐悲鸿的观点，"古法"之"佳者""垂绝者"便是写实的精神和写生的方法，"不佳者""未足者"便是写意的精神和摹古的方法，"西方绘画之可采者"也是写实的精神和写生的方法，所以，中西绘画的融会，便最终落实到写实和写生上。

针对当时画坛上盛行的泥古、仿古之风，他痛心疾首地陈说："中国画学之颓败，至今日已极矣。"其根源正在于"守旧"而"失其学术独立"之地位。他认为："造化之奥赜繁丽，壮大纤微有迹象者，于画弥不收，故须以慧根人竭尽毕生之力研究之。"而中国画的物质材料亦逊于西方："西方之物质可尽术尽艺，中国之物质不能尽术尽艺"，如生宣纸最难尽色，是绘画进步一大障碍，矿质色不易分明暗，容易流于平淡无味，似可先写暗处再以矿质色敷明处较能尽形，等等，所以也要加以改进。他特别强调摒弃抄袭古人，须凭写生、写实，以达惟妙惟肖之境界，所谓"画之目的，曰：'惟妙惟肖。''妙'属于美，'肖'属于艺，故作画必须凭写实，乃能维肖。待心手相应之时，或无须凭实而下笔未尝违背真实景象，易以浑和生动逸雅之神致，而构成造化偶然一现之新景象，乃至维妙。然肖或不妙，未有妙而不肖者也，妙之不肖者乃至肖也。故妙之肖为尤难"。"故学画者宜摒弃抄袭古人之恶习（非谓尽弃其法），一一按现世已发明之术，则以规模真景物，形有不尽，色有不尽，态有不尽，均深究之"。他特别从写实的角度对当时的人物画提出严正批评：

> 夫写人不准，少法度，指少一节，臂腿如直筒，身不能转，头不能仰而侧视，手不能向画面伸。无论童子，一笑就老，无论少艾，皱眉即丑，半面可见眼角尖，跳舞强藏美人足。此尚不改正不求进，尚成何学？既改正又求进，复何云皈依何家何派耶？

上述观点，无疑都有偏激之处，但亦自有其中肯之处，不可一概而论，具体将在后文中续有评析，这里不作展开。

在画法研究会的一次休业式上，继蔡元培致训词之后，徐悲鸿又发表演讲，强调写生、写实的重要性，认为"可先用石膏模型练习描写，然后再至野外写生，亦是由简趋繁之道；但画本亦宜多备，常常浏览，取法既广，资财丰富，临画时庶免穷窘失措之患"。又曾与陈师曾等一同参观故宫藏画，对范宽的《溪山行旅图》极其神往，当即发表演说，以为："宋代的画家都是刻意写实的，但极重神似。范宽居太华，经常见到雄峻的高山，所以他画的多是层峦叠嶂，而董源住在江南，所画的多是平原景色。这都是由于师法造化，所以能画出真情实景，予人以亲切之感。"此外，他还表示唐代的一些画家如吴道子、曹霸、王维，他们的作品虽然没有流传下来，但也一定美妙无比，因为当时的诗人是那样地称颂他们。如杜甫称赞曹霸："一洗万古凡马空。"苏轼称赞王维："吾于维也敛衽无间言。"尊吴道子为"画圣"，等等。所以，如果他们的作品突然出现在我们面前，将何等地使人倾倒！对于明代以后的绘画，徐悲鸿表示："我最厌恶董其昌和四王的山水。董其昌是大官僚，借着他的名位，建立了一种不好的风气，那就是画家可以不懂写生，不师法造化，但不可不识古代画家的画风和派别。董其昌不仅以地位傲人，而且以富厚自傲，他既是大官僚、大地主，又是大收藏家，但是，他的画只是投机取巧的末流文人画。四王山水也和董其昌一样，只是馆阁体的八股山水，毫无生气。但至今还有人奉若拱璧，专门模仿这些毫无生气的末流文人画。"陈师曾在一旁听了，当场指出："你在美术上的评论也和你的为人一样，爱憎分明。但要清除积习，开一代新风，谈何容易！"徐悲鸿则环顾了一下身边画法研究会的会员，更为激动地侃侃而谈："我知道，我还太年轻，但开一代新风的责任正落在我们青年人身上。中国画自明朝末年以来，三百多年，便处在这种毫无生气、陈陈相因的积习中。其间，虽然出现过少数优秀的画家，但整个国画界的风气是守旧，画一笔都要有来历，都要模仿古人，毫无生气和创造，思想和笔墨都僵化了。艺术应该追随时代,向前发展,而故步自封、复古守旧都是大敌。依我看,如何在我国古代绘画的基础上吸取一些西方绘画的优秀技法,用来丰富和发展我国的民族绘画,是我们这一代青年画家应作的努力,因此,我很希望有机会到欧洲去学习。"(参看廖静文《徐悲鸿的一生》)这些观点,同样是既偏激、又中肯的,不可一概而论。但由此,我们已不难窥见青年徐悲鸿希望超越传统、融会中西、复兴中国美术的雄心壮志。只是由于缺少西洋绘画文化环境的直接熏染,使他在这方面的理论和实践还只能停留在康有为、郎世宁的认识水平之上。

然而,当他经过1919年至1927年近八年的留学生涯,打下了扎实的素描和油画功底,回过头来再看中西融会的问题,也就使他在理论和实践两方面都脱出了康有为、郎世宁的影响,而取得了更加深刻的认识。请看:

美术之大道,在追索自然。(1929年《惑之不解》)

吾国古哲所云:"尊德性,崇文学,致广大,尽精微,极高明,道中庸者,其百世艺人之准则乎?"(1930年《悲鸿自述》)

穷造物之情者,恒得真之美,探人生之究竟者,则能及乎真之善。顾艺术家之能事,往往偏重建立形式,开宗立派之谓也。若其挥斥八极,睥九州,或真宰上诉天应泣者,必形式与内容并跻其极,庶乎至善尽美,乃真实不虚。(1938年《李唐伯夷叔齐采薇图序》)

夫有真实之山川,而烟云方可怡悦,今不把握一物,而欲以笔墨寄其气韵,放其逸响,试问笔墨将于何处着落?固有美梦胜于现实生活,未闻舍生活而殉梦也。虽然,中国文人舍弃其真感以殉笔墨,诚哉其"伟大"也!(1942年《新艺术运动之回顾与前瞻》)

艺术家应与科学家同样有求真的精神。

我们的雕塑,应当继续汉人雄奇活泼之风格;我们的绘画,应当振起唐人博大之精神;我们的图案艺术,应绍述宋人之高雅趣味。而以写生为一切造型艺术之基础。因艺术作家,如不在写生上立下坚强基础,必成先天不足现象,而乞灵抄袭模仿,乃势所必然。

有人喜言中国艺术重神韵,西欧艺术重形象,不知形象与神韵,均为技法;神者,乃形象之精华;韵者,乃形象之变态,能精于形象,自不难求得神韵。(1947年《当前中国之艺术问题》)

如此等等。虽然依然恪守其写实、写生的现实主义艺术宗旨,但在措辞立论上,却比之少年意气的偏激要深稳得多。正是伴随着理论认识的深化,其中西融会的实践也逐步地开始趋向成熟,终于完全脱出了郎世宁的窠臼,自成其高标独立的一格。

二

"致广大,尽精微"是《中庸》上的一段话。原文如下:

> 故君子尊德性而道问学,致广大而尽精微,极高明而道中庸,温故而知新,敦厚以崇礼。

其中除修德凝道、敦厚崇礼的政治说教之外,还包含了格物致知、探求学问的思想。徐悲鸿对这段话非常重视,并以西方的科学精神予以自己独到的阐释和理解,他不仅把它作为自己治学求艺的座右铭,并多次写赠给他的学生,勉励他们吸取"致广大而尽精微""极高明而道中庸""温故而知新"的精神和方法。他特别把"致广大而尽精微"运用于自己的教学和创作实践,借以指导观察、分析、综合造型的工作,从而有效地掌握造型能力,在中西绘画的融会方面开辟了一个新的境界。

徐悲鸿曾在多种场合表示,素描是一切造型艺术、当然也包括中国画的基础,而且一定要严格训练。这一观点,是他中西绘画融会的立足点,同时也是其"致广大,尽精微"艺术理想的立足点。所谓素描,当然不是指中国传统绘画中"绘事后素"的白描而言，而是指西洋的素描而言。西洋的素描是一种科学，因为它能够充分地反映客观的真实性，在这一点上，它确实比我国传统的造型技巧来得完备而先进。正是基于这一点，20世纪50年代以中国画为"不科学"、为"落后"的民族虚无主义得以盛行一时。这虽非徐悲鸿的初衷，但归根到底，又不能不归结到徐悲鸿的艺术思想，这且撇开不论。我们知道，素描的基础，最根本的目的正在于培养正确地观察、分析、综合对象并把它生动地表现出来的造型能力，作为一种造型科学，并不比自然科学简单轻松。而"致广大，尽精微"，无疑是为了更符合素描造型的一般规律和过程，它包括全局与局部的统一、整体与细节的统一，总的来说是一个艺术概括问题，也就是既要使造型表达得无所不包，看上去应有尽有，又要做到浑然一体，一点也不繁琐、不累赘。这就要求画家在观察对象时既充分地掌握材料，研究细节，又要科学地找到它们之间的相互关联，把种种细节和局部统一成为一个完整的形体。徐悲鸿对素描基本训练的要求，曾在1932年概括为一篇《新七法》，其要点为：一、位置得宜；二、比例准确；三、黑白分明；四、动态天然；五、轻重和谐；六、性格毕现；七、传神阿堵。和中国传统绘画的"六法"论根本不同的是，他把造型的诸种因素及其表现力有程序地、由浅入深地条列起来，以此为基础，既可以用于油画的创作，又可以用于中国画的创作，其间的差异，仅在于工具材料的不同而已，中西绘画的融会，自然也就水到渠成——不过，在这种融会中，固然给中国画增添了新的东西，但却是以失落了另一些东西为代价的。《新七法》的结语中写到：

> 此皆有定则可守，完全一健全之画家者也。其上则如何能自创一体，独标新格（非不堪之谓），如何寄托高深，喻意象外，如何能笔飞墨舞，进行自如……画法至传神而止，再上则非法之范围……传神之道，首主精确，故观察苟不入微……浮滑之调为毫无价值也。

所谓"精确",也就是"致广大,尽精微"的意思,以形的极似达到为对象"传神"的目的。徐悲鸿在素描教学和创作的实践中,十分注重"要点"的把握,以沟通"广大"与"精微"之间的关联,比如人体结构在运动中的鲜明倾向及其转折点、肌肉、骨骼紧张突出的重点"记号",光线明暗变化的紧要处等等,要求在制作的时候心手并用,画后还要能背出来,并和写生的习作加以对照。他对写生提出这样的要求,又与西洋的素描法有所不同,这是因为他对中国传统绘画也有一定素养的缘故。他的中国画动物、人物,多数没有写生稿,实际上是背出来的,例如他画马、画狮,常常连木炭条的大体轮廓也不打,只是把毛笔倒过来在纸上划几道动律界线,便濡墨挥毫而成,似乎进入了"非法之范围",实际上,还是合于严格的"定则"的,同传统绘画的"因心造境"不可同日而语。他曾自述:

> 我爱画动物,皆对实物用过极长时间的功。即以马论,速写稿不下千幅,并学过马的解剖,熟悉马之骨架、肌肉、组织,夫然后详审其动态及神情,乃能有得。(《论画墨迹》)

这与前文所引《中国画改良论》中所论:"作画必须写实,乃能维肖。待心手相应之时,或无须凭实,而笔下未尝违背真实现象,易以浑和生动逸雅之神致,而构成造化偶然一现之新景象,乃至维妙。"正是同一个意思,也就是先有"致广大,尽精微",而后才能"极高明"。需要指出的是,徐悲鸿以素描写生为一切造型艺术、包括中国画的基础的观点去改造中国画的中西融会之道,很容易沦于运用中国画的工具材料作西洋素描的死胡同,郎世宁既已失败在先,徐悲鸿的后继者们又挫折于后,独有徐悲鸿一人获得了成功,究其原因,正因为他能由严格的"定则"中脱颖而出,最终进入到"心手相应"的"非法之范围"的缘故。问题是,素描对于中国画家的束缚力,比之临摹传统对于中国画家的束缚力更要大得多。当然,这样说,并不意味着素描对于中国画有害无益。平心而论,对于矫正中国画的"写意"之弊而强化其造型的能力,素描自有其不容否定的功绩。但是,我们必须看到,中国画在本质上并不是一种"造型艺术",而是一种"心画";作为中国画本质特征的笔墨,并不是一种"造型语言",而是一种"意象语言"。局限于传统和古人,固然妨碍了中国画反映生活现实的丰富性和多样性,至少在题材内容、构图章法方面,使人觉得千篇一律;但对于笔墨的纯正性,确乎是"岂有舍古法而独创者乎?"通过对古人的临、仿、模、法,足以建构起各自的个性风格,或浑厚,或隽秀,或轻灵,或遒逸,凡个中人决不致作"千篇一律"的发难。反过来,局限于素描写生,固然有助于中国画反映生活的丰富性和多样性,至少在题材内容、构图章法方面,使人觉得出奇无穷;但对于笔墨的表现力,却不免因此而降低到仅仅作为"造型语言"的层次,旨在发挥其客观写实的功能以表现对象的质感、量感、运动感等等,而无法发抒画家主观的个性心绪、情操、性灵、意趣,结果也就不免沦于"虽工亦匠,不入画品"。前文提到,徐悲鸿的中西融会之道,比之林风眠、刘海粟具有更大的局限性,道理正在于此。

  传统绘画并非绝对地不讲写生、写实。徐悲鸿所激赏的范宽就曾自述:"吾与其师于人者,未若师诸物也。"于是卜居于终南太华,览其云烟惨淡风月阴霁难状之景。但范宽紧接着上面的那句话又明确表示:"吾与其师于物者未若师诸心。"所以,他在终南太华的卜居生活,其实并不是在写生、写实中度过的,而是"默于神遇,一寄于笔端之间"(参看《宣和画谱》卷十一)。此外如曾云巢的画草虫,必于野外观之,"不知我之为草虫耶,草虫之为我耶"(参看罗大经《鹤林玉露》)。石涛的"搜尽奇峰打草稿",则"山川与予神遇而迹化也,所以终归之于大涤也"(《画语录·山川章第八》)。如此等等,足以说明传统的写生、写实并不是基于科学的观察分析、综合能力,而是基于玄学的术数精神,其中包括道家的"坐忘""涤除玄览",儒家的"格物致知""穷理尽性",等等。因此,写生、写实的结果,尽管可以穷形极态,如宋人的花鸟草虫,但其根本的目的却并不在于此,而在于"超以象外,得其环中"地"得其理"。所以,比之形象的逼似,笔墨的生死刚正具有更大的审美价值。不仅如此,笔墨的表现最终也不是为了表现笔墨自身,而是为了表现"妙在笔画之外"的"萧散简远""萧条淡泊"之"意",所以,荆浩《笔法记》中又说:"又忘笔墨,乃有真景。"所谓"真",也就是"本真""率真"之"道",而决非客观真实意义上的"真实"。

不管有意还是无意,对于中国画的传统,徐悲鸿完全基于西方的科学精神给予了歪曲的理解,从而以"造型"的观念偷换了传统的写生、写实概念。对于他本人来说,是歪打正着,蹊径独辟;对于他的后继者来说,则不免左支右绌,无所适从。徐悲鸿曾在《中国画改良论》中提出:"今世文明大昌,反抉明塞聪而退从古人之后何哉?撷古人之长可也,一守古人之旧,且拘门户派别焉不可也。"这当然是很不错的。但是,对于中国画来说,摹古之不能绝对的不好,正如素描写生之不能绝对的好,我们同样有理由反问:"今世文明大昌,反抉明塞聪而退从素描之后何哉?撷素描之长可也,一守素描之旧,且拘门户派别焉不可也。"

有两件事颇能说明徐悲鸿严肃的现实主义艺术主张。一件事是1928年10月,他到广西西江的江门,有一个画家拿了一幅《西江寻梦图》请他批评,他看后直率地指出:作者没有仔细观察地域的特点,闭门造车,因而把画的题目改为"长江寻梦""黄河寻梦",乃至"黑龙江寻梦"亦无不可。这就与传统绘画批评"先观气韵,次观笔意、骨法、位置、敷染,然后形似"(汤垕《画鉴》)、"书画之妙,当以神会,难可以形器求也"(沈括《梦溪笔谈》卷十七)的顺序完全背道而驰,颇有"论画以形似,见与儿童邻"(苏轼)之嫌。另一件事是1937年四川教育厅请徐悲鸿去主考四川省中学图画教员,他的出题是:"至少两个四川人,在黄桷树下,有所事事,黄桷树不画树叶。"考生愕然,他便解释说:只是希望大家能通过人物的装束、活动以及周围的景物,表现出客观地域特征的真实性而已。这又与传统绘画"竟求容势而已……非以案城域,辨方州,标镇阜,划浸流"(王微《叙画》)的要求背道而驰,颇有"高下向背,远近重复,此画工之艺尔"(欧阳修)之嫌。

　　正是基于现实主义的原则,徐悲鸿的中国画与传统中国画拉开了相当大的距离。传统中国画大多从临摹前人的典范图式入手,进而通过写生的实践加以印证、修正,最终形成自己的个性风格,即所谓"先师古人,后师造化";甚至有终生不师造化,而纯从古人中讨生活,再通过"中得心源"的特殊理解形成个人面貌的。徐悲鸿则直接从生活对象的写生、写实出发,通过深入细致地研究、刻画对象的现实性和典型性,来涵容大千世界的内在生命律动。他是一位全能的画家,动物、花鸟、人物、山水无所不能,在当代画坛,只有张大千可以与其相媲美。但是,与张大千明显不同的是,徐悲鸿的全能完全来之于深入生活的广泛写生、写实;而张大千的全能虽也有一定的生活基础,主要的却是来之于深入传统的广泛摩挲、涉猎。正因为此,所以,徐悲鸿的全能浓于生活的气息,张大千的全能则浓于传统的气息。

　　在徐悲鸿所擅长的各种题材中,以动物,尤其是骏马画得最为出色,堪称中西融会、现实主义艺术创作的典范,即在整个中国美术史上,也占有相当突出的地位。我们知道,传统的鞍马画虽也曾有过以真马为师的写生、写实传统,但这种写生、写实主要的并不是基于现实主义,而是基于"超现实主义",画家的描绘重在得对象之"神"而不是"形"。著名的"九方皋相马"的故事,"得其精而忘其粗,在其内而忘其外",不辨马的颜色、雌雄却能观察马的本质,颇能代表传统鞍马画家写生、写实的态度。然而,如前所述,徐悲鸿的画马则是把对象动态、神情的获得基于"学过马的解剖,熟悉马之骨架、肌肉、组织"的科学求实精神之上的。因此,同是以真马为师,二者各有其不同的本质内涵,不可同日而语。这是一。其次,基于超现实主义的原则,传统的画马方法以线条勾勒为主,烘染渲衬为辅,这种方法具有较强的装饰性,却缺少严格的造型性——这,也是画马之外中国画笔墨传统的一个基本特点。然而,徐悲鸿的画马却大胆地突破了传统笔墨的束缚,他采用西方绘画中体面、明暗分块造型的方法,与传统的线描技法相结合,同时又吸收传统的没骨法,以写意的垛笔纵情挥洒。大块的灰墨摆出马的体态,刚柔兼济的几笔写出四肢的主要肌骨,浓墨点五官,焦墨扫鬣尾。在他的这种描绘中,不仅充分注意到传统笔墨轻重疾徐、枯湿浓淡、疏密聚散的节奏韵律的抒情性,而且充分注意到笔墨作为"造型语言"的严格写生、写实的造型性,并使二者达到高度的完美融洽,标志着其中西融会的艺术理论在创作实践中的最高成就。有些笔触,具有明显的油画笔触的效果;有些笔触,则干脆是用狼毫油画扁笔刷出来的,因此,对于表现马的质感、量感、运动感,收到了良好的效果,而在总体上,又不失中国画笔墨所特有的神韵。需要指出的是,除画马之外,在徐悲鸿其他题材的创作中,笔墨的抒情性与造型性的匹配并不是水乳交融的,其造型性总是在不同程度上压倒了抒情性,因此,作为中国画,就显得不够纯正,不够地道。这里有几方面的原因:第一,他对于马的写生、写实功夫之深厚,远在其他题材之上,以致在具体创作中根本无须考虑对象的形体结构而早已胸有成竹,所谓"闭目如在眼前,放笔如在腕底";第二,他对于马有着特殊的感情,所谓"实我托兴、致力、造诣、自况",即完全作为自己的一种精神寄托和自我写照,不知我之为马、马之为我;第三,他对于马的创作数量最多,速写、素描、油画、水墨……不下数百余幅,所谓熟能生巧,如庖丁解牛,官能止而神欲行,以心运而不以目视,自然也就能技而进乎道了。正因为此,所以,尽管他的画马是以西方的科学精神为指导的,但在本质上又是与传统的玄学精神相通的。

徐悲鸿的花鸟画,所展现在我们面前的是一个广阔、多彩的对象世界:春寒料峭中,铁网珊瑚般的疏影横斜绽出朵朵银花,洋溢着清芳明朗的情调;浓妻深碧的柳荫间,传来声声鹊噪,荡漾着欢快活泼的节律;高石巍峨,风雨如晦,鸡鸣不已,一种"铁马冰河入梦来"的忧愤悲怆,令人壮怀激烈;萧瑟的蒲塘荻苇,与群鹅、白鹭相掩映,又别是一种淡淡闲适的韵致；此外，还有南国的红棉灿如火，星洲的紫兰酣欲醉；庭园的一角，红了樱桃，绿了芭蕉；娇慵的懒猫打着暖洋洋的呵欠；逆风而飞或晨曲初唱的小麻雀楚楚可怜；雄视奋扬的鹰鹫横空睥睨；竹影婆娑筛泻出丝丝细雨；枇杷滴翠摇曳着累累硕果……这一切，使我们亲切地感受到人与自然的和谐，一种清新而又浓郁的生活真实的气息，与传统花鸟画，尤其是元代以后花鸟画的超现实性判然异趣。徐悲鸿的花鸟画题材，有不少是传统图式中很少见到或根本不曾见过的，如红棉、紫兰、向日葵、鹅、麻雀、和平鸽等等，这正是从生活出发的必然选择；至于一些传统题材，如梅、竹、芭蕉、喜鹊之类，也因画家个人独到的生活识受而别开生面，与传统的风貌、意境迥然不同。传统花鸟画十分强调笔墨抒情写意的相对独立性，并注重以诗、书、画三绝的形式自律来拓展画面的意境。徐悲鸿讲求绘画自身的完整性，而使笔墨形式完全从属于并服务于为客观对象造型的总体功能。他宁可舍弃其笔墨以殉生活的真感，而决不愿"舍弃其真感以殉笔墨"。他的花鸟画真正是"画"出来而不是"写"出来的，用笔用墨既不追求书法连绵不绝的韵味，也不拘泥于中锋的含蓄性，而是致力于它们的造型效果。他以油画的笔触技法勾、点、垛、染，严格地依据对象的物理物性和骨架结构来组织轻重疾徐、枯湿浓淡和疏密聚散的变化，阴面大都深黑，受光面则往往留白，色彩的渲淡铺染，兼取西方印象派光色变幻之妙。尤其是他以油画扁笔刷出的粗竹竿，两边浓，中间淡，将竹竿圆浑立体的光感和质感刻画得淋漓尽致；他以双勾法画出的枝干、花叶，断断续续的勾线与渲染的色彩若即若离、相渗相化，将前后掩映、穿插重叠的关系交代得有条不紊；此外，他的构图章法也是那样层出不穷，一点不落传统花鸟画"一石一花一鸟""三结合"的窠臼。凡此种种，都足以证明徐悲鸿的花鸟画在现实主义道路上的创造性开拓。但是，就笔墨而论，则略逊于画马，显得刻画细谨了一些，于传统的境界尚隔一层，中西的融会不能认为是十分成功的。

徐悲鸿的人物画约可分为三类：一类是肖像画，如《李印泉像》《泰戈尔像》等；一类是现实生活题材，如《巴人汲水》《洗衣》等；一类是古典题材，如《九方皋》《愚公移山》等。他曾在《任伯年评传》中提出："学画必须从人物入手，且必须能画人像，方见功力。"无疑，这也是西方的艺术观念，与传统绘画以山水为"十三科"之首的观念正相反拨；这两种不同的艺术观念，分别基于现实主义和超现实主义的原则。而就徐悲鸿的创作而论，当以人物画最能体现其现实主义的艺术主张，观察的入微，描绘的精确，足以证明"浮滑之调为毫无价值也"。然而，站在中国画的立场上，作为中西融会的实践，其人物画的成就则是远逊于鞍马动物画和花鸟画的。这是所谓的"远逊"，并不是指其在写实方面所达到的逼真性而言，而是指其笔墨的抒情性和意境的含蓄性而言。从写实逼真的角度，他的人物画是无可非议的，无论作为明确的"这一个"的肖像，还是非肖像的现实、历史中人，其形象均严格合于解剖、比例，而所达到的效果，或可与油画一比高低。如《李印泉像》的线描，决不是单纯的笔墨趣味，而成为既反映人物结构关系，又具有质感、量感的造型手段，它随着体面关系而呈现出轻重、徐疾、干湿、浓淡的变化，通过疏密的安排和相互间的对比、呼应，赋予对象以毫不亚于明暗法的体积感和空间感；《愚公移山》的线描，用以表现老者的瘦骨嶙峋，儿童的稚嫩天真，壮年男子的筋腱紧蹦，无不结实而精到，令人过目难忘。然而，从笔墨、意境的角度，他的人物画作品却是不能不使人感到遗憾的，所谓"纵得形似而气韵不生""气韵不周，空陈形似，笔力未遒，空善赋彩，谓非妙也"（张彦远《历代名画记》卷一）。在这里，牵涉到笔墨与形、神的关系问题。根据西方的古典绘画观念，神是依附于形的，形似也就必然神似，因此，笔墨的功能便在于克尽形似的造型性，纯为一种技法之事。而根据中国的传统绘画观念，神不妨游离于形之外，形似未必就能神似，因此，笔墨的功能主要的并不在于克尽形似的造型性，而在于直抉神似的抒情性，应为一种修养之事。特别以人物而论，由骨架、肌肉的解剖结构而构成了人的形,但是,人的神却并不寓于骨架、肌肉的解剖结构之中,而是寓于思想、感情和筋络结构之中。以科学的方法,我们可以通过解剖而获得对于人体骨架、肌肉的组织和结构的认识,然而,却无法因此而获得对于人的思想、感情和筋络结构的认识。这就证明了科学方法的有限性和局限性。反映在人物画中,侧重于造型性的笔墨技法,正是旨在通过得其形而传其神,一如科学的解剖方法;而侧重于抒情性的笔墨技法,则旨在通过离其形而传其神,一如九方皋相马的玄学方法。撇开现实生活中的人物不论,对于古典人物,又将怎样来传其神呢?基于徐悲鸿的观点,便是以现实生活中的人为模特儿,而予以充分的造型性表现。这样,所造成的结果,不过是今人着古装而已。古人是怎样的形象?我们谁也没有见过。以今人为模特儿,即使就形来说,也不过是今人的形或者是一般的"人"的形,而决不是古人的形,至于神,当然就更不着边际了。相比之下,张大千、傅抱石的古典人物画,就要比徐悲鸿传神得多,不仅服装是古人的,神情、气息、风度、仪态也无不是古人的。这就牵涉到科学之外的修养问题。也许,就形体的解剖结构而论,张、傅的人物并不是十分科学;然而,他们的神情,就我们读古人诗文时那种读其诗如见其人的印象而论,却是何等地惟妙惟肖、非古人莫属!这又足以证明,人的神不仅可以游离于形之外,更可以反映于千古之后的文章诗文之中。在这方面,徐悲鸿的失误是显而易见的,尽管他的笔墨处理在最大限度上克尽了科学的造型功能,于传神则始终有所未逮。

徐悲鸿的山水基本上是以西洋水彩画的方法用毛笔、水墨在宣纸上作风景写生,而将传统的皴擦之类全部摒弃,虽在光影氛围的烘染方面开前所未有之境界,但格调不高,这里也就略而不论了。

三

所谓现实主义的问题,不仅指艺术的创作必须以现实的生活为源泉,以及艺术的表现必须克尽写实的功能而言,更指艺术的目的、动机必须为现实生活服务而言。既服从、又服务于现实生活,这就是现实主义艺术的全部原则。在中国美术史上,唐代之前的绘画虽也曾有过"成教化,助人伦"的传统,但从宋元以后,则一变而为文人士大夫个体自娱的工具,呈现为超现实主义的倾向。

徐悲鸿的时代,是一个多灾多难的时代。军阀的混战,日寇的入侵,百孔千疮的河山,水深火热的赤子,内忧外患,怵目惊心……神州毕竟,几番离合?汗血盐车无人顾,千里空收骏骨,正目断、关河路绝,万马齐喑究可哀!于是,有人徘徊彷徨,有人消极沉沦……可是,徐悲鸿却一马当先,知难而进,毅然地开始了他充满悲苦的征程。他困顿上海,负笈巴黎,移学柏林;他致力于中国美术的教育事业,不懈地向世界人民宣传、介绍中国的文化艺术成就;他以正直勤恳的一生创作出数千计的素描、油画、包括中国画。他的中国画的一个重要特色,正在于它们直切社会现实并与时代、与人民同呼吸、共命运的现实主义精神。

他的许多作品,寄寓了画家作为一个热爱祖国、具有正义感的中国人,为民族危亡深深忧患的匹夫意识,渴望振兴中华的焦灼、迫切愿望。如画马的题句:

> 哀鸣思战斗,迥立向苍苍。丙子危亡之际。(1936 年)
>
> 此乃人类最伟大之情绪,苟广此德,可立溶巨炮作金人,而太平将与天长地久永无极也。(1938 年)
>
> 廿九年五月,悲鸿时客西马拉雅之大吉岭,鄂北大胜,豪兴勃发。(1940 年)
>
> 辛巳八月十日第二次长沙会战,忧心如焚,或者仍有前次之结果也。企予望之。(1941 年)
>
> 水草寻常行处有,相期效死得长征。(1942 年)

癸未端阳,鄂西大胜,吾人勉得安居。(1943年)

问汝健足果何用,为觅生刍尽日驰。(1943年)

山河百战归民主,铲尽崎岖大道平。(1953年)

如此等等。马,在中国人的心目中始终是作为人才的象征,作为民族振奋的象征。徐悲鸿翻来覆去地画马,作为自己的"托兴"和"自况",正是有所感而发,令人有惊心动魄之感。画马之外,如画狮的题句:

新生命活跃起来。甲戌岁阑,危亡益亟,愤气塞胸,写此自遣。(1934年)

会师东京。壬午之秋绘成初稿,翌年五月写成兹幅,易以母狮及诸雏居图之右,略抒积愤,虽未免言之过早,且喜其终须实现也。(1943年)

画牛的题句:

满眼平芜绿,穿径新禾香,耕牛赖雨顺,举室游相将。辛未盛夏薄游南昌,行于江上,见此画景,顿觉升平气象。顾神州正切陆沉之祸,所谓平芜新禾,仅高岸利耳,非真福也。欲作大幅,奈旅中无法挥写。匆匆三月,秋亦垂尽,而东北又起倭寇之警,中原骚然,危亡益亟,意兴都无,复虑幻象目失,欲振笔追记之。呜呼!泰平岂容希冀,倘索诸吾指端者,聊可力致耳,终恨画饼之不能充饥也。不然者,吾自入画为牧童,意良足矣。噫嘻!(1931年)

此外如画鸡的题句:

风雨如晦,鸡鸣不已;既见君子,云胡不喜。(1937年)

廿六年一月二十八日,距壮烈之民族斗争又五年矣,抚今追昔,曷胜感叹!(1937年)

问汝何事苦相侵,打到羽飞血满身;算是鸡虫争得失,眼看收拾

待他人。(1947年)

画紫兰的题句：

> 何处春风飐酒旗,宛同蛱蝶梦中飞;剧怜帝阙严恩宠,不许分香到紫薇。辛巳大暑,俄德鏖战,死伤三百万之际,悲鸿居星洲,餐此秀色,人尚有远甚于此者。噫嘻!(1941年)

等等,不一而足,一种伤时感世的情怀,溢出于笔墨形象之外。从来的中国画所能包含的思想因素,都是比较隐晦曲折的,尤其是对社会现实和时代精神的反映,所受的局限性更大。徐悲鸿则以大关怀、大悲悯的宗教承当精神,突破了传统绘画清高静逸的超现实的精神境界,而赋予其异常炽热的现实意义。有些作品,即使没有题上明确的词句,其现实的意义同样是显而易见的,如《九方皋》(1931年)、《沉吟》(1932年)、《松鹰》(1934年)、《风雨思君子》《钟馗》(均1935年)、《墨猪》《逆风》《古柏》《雪景》《船户》(均1936年)、《荷簣巴妇》《巴人汲水》《秋风》(均1937年)、《荆十三娘》《寒梅》(均1938年)、《飞鹰》《侧目》(均1939年)、《泰戈尔像》《木棉》《愚公移山》(均1940年)、《赵武之母》《灵鹫》(均1941年)、《群马》(1942年)、《国殇》《抬猪》《李印泉像》(均1943年)、《杜甫诗意》《梅花》(均1944年),等等。当然,他的作品不一定都含有象征比附的意义,更不一定都是配合了现实形势的形象图解;不了解其身世遭际和思想性格的读者,也不一定能从他的作品中看出什么现实的寓意来。但这并不妨碍其作品服务于现实生活的鲜明的思想性和社会性。由于其服从于现实生活的创作原则,由于其生动逼真的形象和酣畅写实的笔墨,仅从它们所能给予欣赏者以广大精微而又自由清新、蓬勃向上的艺术感受这一点来说,就已经很足够了。在当代画坛,没有一个画家的作品能像徐悲鸿那样受到社会雅俗各阶层广大人民群众的爱好,原因正在于此。

附一：
徐悲鸿与传统

　　近年来，常有专家指斥徐悲鸿，认为他误导了中国画，毁坏了中国画。理由有四：一、提倡中西融合；二、提倡"素描是一切造型艺术的基础"；三、开除秦仲文等三位教授；四、不懂传统。根据专家的意见，当然，一、中国画是不能搞中西融合的，中西融合就是不伦不类、不中不西，葬送了中国画固有的传统；二、中国画不能以素描为基础，而应以书法为基础；三、秦仲文等三位教授代表了传统，所以开除三位教授就是排斥传统、否定传统；四、中国画必须强调传统。什么是传统？以专家们所认识的传统为传统，不认同专家们所认识的传统就是不懂传统。

　　这样的指斥，理所当然地基于这样的前提，即今天的中国画走上了歧途，已经被毁坏了，尤其是强调传统的中国画，在今天更严重衰落了。但是，这一中国画的悲观现状，是谁所认定的呢？第一，近年官方常有"百杰中国画家""德艺双馨中国画家"的名单颁发，数量应该不少于1 000人；更有非官方的"最有潜力五十家""当代十大家""艺术大师"的名单颁布，数量应不少于3 000人；而且，媒体对这些画家的评语，无不是"具有扎实的传统功力""传统功力深厚"等措辞。短短的二三十年间，有如此数量的杰出画家，而且多为传统型、实力派的杰出画家，这在三千年中国绘画史上是绝无仅有的。怎么能说今天的传统中国画在徐悲鸿的误导下已经走上了歧途，已经被败坏了呢？应该说是茁壮繁荣，取得了空前的成就才对啊！当然，这个繁荣，这些成就，与徐悲鸿是无关的。更准确地说，这是这么多优秀的传统画家自觉地抵制徐悲鸿的误导所取得的。但无论如何，这足以证明，今天的中国画并没有受到徐悲鸿的误导而沦于毁坏，而恰恰是在抵制徐悲鸿的误导下取得了繁荣。

其次，即使认为上述的数字，无论官方的，还是非官方的，都是虚假的。实质是，这4 000名中国画家其实都画得不太好，甚至很糟，他们的传统功力并不深厚，其实很差。所以，今天的中国画并没有繁荣的成就可以称道，而是沦于毁坏了。那造成毁坏的原因，难道真的应该归咎于徐悲鸿吗？事实上，大多数指斥徐悲鸿的中国画家们，都不是从徐悲鸿的道路而来的，尤其是被公认的传统功力深厚而实质上传统功力很差的画家，更不是从徐悲鸿的道路而来的。如果我们以李可染为对象，认为他画得很差，并归咎于徐悲鸿，那还说得过去，因为李可染确实是从徐悲鸿的道路而来的，包括他的山水写生，除了水墨，还有不少素描。你看，因为他听了徐悲鸿的话，所以画得这么差。但我们却是以不走徐悲鸿的道路的画家为对象，指斥他们画得差是受了徐悲鸿的误导。这里的转折关系，实在令人摸不着头脑。

中国画是多元的，将之比为体育，其中有乒乓，也有足球，有长跑，也有举重，不能说只有乒乓才是体育，足球、长跑、举重、跳水、鞍马、单杠等就不是体育。将之比为舞蹈，其中有民族舞、芭蕾舞，有国标舞，还有广场舞，不能说只有民族舞才是舞蹈，其他就不是舞蹈——民族舞里还有彝族舞、新疆舞、白族舞等等呢。中国画同样如此，撇开唐代以前的彩陶、漆画、画像石刻、壁画、帛画、版画、绢本画、纸本画等不同的材质都是中国画不论，单以民国画坛纸绢材质的中国画论，有弘扬传统、拒绝中西融合的，也有革新传统、倡导中西融合的。前者强调古为今用、推陈出新，后者强调洋为中用、嫁接出新。弘扬传统派中所据为今用之古，有唐宋画家画的绘画性绘画传统，又有明清文人画的书法性绘画传统——包括正统派的程式画和野逸派的写意画,写意派中又有八大的、石涛的、吴昌硕的。革新传统派中所据为中用之洋,有西方古典的写实派,又有西方现代之不写实派——包括塞尚的构成、凡·高的狂野、马蒂斯的娴静、康定斯基的抽象,等等。我们不能认为这个是中国画,其他的就不是中国画。就像20世纪50年代时,对于林风眠的水墨画和彩墨画,就有过算不算中国画的争论。但不算中国画又算什么呢?难道算油画、版画、壁画、漆画吗?当然,这里牵涉到对于什么是"中国画"概念的认识的问题。照我的看法,从"文化"着眼,靳尚谊的油画、古元的版画都是"中国"画;而从工具材质的"画种"着眼,"日本画""高丽画"倒与中国"画"属于同一画种。具体不在这里展开。

  这里单从"画种"着眼,由于工具材质相同,上述民国年间的各种画派,当然属于中国"画",不同的画派,我的看法是应该多元共存、并行不悖,而不能用自己的一派去否定其他各派,就像不能用民族舞去排斥其他舞蹈,认为它们不是舞蹈一样。每一派,按照自己的准则、要求去做,当然,自己的准则、要求以外还有一个大的准则、要求。对于中国画,这个总的准则、要求便是笔墨,而总的笔墨准则,落实到不同的画派,又各有不同的要求。这样,每一派把自己的画画好了,归功于自己的努力,做不好,不能归咎于其他画派的误导。每一派的观点,包括对准则、要求的确定,都有它的道理,没有对错。根据这一准则要求画好了,不能证明这个准则、要求是对的,而其他准则、要求都是错的。因为,一、根据这一准则要求也有画不好的;二、根据其他准则要求也有画得好的。这就像今天中国的经济建设。国有企业、外资企业、民营企业、合资企业都是需要的,绝不能说这种企业对、好,那种企业错、坏。没有对错,但有好坏,每一种形式的企业都可以做得好,也可以做得坏,与企业形式的对错无关。所以,除了上述的画派,就是全盘西化又有何不可呢?千万不要认为全盘西化就会丢失民族精神,就像认为继承传统就会丧失时代精神一样。绝不会的!"古为今用"绝不会沦于不伦不类、不古不今、回到古代；同理，"洋为中用"也绝不会不伦不类、不中不西、全盘西化。一个人，如果让他中西融合而沦于不中不西，则如果他不搞中西融合而借古开今，一定也沦于不古不今；如果他既不搞中西融合，也不搞借古开今，而是走一条"绝对正确"的道路（当然，这样的道路事实上是没有的），也一定会沦于不伦不类。只要是中国人，无论你怎样全盘西化，永远都是中国的全盘西化，而绝不会成为西方文化；只要是今人，无论你怎样继承传统，永远都是今天的继承传统，而绝不会成为古代的传统文化。就像今天的演员，一板一眼地演绎梅兰芳的经典，怎么可能同梅兰芳一样呢？同梅兰芳一样，岂不是又出了一位大师了吗？

具体而论，民国乃至整个20世纪的画坛诸流派，张大千、谢稚柳是弘扬唐宋画家画传统的代表，兼弘扬明清文人画野逸派传统；吴湖帆是弘扬明清文人画正统派传统的代表，兼弘扬宋元画家画传统；黄宾虹、齐白石、潘天寿是弘扬明清文人画野逸派传统的代表；徐悲鸿为融合西方古典写实主义的革新派代表；林风眠为融合西方现代主义马蒂斯的革新派代表；刘海粟为融合西方现代派凡·高的革新派代表；此外还有高剑父、傅抱石等，为融合日本的西洋画和日本画的革新派代表。其间的关系，当然互有交叉，这里只是就大体而言。那么，要说今天的中国画被徐悲鸿毁掉了，究竟毁掉的是哪一路风格流派呢？

我们先看其罪状之一，倡导中西融合。中西绘画根本不同，只能拉开距离，不能混血融合。固然，拉开距离完全可以成立，不能混血融合是不是太绝对了呢？近见有人考证说中国的人种本为单眼皮，故古代仕女多为单眼皮，没有双眼皮，而西方人种与中国人种混血之后，才出现了双眼皮，更生动了中国人的靓丽云云。这且不论，鲁迅先生也早就说过，汲取西方文化的营养，"拿来主义"，如饮食牛奶，可以滋养我们的肌体，但绝不会使我们变成牛，说的也是这个道理。

早在汉唐，直到两宋，中外文化的交融并不是一件不可思议的大事，要争得不可开交。仅以绘画而论,紫气东来的佛教绘画大盛于中国的画坛,曹仲达、大小尉迟都是西域胡人,《历代名画记》中记载了诸多外来画家的名字,《图画见闻志》中则有高丽画、倭画的文献,尽管"华夷体殊",但当时的画坛,对于外来的画风、画家,不仅没有任何排斥,反而积极地借鉴吸收。吴道子正是在融汇古今中外之长的基础上集其大成,成为民族绘画精神的百代画圣,成为中国画的经典传统。

然而,不知什么缘故,从明末开始,中国画坛开始了坚守传统必须排斥外来的观念,西洋画被斥为"虽工亦匠,不入画品"。郎世宁的中西融合,虽有帝王之尊的推崇,但画坛一致对其不看好而诋毁甚力。固然,郎世宁的中西融合确实画得不好,但这并不能证明中西融合本身是一个不好的方向啊!就像"家家大痴,人人一峰"也画得不好,绝不能证明学习黄公望是一个不可取的方向;"吴昌硕风漫天下,中国画荒谬绝伦",绝不能证明学习吴昌硕是一个不可取的方向。

民国时,虽然拒斥中西融合的呼声强烈,但中西融合的呼声亦很高。尤其是传统派中,即使不走中西融合的道路,但不反对中西融合,甚至对徐悲鸿加以赞誉的也大有人在,如齐白石、张大千、谢稚柳等。新中国成立后,虽然排斥林风眠的中西融合,认为他的画不是中国画,但徐悲鸿却大红,在30年间,影响了一部分中国画家——另一部分则主要受齐白石、黄宾虹、潘天寿和"扬州八怪"的影响。直到20世纪80年代之后,不反对林风眠的中西融合,认可了他的画也是中国画,却开始了反对徐悲鸿的中西融合,认为他误导了中国画,毁坏了传统。

事实上,中国传统之不同于西学,根本上正在于国学是"和而不同""吐故纳新"的,不断地融合异质文明;而西学则是"弱肉强食、适者生存"的,对异质文明滴水不进。近代以来,在中国有"汉译西方名著"工程,在西方则绝无"英译中国名著"工程;直到今天,西方的艺术,包括美术、演唱、电影到中国广受欢迎,中国的艺术到西方则备受冷落,尤可证明这一点。

我的意思,弘扬传统派,坚持排斥中西融合当然是可以的,但革新派探索中西融合同样是可以的。既然佛教作为一个外来宗教文化,传入中国之后,到唐代便变成了中国自己的文化,成为国学中的重要组成部分,不仅没有毁坏中国固有的儒道传统,反而推动了儒道文化的与时俱进,则融合外来的绘画,只要融合得好,又怎么会导致中国画及其传统的毁坏呢?至于它融合得不好,必然导致中国画及其传统的毁坏,但排斥融合而坚守传统做得不好,同样也会导致中国画及其传统的毁坏啊!所以,不是融合不融合的问题,而是做得好和不好的问题。拒绝融合,固然排除了融合得不好的风险,但也排除了融合得好的机遇;坚守传统,固然坚守了传统做得好的机遇,但也坚守了传统做得不好的风险。传统的衰落,主要是弘扬传统派的责任,不能归咎于革新派的中西融合,不能归咎于徐悲鸿。如同足球没有踢好,不能归咎于王楠打乒乓;国有企业没有搞好,不能归咎于外资企业、合资企业和民营企业。

接下来谈"素描是一切造型艺术的基础"的问题。徐悲鸿的这个观点,是由"数学是一切科学的基础"而来的。什么是"一切科学"呢?就是物理、化学等等。什么是基础呢?就是高楼大厦下面的地基。高楼是各不相同的,但都需要地基则一。地基越深广,楼层越是可以建得高大,地基浅而狭,则只能建低矮的建筑物。地基虽一,但地面上的楼层是各异的。物理有三大定律,当然,力学、光学、电磁学等还有不同的要求,化学有元素周期律等等。没有数学的基础,对三大定律等的运算便可能算不下去,勉强去算了,必然会出错,导致科学的失败。但能不能说"数学是一切科学的全部"呢?绝不能的。所以,一位高水平的数学家,比如陈景润,让他去搞人造卫星,必然失败。这失败,不是因为"数学是一切科学的基础"害了他,而是因为他根本不懂人造卫星的具体规律。像这样的情况,我们绝不能说"数学是一切科学的基础"误导了、毁坏了物理、化学和人造卫星。而是人造卫星的工程师误解了"数学是一切科学的基础",把基础当成了物理、化学和人造卫星的全部,作为一名物理学家、化学家、人造卫星工程师,只学数学却不学三大定律、元素周期等等。同样,"素描是一切造型艺术的基础"亦然。什么是"一切造型艺术"呢?包括绘画、雕塑等等。而"素描"就是基础,不是上层建筑,更不是全部。一个画家,一个雕塑家,只学共同的素描,不学不同画种各不相同的具体规律,不学不同雕塑各不相同的具体规律,油画、版画、壁画、国画、泥塑、木雕、石雕,等等,如油画的色彩、国画的笔墨、泥塑的"加法"、石雕的"减法",结果把一幅油画画坏了,色彩不知所云,把一件石雕搞坏了,要用强力胶把鼻子粘上去,最终归咎于"素描是一切造型艺术的基础",讲得通吗?所以认清"基础"的含义,是认识"素描是一切造型艺术的基础"论的第一要义。

第二要义,就是什么是"素描"。这里的素描,是指造型的能力,即陆机所说"存形莫善于画"的"存形",刘勰所说"以色范形"的"范形",谢赫所说的"应物象形"。造型艺术,就要准确地塑造形象,这个能力,是最基本的,即基础,而不是最高的。最高的要求,是"以形写神",不但能准确地塑造出形象的形似,更要能传达出形象的神采、气韵乃至画家主观的情感,而神采、气韵、情感等等,都必须依附于形似。这就是当时的形神一元论,神必须依附着形,有"有形无神",有"形神兼备",但绝无"无形有神"。画了一匹马,但形完全不是马而是像鹿,画家说这是画出了马的神,这样的认识,在当时是完全不能被接受的。

既然素描是指造型的能力,则当然不是指具体的技法。论具体的技法,有注重明暗体面的素描,如苏联的契斯恰科夫体系,有注重线条结构的素描,如安格尔、门采尔的素描、有刻画精微的素描,也有简笔速写的素描等等。当然,中国传统的"白描"也是素描的一种。张大千教学生画画,要求从白描勾线开始做严格的训练,是为了强化学画者的造型能力。硬要把契斯恰科夫的明暗体面素描看作素描,其他素描则不是素描,显然是对徐悲鸿素描论的偏见,而徐氏其时尚未知道有契氏的素描体系。至于后来潘天寿指责徐氏以"西洋素描是中国画的基础",把徐氏素描论的"素描"改作"西洋素描","一切造型艺术"改作"中国画",显然是不符合徐氏素描论的本意的,而是以自己的理解做了歪曲。

所以,认清"素描"是指造型的能力,专论技法则有多种而并非只有明暗体面一种,是认识徐悲鸿"素描是一切造型艺术的基础"论的第二要义。

第三,以造型能力为基础所针对的"一切造型艺术"是什么?在西方,古希腊的雕塑、古典主义的油画,在中国,唐宋的画家画,都属于造型艺术;在西方,现代派的各种雕塑、绘画,如亨利·摩尔的雕塑、康定斯基的油画,等等,在中国,明清以后的文人画,包括文人所画的文人画和众工所画的文人画,都不属于造型艺术。特别是中国画中的文人画,更被明确地定义为诗、书、画、印的综合艺术。综合艺术当然不是造型艺术。就像舞蹈,无论芭蕾、民族、国标,当然属于舞蹈艺术;歌唱,无论美声、民族,都属于歌唱艺术。然而,流行乐之类的流行音乐,歌手同时也是舞者,他边唱边舞,就既不属于舞蹈艺术,也不属于歌唱艺术,而是属于综合艺术。由此可见,以素描即造型能力为基础,是针对造型艺术而提的要求,并非针对非造型艺术、综合艺术等而提的要求。西方的现代派、抽象派,中国的文人写意画等,并不在素描论所针对的对象之中,它们可以排斥素描论,也可以借鉴素描论。排斥后画得好了,归功于自己不画素描;画得不好,不能归咎于徐提倡素描。借鉴后画得好了,不能归功于徐的素描论;画得不好,不能够归咎于徐倡导素描。就像国有企业的管理条例,民营企业可以搬用,可以不搬用,但无论搬用还是不搬用,民营企业经营的好坏都不能归功或归咎于国有企业的条例,说是你害了我。但是,专家们一致认为,中国画——当然是写意画是决不能画素描的啊,一画素描就毁了。但是,一、徐悲鸿的素描论只是对造型艺术的要求,而并没有要求写意画也画素描啊!二、毕加索是画现代派绘画的,与造型艺术的古典绘画迥然不同,而类似于中国的写意画,而他的素描之扎实,据说绝不在写实画家之下,他似乎并未抱怨"画了素描,影响了我的现代派绘画"。何况,潘天寿早就明确提出过:不能同意"西洋素描是中国画的基础"之说。他说的"西洋素描",当然是指明暗素描,他说的"中国画",当然是指"不求形似"的写意画。他在浙美设计了人物、山水、花鸟分科教学的体制,且将书法、诗词作为中国画,主要是写意画的基础。这就好比徐悲鸿的素描基础论是训练手头功夫的打乒乓,潘天寿的书法基础论是训练脚上功夫的踢足球。足球运动员们长期按照潘的主张在练脚上功夫,但最后足球没有踢好,便指责王楠们打乒乓!三、毕加索画了素描而且画得非常好,也没有责怪素描毁了自己的现代派绘画。我们的写意画家明明没有画素描,却把自己写意画画得不好怪罪于徐悲鸿倡导写实画要以素描为基础!

虽然,徐悲鸿主张的"素描是一切造型艺术的基础"与中国画中的文人画、写意画无关,但与以唐宋为代表的画家画、写实画还是有关的。以素描为数学,西方的古典写实画为物理,中国的唐宋写实画便是化学。数学、素描是西方的物理、中国的化学的共同基础,但西方画还要三大定律和色彩,中国画则要元素周期律和笔墨。以数学为一切科学的基础,并不主张物理不要三大定律、化学不要元素周期律,同理,以素描为一切造型艺术之基础,并不主张西洋画不要色彩、中国画不要笔墨。我们看唐宋画家画中的白描,其造型的准确,与西方的线描完全是相通的,而线条的骨法则为中国所有;宋人的"落墨"花卉、水墨山水,其造型的准确包括阴阳明暗的处理,与西方的结构兼体面素描同样是相通的,而笔墨的勾、皴、点、染则为中国所有。所以"素描是一切造型艺术的基础",于唐宋画家画的传统只有好处,没有坏处。

专以民国画坛而论,徐悲鸿的素描基础论,是针对作为造型艺术和唐宋传统派和写实革新派而言的,并不针对作为非造型艺术、综合艺术的明清传统派和现代革新派而言。故,明清传统派的繁荣、衰落和现代革新派的大盛、不振皆与之无关,尤其在衰落、不振的情况下,更不能归咎于徐的素描论。而唐宋传统派的繁荣、衰落和写实革新派的大盛、不振则与徐的素描论相关，但即使衰落、不振也不能归咎于"素描基础"论，而是因为贯彻"素描基础"论做得不好所致。这个"做得不好"可以有两种表现，一是素描的基础根本不扎实，二是虽然素描的基础非常扎实了，但却把基础当作了上层建筑，当作了全部。

撇开革新传统派不论，单论弘扬传统派。历史地梳理传统的衰落或毁坏，唐宋画家画的传统，衰于明末，当时文人画大盛并握有强大的话语权，推崇程式画和写意画，贬斥画家画，顾炎武、李日华等认为"古法亡矣""真工实能之迹，尽充下驷，此亦千古不平之案"。民国间画家画虽有复兴之势，但犹顶着"工匠之事""保守""落后"的压力，新中国成立之后更被认为是"封建性、贵族性"的传统糟粕，致使中国画家只知有文人写意画，不知有画家写实画，只知有生宣而不知有熟纸和矾绢！所谓画"工笔画"者，亦多不入美术学院的国画系而入工艺系。据此历史事实可知，唐宋传统的衰落，与贯彻徐的"素描基础"论无关，因为其时其人尚未出生，其论尚未提出。至于新中国成立后贯彻其论，主要针对的是革新传统，而完全没有针对唐宋传统。包括其与西方古典的融合，实际上也是取西方之写实，用明清写意之笔墨，完全没有考虑到唐宋写实之笔墨。

明清文人画的传统，正统派之衰始于清中期以后，"家家大痴，人人一峰"导致了画这一路者，笔不精而墨不妙，因循的程式，厌厌无生气。其时徐悲鸿其人尚未生，其论尚未出，故亦与"素描基础"论无关。野逸派之衰，虽有傅抱石于1935年时提出"吴昌硕（画风）风漫画坛，中国画荒谬绝伦"，但亦有吴昌硕、黄宾虹、齐白石、潘天寿等的成就，包括新中国成立后"民主性、人民性"的传统"精华"论之推动，一直蒸蒸发达至于今，"家家清湘，人人石涛"不仅表现于主流的画坛，更普及到街道、农村的最基层。虽然其势头甚热闹，但果实却并不丰硕，因此而被认为衰落了，毁坏了。当然，我是不认为衰落、毁坏的，因为出了一大批的"大师"，都画得非常好。

但既然有人认为衰落了、毁坏了，是否应该归咎于徐的素描论呢？我认为不能。因为，这一批画家，从吴昌硕到今天的"大师"，都没有画过扎实的素描，不少人更自觉而坚定地抵制素描论。既然你不仅不受素描论的影响，而且致力于抵制素描论，你画得不好，怎么能归咎于素描论呢？何况，徐悲鸿的素描基础论并不是针对你的画派而言的啊！就像吴昌硕、潘天寿没有按照"怎样打乒乓"的要求去训练足球，而是按照"怎样踢足球"的要求去训练足球，足球踢得很好；而你没有按照"怎样打乒乓"的要求去训练足球，而是按照"怎样踢足球"的要求去训练足球，足球没有踢好，绝不能归咎于受了"怎样打乒乓"的误导，只能归咎于你贯彻"怎样踢足球"的要求没有贯彻好。

20世纪的中国画诸流派中，受到"素描基础"论影响最大最直接的，当属写实的革新传统派，即所谓"笔墨加素描"，主要表现于描绘现实生活中劳动人民形象的人物画和李可染的山水画。此派包括徐悲鸿本人以及蒋兆和、陶冷月、李斛、黄胄、方增先、杨之光、王盛烈、周思聪等，成就各有高下，但新中国十七年的一批"红色经典"，正是他们所创造出来的。我们可以讲他们的革新传统没有做好，乒乓没有打好，但不能讲他们的做法毁坏了弘扬传统，误导了足球踢不好。

第三个问题来谈谈开除三位教授的事件。首先，学校有学校的规章制度包括教学体系，作为校长的徐悲鸿当然要维护这个制度和体系，不遵守这个制度和体系的老师也好，学生也好，再三教育而不改，当然要受到不同程度的处分，这本是一个行政事件，而绝非学术事件。其次，三位教授确乎是传统派的画家，但开除三位教授即使上升到学术事件，是否就意味着打击、排斥传统呢？传统派中，有优秀的画家，也有平平的画家，当然还有很差的画家。绝不能认为只要是传统派，就都是优秀的画家，只要不是传统派而是革新派，就都是很差的画家。三位教授的艺术水平如何呢？历数20世纪50位有成就的传统派画家，大概是绝对排不上三位教授的名号的。则开除三位教授,如果一定要上升到排斥、打击传统的学术事件,也只能说是排斥、打击了传统派中的一般水平者。而能够代表传统的,当然不是其中的一般水平者,而一定是其中的高超水平者。而从徐悲鸿延聘齐白石执教北平艺专,延聘张大千、谢稚柳执教中大艺术系,更足以证明,作为革新传统派的徐悲鸿,不仅仅没有打击、排斥传统,而且是非常看重传统,非常看重弘扬传统派的优秀画家。

最后便来讨论徐悲鸿究竟是否懂传统的问题。吴湖帆曾慨叹,要想真正弘扬传统,首先需要真正认识、懂得传统,没有真正认识、懂得传统,就不可能真正弘扬传统。可惜的是,并世以弘扬传统自任者夥矣,但真正懂得传统者不三四人!我在《弘扬传统的反传统实质》一文中也讲过,传统的衰落不是因为中西融合派和反传统派导致的,而是由弘扬传统派自己造成的。所谓"天作孽,犹可恕,自作孽,不可活",任何一个人,都不是被敌人打败的,而是被自己打败的。当弘扬传统者本人没有真正认识传统,懂得传统,那么,他越是加强弘扬传统的力度,必然导致越是加快传统衰落的速度。尤其当这个弘扬传统者有很大的话语权、地位和权势的情况下,更是如此。

但懂不懂传统,主要是弘扬传统派的头等大事,于革新传统派则并无如此重大的意义,即使一知半解,也无妨于他引西润中来革新传统。而奇怪的是,相比于弘扬传统者的大多对传统一知半解,作为革新传统派的徐悲鸿,却对于传统有着全面、深刻的认识,比绝大多数传统派画家更懂传统。这具体表现在四个方面:一、他的收藏,既有唐宋的《八十七神仙卷》,也有金冬心、任伯年,"宝若头脑",没有对于传统的深爱、深知,何至于斯?二、他的交游,仅以书画圈而论,就有齐白石、谢玉岑、张大千、吴湖帆、谢稚柳等,如果不懂传统,传统派的这些佼佼者,何以与他互相引为知己?三、他的书法也好,古诗文也好,根深蒂固、深入骨髓的儒家思想也好,尤其是积极投身抗战救亡的侠义之举,再次证明他是传统到骨子里的

"有古人风"。四、民国时的传统派画家,大多鄙视、排斥、打击齐白石,以赵幹、敦煌壁画为"工匠之事",不登大雅之堂的"水陆画",而徐悲鸿则高度看好齐白石、张大千、谢稚柳并引为大学教席。这更证明,他比弘扬传统派的画家更懂传统,包括明清文人画的传统和唐宋画家画的传统。试问,开除的三位教授和引进的三位教授,何者更有资格代表传统?究竟开除三位教授证明了徐悲鸿不懂传统、否定传统、打击传统呢,还是引进三位教授更证明了徐悲鸿的真懂传统、肯定传统、支持传统呢?

  综上,我认为作为革新传统派的代表之一(另三人为高剑父、林风眠、刘海粟),徐悲鸿不仅懂传统,而且比大多数弘扬传统派的画家更懂传统。但他没有走弘扬传统的一路,而是走革新传统的一路。就像一位乒乓运动员,他比足球运动员更懂足球,但他没有去踢足球,而是选择了打乒乓,并提出了怎样打好乒乓球的基础论。我们可以批评他乒乓打得不好,批评他革新传统做得不好,但不能指责他误导了足球,毁坏了足球,责怪他误导了弘扬传统,毁坏了传统。

  韩愈有言:"古之君子,其责己也重以周,其待人也轻以约。今之君子,其责人也详,其待己也廉。"我补充一句:"古之君子,其己有成也归功于人,其人有失也归咎于己。今之君子,其己有成也归功于己,其己有失也归咎于人。"自己的事情做好了,归功于自己本无可厚非;别人的事情做好了,归功于自己便显得厚颜。别人的事情做坏了,归咎于别人也算是实事求是;自己的事情做坏了,归咎于别人却显得无耻。传统的衰落、毁坏,弘扬传统派把自己的责任推得一干二净,而全部归咎到革新传统派的徐悲鸿身上,这又算什么呢?至于一面宣传自己是弘扬传统的"大师",创造了传统的高峰,而且高峰如林,史无前例的繁荣,一面又宣称传统被徐悲鸿毁坏了,叫人相信今天的传统究竟是振兴了还是衰落了呢?

  任何艺术,传统派也好,革新派也好,唐宋的画家画派也好,明清的文人画派也好,融合西方写实的革新派也好,融合西方现代的革新派也好,以素描为基础也好，以书法为基础也好，都可以取得成功，也可以导致失败。取得成功的原因，不仅在于贯彻落实好了本画派的规范，更在于有天赋的画家来承担该规范的贯彻落实。导致失败的原因，不仅在于没有贯彻落实好本画派的规范，更在于没有天赋的画家来承担该规范的贯彻落实。天才是不世出的，所以，画史上常有式微的时期，如乾隆中期至咸丰年间便是如此，而与中西融合、"素描基础"论完全无关。这段时期，完全没有中西融合，更无从谈起什么"素描基础"，不也照样式微吗？而传统本身，也是不断变化的。吴道子汲取外来艺术之长，可以成为传统；董其昌、石涛不汲取外来艺术之长，也可以成为传统；而郎世宁中西融合，不能成为传统；正统派、野逸派的末流不中西融合，也不能成为传统。如果一定要说传统在今天已经毁坏了，那只能归咎于这是一个没有天才的时代。

过去在政协开会时，常有文艺界的代表发言："我们今天为什么拿不出精品力作？是政府给的钱太少了，管头管脚又太多了！"我私下对他说："你的意见我是不同意的，从中央到地方，政府每年都要组织多次优秀文艺作品的评奖活动，已经评出了无数的精品力作，其质量之高和数量之多，是史无前例的。怎么能说我们拿不出精品力作呢？"他表示，这些获奖作品是不算数的，不能说明问题。我当场反驳："政府组织的活动怎么不算数，不能说明问题？一次两次容有个别差错，无数次的评奖，总体上充分证明我们今天拿出了不可胜数的精品力作。而且，即使你不相信政府，认为今天的文艺界没有精品力作，又怎么能责怪政府给钱少、管得严呢？陆俨少先生在'右派'年代，一个月只有60元，管得又那样严，不也创作出了《杜甫诗意百开册》的精品力作吗？"他反问："那你说我们拿不出精品力作归咎于谁？"我不假思索地说："当然归咎于我们的无能啊！"对于今天传统是不是衰落，中国画有没有被毁坏以及责任是不是应该由徐悲鸿负的问题，我也作如是观。

（2016年）

附二：
写实主义与正规传统
——徐悲鸿与 20 世纪中国写实绘画

中西美术的交汇交融，是 21 世纪中国美术界的一件大事，尤其是 20 世纪中国画所赖以发生、发展的一个基本背景。无论以徐悲鸿、林风眠、刘海粟等为代表的中西融合的画派也好，还是以黄宾虹、潘天寿、吴湖帆等为代表的恪守传统的画派也好，都不能逃脱这一基本背景的制约。其中，徐悲鸿所倡导的以写实主义为旗帜的"中国画改良论"意义尤为重大，影响也尤为深远。

受康有为的启蒙，徐悲鸿对明清以来中国传统绘画的发展情况是极为不满的，他认为：

> 中国画学之颓败，至今日已极矣！凡世界文明理无退化，独中国之画在今日，比二十年前退五十步，三百年前退五百步，五百年前退四百步，七百年前退八百步，千年前退千步。发族之不振，可慨也夫！夫何故而使画学如此颓坏耶？曰：惟守旧；曰：失其学术独立之地位。今吾东方画，无论其在二十世纪内，应有若何或绩，要之，视千年前先民不逮者，实为奇耻大辱。此时不再振奋，起而师法造化，寻其真理，则中国虽不亡而艺术必亡，则文化顿将暗无光采。

他在这里所说的"守旧"，主要指"四王"一路正统派绘画讲究临摹的作风;所说的"失其学术独立之地位",则是指"中国画为文人之末技",业余作画,游戏笔墨,未能全力投入,结果只能随意涂抹、不求形似,以师心独创、新奇怪诞自诩骇俗,具体可以八大、石涛为代表的野逸画派为例。

站在"创新"的立场上,在20世纪初乃至今天,"四王"的正统派固然是被批判的众矢之的,而"四僧"的野逸派及其世俗化变异的扬州画派、海上画派则始终是某些人的崇拜偶像。然而,站在正规性、"学术独立之地位"的立场上,正统派固然应该被批判,野逸派同样是导致中国画学颓败的一个重要因素,必须对之有清醒的认识。而所谓正规性,所谓"学术独立之地位",正是写实主义的精神和师法造化的方法。徐悲鸿关于中国画改良的一句名言:

> 古法之佳者守之,垂绝者继之,不佳者改之,未足者增之,西方绘画之可采者融之。

何谓"古法"之"佳者""垂绝者",在他的心目中,便是宋画。我们看宋人的绘画,无论人物、鞍马,还是山水、花鸟,无不穷形极态,以形写神,无毫发遗恨而神妙直到秋毫巅,其所达到的写实的境界,虽比之于西方文艺复兴以后的写实主义绘画,也是毫不逊色的。进而联系到当时画家"外师造化,中得心源"的搜妙创真,不得对象真意不足贵,如荆浩的入太行山洪谷,写松万本,方如其真;范宽的卜居太华、终南山麓,长时期的静观默察,了悟于心;郭熙的饱游饫看,历历罗列于胸中;李公麟的对真马写生,几夺马之精魄;厉归真的深山窥虎;易元吉的丛林观猿;赵昌的晨露画花;曾云巢的草地觅虫……可见宋画的成就,决非偶然所致。这样的绘画,之所以"佳",便在于它的高度写实,之所以能高度写实,便在于画家的深入写生。写实而形神兼备,写生而中得心源,这其间有着严格的要求和严密的法则,或称之为标准、规范,也就是"六法":气韵生动、骨法用笔、应物象形、随类赋彩、经营位置、传移模写。

遗憾的是，这一优秀的传统，到了明清以后便渐趋"垂绝"，几乎中断，于是，"佳者"或了"不佳者"，丰足成了"不足者"。所谓"不佳者""不足者"，也就是背离了写实的精神和写生的方法，而是转向于写意的精神和摹拟的方法。

宋画的传统，因其正规性而有着鲜明的作为绘画的"学术独立之地位"。但其时，也有文人游戏笔墨的草草率笔，称作"翰墨游戏"，或称"墨戏"。正规画当行本色，它的画家便是有着"学术独立之地位"的"行家"，而文人画"翰墨游戏"，它的画家便属于客串的"票友"，又称"利家"或"戾家"，没有"学术独立之地位"。所谓没有"学术独立之地位"，主要是针对绘画的领域而言，在诗文领域，他们当然自有其"学术独立之地位"，有的甚至地位甚高。

问题是，从明清以后，文人写意画占了主流，于是，具有"学术独立之地位"的"行家"沦为不登大雅之堂的画匠，而没有"学术独立之地位"的"利家"反而高踞于画坛盟主的位置。于是，中国画的传统也就于背离写实精神和写生方法之后，一分为二。其一是正统派的模拟，其二是写意派的创新。

先说模拟。既然文人作画系作为"翰墨游戏"，而"翰墨游戏"的最好榜样便是书样。书法的"日课"是临帖，所以，绘画成了"日课"之后的基本做法也就是临画。临帖，临的是前人的范字，如二王、欧褚颜柳，临画，当然也是临的前人范本，如董巨、李范、王黄。绘画于是走上程式化的道路，无须写实、写生。

再看创新。创新在某些画家眼里，就是与众不同，而与真实生活的不同，正是与众不同的最佳选择，所以师心独创，不仅不要传统，而且不要生活，进而不要法度规范，托名于反对"泥古不化"，托名于"高于生活"，托名于"无法之法乃为至法"，一味地"我用我法"，又开创了胡涂乱抹的风气。

前者之弊在于"守旧"，它还是有法的，似乎仍具有"学术独立之地位",但所走的是书法临帖之法,作为绘画的"学术独立之地位"已发生了根本的动摇。

后者之弊,则因为完全不讲法度,所以使绘画的"学术独立之地位"丧失殆尽。"我用我法",各人可心随心所欲,也就失去了标准,失去了标准,当然也就没有"学术独立之地位"。

可见,作为绘画的"学术独立之地位",不在于创新与否,而在于规范和标准。任何创新,都是"有规则的游戏",失于了规范和标准的创新,不论怎样新奇怪诞,惊世骇俗,即使"虽曰妙解",实质上也属于"非画之本法","故不谓之画",至多只能视作轰动效应的"新闻"。所以,难的不在于创新,而在于规范和标准下的个性创造。撇开规范和标准的创新,实在是非常容易之事,不值一哂。宋人并不片面地强调创新,他们所强调的是写生、写实,外师造化而中得心源,穷其物理而尽其天机,于是新也就在其中了。明清人中,正统派的守旧自不必论,野逸派的写意正是片面地强调创新,这固然有功于针砭泥古不化,但对于作为绘画应有的"学术独立之地位"的规范——写生、写实的要求和"六法"之标准,破坏性之大,是尤甚于正统派的。

野逸派、写意画中,当然有高妙之作。如八大山人、石涛、吴昌硕、齐白石等,但再好也好不过范宽、赵佶,再高也高不过宋人。这是其一。其二,即使从他们好的一面来看,其实也掩蔽着极大的弊端和"病灶",只是因为他们的天分之高、功力之强(多为绘画之外的功力)、才情之富,把这些弊端压住了,没有让它爆发出来而已。而一般的人,缺少他们的天分、功力和才情,就百病暴露,难以收拾,具体如徐渭、扬州八怪等。

徐悲鸿的时代,正统派的势头已经大减,而野逸派、写意画的发展则波澜壮阔,不仅居于画坛的重镇,而且普及到社会的各阶层,稍能执笔者,几乎都以吴昌硕一路为归。正如清代华翼轮在《画说》中所指出:"画不可有习气,习气一染,魔障生焉。即如石涛、金冬心画,本非正宗,习俗所赏,悬价以待,已可怪异,而一时学之者若狂,遂藉以谋衣食。吁!画本士大夫陶情适性之具,苟不画则亦已矣,何必作如此种种恶态?"而傅抱石专门为之作批注云:"初学画者,切不可好奇务高,以合时好。安吉吴昌硕氏,以五六十年写篆之历史,出而为花卉,为蔬果,其迹简逸而味弥永,曾风漫中国矣!是以稍能执笔者,无不以吴氏画境自居,遂至荒谬绝伦,笑话百出!何昌硕之多邪?徒见其野气满纸而已。……故华氏之说,余必知其痛心已久而始发也。"

赵孟頫曾指出"近世"画风之弊有二,一是"但知傅色浓艳,用笔纤细,古意既亏,百病横生",一是"近世作士大夫画者",隶体客串,游戏翰墨,"所谬甚矣"。齐白石曾指出"绝似为媚俗,不似为欺世"。两相比较之下,"欺世"之风,其害尤大于"媚俗"。同理,徐悲鸿的时代,写意画之弊亦尤大于模拟画,因为,模拟画之弊,众所周知,所以要想反驳它就较易;而写意画之弊,托名创新,许多人不仅不识其弊,反而以弊为利,以病为妍——而这,与大家高手的化病为妍,完全是两码事:在大家高手,为西施捧心,在大多数追随者,则为东施效颦。

因此,徐悲鸿的大力提倡写实主义,强调法则,强调绘画的"学术独立之地位",主要正是针对野逸派、写意画的泛滥而发。因为,写意画的不求形似、无法而法、因心造境、我用我法、游戏笔墨乃至诗、书、画、印"三绝""四全",等等,正是根本上违背绘画之"本法",从而使绘画无法则可循,无标准可依而丧失"学术独立之地位",日趋衰微。要想挽回这种衰微,便必须重新建立作为绘画"学术独立之地位"的标准和法则,它便是写实。具体而论,便是"素描是一切造型艺术的基础"。尽管有不少人对徐悲鸿的这一观点持否定的态度,认为它取消或削弱了中国画的笔墨精神。但我们看宋人的绘画,如范宽、郭熙的山水等等,无不合于素描的原则,所谓"皴法",它有笔有墨,而其笔墨正是服从于素描的写实要求,从而才有可能使"石分三面",有阴阳立体的真实感。离开了素描式的真实描绘,所谓笔墨,只能沦为"游戏笔墨"的偶然趣味,而缺少甚至完全丧失绘画的必然性。

我们知道,办任何事情,当所采取的一种方法有必然性,则必然成功,也可能失败,则是偶然的;当所采取的一种方法无必然性,则必然失败,也可能成功,则是偶然的。当然,对于少数高于大家,因其天才和随机应变的能力,所以在某些情况下能化偶然性为必然性;但对于大多数人,偶然性是殊难转化成为必然性的。正因为此,所以,宋画的总体成就为后世无可企及,虽藉藉无名之辈的作品,也是那样的精湛;而明清画的总体成就则如江河日下,虽有八大、石涛等少数画家的出类拔萃,但即使名声显赫如扬州八怪,大多也酸颓草率。

徐悲鸿对明清以来的中国画持"衰败极矣"的观点,当然是从总体着眼,而不是否定个别画家的成就,旨在强调法度的必然性,以纠正丧失"学术独立之地位"的偶然性之泛滥。所谓"素描是一切造型艺术的基础",其价值不在西洋的素描还是中国的笔墨,正在于作为绘画"学术独立之地位"的法度。他认为:

> 艺术与科学同样有求真的精神。研究科学,以数学为基础,研究艺术,以素描为基础;科学无国界,而艺术尤为天下之公共语言。吾国现在凡受过教育之人,未有不学数学的,却未听说学西洋数学,学素描亦同样情形。但数学有严格的是与否,而素描到中国之有严格的是与否却自我起。其历史只有二十来年,但它实在是世界性的。

可见他的强调素描,正是强调有"严格之是与否"的必然性法度,维系绘画的"学术独立之地位"。否则的话,人人都无法而法,我用我法,取消标准,取消法度,托名"创新",实质是弊大于利的。素描的要义在于写实,尤其是山石的皴法,更是素描的方法,而宋画的要义也正在于写实,而不必强分"西洋素描"和"中国笔墨"。为此,他专门提出"新七法":

一、位置得宜，即不大不小，不高不下，不左不右；

二、比例准确，即毋令头大身小，臂长足短；

三、黑白分明，即明暗是也。位置既定，则须觅得对象中最白与最黑之点，以为标准，详为比量，但取简约，以求大体，不尚琐碎，失之微细；

四、动作或姿态天然，此节在初学时，宁过毋不及，如面上仰，宁求其过分之仰，回顾，必尽回顾之态；

五、轻重和谐，此指已成幅之画而言，韵乃象之变态，气则指布置章法之得宜，若轻重不得宜，则上下不联贯，左右无照顾。轻重之作用，无非疏密黑白、感应和谐而已；

六、性格毕现，或方或圆，或正或斜，内性胥赖外象表现。所谓象，不外方、圆、三角、椭圆等等，苦方者不方，圆者不圆——为色亦然，若红者不红，白者不白，更失其性，而艺于是乎死；

七、传神阿堵，画法至传神而止，再上则非法之范围。所谓传神者，言喜怒哀惧爱厌勇怯等等情之宣达也，作者苟其艺与意同尽，亦可谓克臻上乘。传神之道，首主精确，故观察苟不入微，罔克体人情意，是以知空泛之论，浮滑之调，为毫无价值也。

进而，在"新七法"的结语中，他又明确指出："此皆有定则可守，完成一健全之画家者也。其上则如何能自创一体，独标新格（非不堪之谓），如何寄托高深，喻意象外，如何能笔飞墨舞，进行自如……"云云，可见他对于"非法"的创造在艺术中的意义，也是看得很清楚的。但他的着眼点，始终是在"定则"、规范的方面，"非法"的创意，必须是在"定则"的基础上的升华，如果从一开始就否认"定则"，无法无天地胡搞一通，实际上并不是真正的创意，而不过是"不堪之谓"，是根本不具备作为绘画的"学术独立之地位"的。

这"新七法",虽然与宋画正规传统的精神方法相通,但由于这一传统"垂绝"已久,画坛上长时期的言必称"四王""四僧",尤其是言必称"四僧",使得画家们乃至整个社会上,对它已经相当生疏,以至于一提起"中国画",人们的心目中所涌现出来的形象便是"四王"的正统模拟派和"四僧"的野逸写意派,至多再有一个正统派不好、野逸派高妙的概念而已,至于宋画的搜妙创真、以形写神,简直就是"儿童相见不相识,笑问客从何处来"了。而其时,恰好西方艺术的东来,中国画家的西渐,文艺复兴以来合于科学精神的写实主义艺术,使人们眼界大开,耳目一新。因此,"新七法"所给人的印象,就显得西画的色彩更强一点。

所谓"西方绘画之可采入者",正是指文艺复兴以来合于科学精神的写实主义方法。不过,当时传来中国的西方艺术,事实上并不限于写实主义,同样也有各种现代主义的流派。但是,在徐悲鸿看来,由于西方的现代主义诸流派,与明清的写意传统颇有共同的流弊,因此,借鉴现代艺术,对于中国画的衰败,无异于雪上加霜。它不仅无助于继承、发扬中国画中"垂绝"的"佳者"传统,反而可能促使中国画中"不佳者""不足者"传统的变本加厉。因此,对于现代艺术,他是持激烈的抵制态度的。这一点,同鲁迅十分相近。

鲁迅也曾大力褒扬中国画的唐宋正规传统,贬斥明清文人画的写意传统。他认为,唐画线描的空实明快,色彩的辉煌灿烂,宋画写实的周密不苟,都是应该加以继承发扬的,而文人写意画的竞尚高简、流于空疏,则并不是一个好的传统。面对西方现代主义艺术的泛滥,他更鲜明地予以针砭,说是:"有些青年,不乐科学,便学文学,不会作文,便学美术,又不肯练画,则留长头发,放大领结完事。""较好者,则好大喜功,喜未来派、立方派作品,而不肯正正经经的画,刻苦用动。人面必歪,脸色必绿,然不能作一不歪之人面,所以其实只能作大幅油画而不能作末技之插画的;譬如孩子,就是只能翻筋斗而不能跨正步。……""盖中国艺术家,一向喜欢介绍欧洲十九世纪末之怪画,一怪,即便于胡为,于是畸形怪相,遂弥漫于画苑。"

这就使得明清以来写意画的不要法度,更加变本加厉,二者互为推动,使画坛沦于混乱的局面。对此,显然不是简单化地贬抑中国画的"保守",褒扬西洋画的"新意"所能予以纠正。所以,徐悲鸿又把投枪指向了西方现代派的各种主义:

> 近世艺人,欲摒弃一切古人治艺法则,思假道怪僻以造其至……欲矫情立异,变换万物,易以非象,改窜造物,易以非物,昧其良知,纵其丑恶,宣其佞弁,逞其眩惑……难在不堪,侈然标榜,令人齿冷……作不伦不类人物,诩为独创,媲美新派,怡然自乐,狂謦满地。……一时若非矫揉做作,则不克当美术者,甚妄如此。
>
> 吾居欧,亲见依傍新艺者,皆其学之不济者,骛为新奇,肆其诈骗。……一切皆贵创新,终不以不堪为别致,如今投机艺术,风行之新派,宣传者食利,张其狡佞,以惑感者。……吾国国艺事日衰,又欲从而效之,夫饥饿者不择饮食,必不服毒。

可见其鲜明的态度。据廖静文《徐悲鸿的一生》,记述了1929年时徐悲鸿与徐志摩关于西方现代主义在中国画坛的泛滥所展开的一场关于"惑"和"不惑"的论争:"悲鸿在《惑》一文中提出了自己的论点。首先,他列举了法国许多杰出的现实主义和浪漫主义大师的名字,以及他们的辉煌成就。接着他写道:'勒努幻(Renoir,今译雷诺阿)之俗,塞尚(Cezanne)之浮,马梯斯(Matisse)之劣……藉卖画商人之操纵、宣传,亦能震撼一时……美术之尊严蔽蚀,俗尚竞趋时髦。'他还激愤地写道:'若吾国"革命"政府,启其天纵之谋,伟大之计,高瞻远瞩,竟抽烟赌税一千万,成立一大规模之美术馆,而收罗三五千元一幅之塞尚、马梯斯之画十大间(彼等之画一小时可作两幅),为民脂民膏计,未见得好过买来路货之吗啡、海洛因。(在我徐悲鸿个人,却将披发入山,不愿再见此类卑鄙昏聩黑暗堕落也。)'……当时,油画家李毅士撰文支持徐悲鸿的主张。他在《我不惑》一文中写道:'我想,悲鸿先生的态度是真正艺术家的态度。''塞尚和马梯斯的作品,我研究了二十多年的洋画,实在还有点不懂。假如说,我的儿子要学他们的画风,我简直要把他们重重打一顿。……即使悲鸿先生的话不确,塞尚和马梯斯的表现都是十二分诚实的真情流露,但我觉得还是要反对他们在中国流行。那是一种不利于社会的种子。因为我认为在中国现在的情况之下,人心思乱了二十多年,我们正应该用艺术的力量,调剂他们的思想,安慰他们的精神。像塞尚、马梯斯一类的作品,若盛行在中国,冲动了中国的社会,我知道这祸害不浅哩。'"

徐悲鸿对西方现代艺术的观点,当然有他偏激的一面,但实在也有他的片面性真理,尤其是针对中国的国情而言,更可谓苦口的良药。西方现代艺术与东方的写意艺术颇有相通之处,这是众所公认的事实。雷诺阿、塞尚、马梯斯决非"肆其诈骗",这也是事实。但相比于古典写实主义的艺术,现代艺术更便于投机艺术家的"肆其诈骗",也是不可否认的。所以,即使如李毅士"研究了二十多年的洋画,实在(对他们)还有点不懂",并坚决不允许自己的孩子"学他们的画风",坚定地认为若让这"不利于社会的种子"在中国盛行,是"祸害不浅"的一件事。这与明清写意画即使有八大、石涛等大师,但由于其内在的"病灶"任由其泛滥所造成的祸害是同样的情况。这"病灶",便是"无法",也就是摒弃写实标准的随心所欲、"我用我法"。

当一件绘画作品,是写实主义的风格,则高手之作与庸工之作,其间的高下雅俗,判然可别,因为有法度可作为评判的标准。而当一件绘画作品,是现代主义的风格,则高手之作与庸工之作,其间的高下雅俗,实在是非常难以分明的,因为没有法度可据以作为评价的标准。例如 20 世纪 80 年代,上海展览中心曾举办了"首届中国油画展",代表了中国油画界的最高学术水平。上海某郊县一位业余画过几年中国画、但从来没有画过油画的作者,也胡涂乱挂了一件抽象画送评,竟给选中展出了。这是因为胡涂乱抹,谁也看不懂,而评委们为了表示自己的高明,能看得懂其间莫测的高深,便不懂装懂,把它给评了上去。想起来,像李毅士那样,研究了几十年的西洋画,敢于坦陈自己不懂现代派绘画的专家,今天已绝无仅见;而仅过一年半载工夫,便成为"前卫""先锋"的现代派画家、理论家的又实在太多,法度和标准的重要性,也就不言而喻了。

回到中国画的问题上来。试用素描来作分析,一位高手,一位庸工,两人同时画一个石膏写生,在2分钟之内难判高下,1个小时内也许还是难判高下,但画到2个小时以上,高下便越来越判然,20个小时以上,高者愈显其高,低者愈显其低。所以,在高手,在正规画,可以不断地往上做"加法",越画越扎实,越画越完美,在庸工,在写意画,则最好是不断往下做"减法",画得越少越是可以藏拙。所谓"删繁就简""多一笔不行,少一笔不行",实在成了藏拙的托词。最终的结果,便成了一张白纸,因为"多干多错,不干不错",一张白纸,也就成了深藏着无限玄机的最高明的绘画杰作。当写意画发展到如此的穷途,柳暗花明的是引进了西方的现代艺术,不妨进行胡涂乱抹,越是胡乱越有"创意"。但由于摒弃了法度和标准,这"创新"便成了只要胆子大、人人都会耍的把戏。试想,漫漶的泼墨、泼彩画,由刘海粟来泼,或由一位从来没有画过画的农村老太太来泼,其间的高下又怎样来评定呢?当然,刘海粟的画还是要比老太太的高,但并不是高在"无法"泼墨、泼彩,而是高在其钢筋般的"骨法用笔"。

所幸而又不幸的是,20世纪50年代以后,因极左的文艺思想,西方现代主义的艺术遭到了必要的抵制,但明清的写意传统不仅没有受到相应的批判,反而因其"人民性、民主性"的精华而得到了推崇;徐悲鸿所倡导的西方写实主义艺术成为为政治服务的"革命现实主义",但晋唐宋元的正规传统却并没有受到应有的评价,反而因其"封建性"的糟粕而受到了严厉批判。

20世纪80年代以后,改革开放,解除了政治对于艺术的禁锢,拨乱反正,却从一个极端走到了另一个极端。一方面,徐悲鸿所倡导的西方写实主义艺术因曾经成为极左政治的工具而被全盘否定,而西方现代主义、后现代主义的各种光怪陆离的思潮大肆泛滥;另一方面,正规传统的中国画,作为保守、缺少新意的包袱而被弃如弊履,而写意传统则因其创新的精神进一步得到弘扬并向社会迅速、广泛地普及开去。于是,就中国水墨画而言,便成为两个极端,一是弘扬传统、普及传统的人人昌硕、家家白石,另一便是与国际接轨、走向世界的现代水墨、实验水墨。二者互为攻讦,实质上都是以摒弃写实主义的法度、标准为旨归的。前者所导致的传统的急剧衰颓,是有目共睹的,所以,弘扬、普及写意传统,并不能真正弘扬传统,使传统中国画自立于世界艺术之林;后者所导致的中国绘画艺术的衰颓,则并非人人都能洞若观火。

深圳首届国际现代水墨双年展的论文集中称,现代水墨的"工作目标",乃是因为"20世纪末的世界危机四起,现代社会物质生产高度发展带来灾难性的后果",如何来把人类从这世界性的灾难中拯救出来,便是运用现代水墨来发起一场"图式革命","动用抽象语言去传达与远古文明相契合的人本主义精神",使作品由视觉符号的撷取转换成撞击心灵的寻求,"挑战今天的物质至上主义、功利主义、泛商品化和以反判而反判为特征的现代主义思潮","以对精神世界的体认为基础的向心灵空间和精神空间的拓展",来拯救"人被物化、人欲膨胀的现实危险"云云。换言之,现代水墨具有人类救世主的重大职责和意义。这就如黑格尔在《美学》中所预言,艺术将取消,而人类文化将全部趋向于哲学的观念形态。其结果,便是导致作为绘画"学术独立之地位"的法则、标准、价值被全部"解构"而"建构"起一种令人(包括画家和评论家本人)莫明其妙的"观念图式"。更有甚者,则把各种装置、拼贴、垃圾、废品当作了具有"高深意义"的艺术品","美"术于是转化成为精神污染的"丑"术。

《广州美术研究》1999年第二期周佐愚的《我对怎样评价艺术作品的一点看法》一文中提到,"美术界有个有识之士,他参加过一次重要的美术作品评选工作,他痛心地发现有些同志受到西方精神污染的影响,形成了一套离奇古怪的审美观。这位有识之士幽默地把这套古怪的审美观称之为'新六法'。而'新六法'的具体内容就是：① 把形象扭曲,当作是有风格。② 把目光呆滞,当作深沉。③ 完全不似,才是艺术。④ 不知所云,才有深度。⑤ 神同弱智,方见气质。⑥ 形同怪胎,才有味道。持这种古怪审美观的人,认为用社会主义现实主义的创作方法去表现现实生活,并且具有一定思想性的作品,都是'落后''老土',所以'不屑一顾'。只因为这些作品都不如那些按照'新六法'搞出来的作品那样离奇古怪、远离现实。"

需要指出的是,科技有先进、落后之分,如青铜器比石器先进、工业经济比农业经济先进;但艺术决没有先进、落后之分,如黄慎决不比李公麟先进,现代艺术也决不比文艺复兴艺术先进,古希腊的雕塑,中国的宋画,至少从目前来看,均为后世所难以企及。而现代艺术包括现代水墨之离奇古怪,比之"新六法"尤有过之,比之明清写意传统之"无法而法"更加无法无天,但其破坏审美、破坏法则的实质却是完全一样的。

周文还指出："英国电视台四频道报导美国中央情报局网罗了一批反共学者,他们认为：'为了保护自由世界,用抽象绘画在文化领域开展反共斗争,抵制共产主义宣传,是最合适的工具。'于是,中央情报局就用钱收买一批画家向社会主义现实主义开战。此事的创始者、前中央情报局局长汤姆·布雷说：'如果这样鼓动"先锋艺术"是不道德的,那我就以这种不道德为荣。因为对我来讲,这是中央情报局的辉煌业绩。'"

而早在改革开放的初期,面对资产阶级自由化的西方艺术思潮之涌入,邓小平在1983年的《党在组织战线和思想战线上的迫切任务》一文中便旗帜鲜明地提出:"文艺方面的一些人对文艺为人民服务、为社会主义服务的口号表示淡漠,对文艺的社会主义方向表示淡漠……对为社会主义现代化而奋斗的英雄业绩,缺少加以表现和歌颂的热忱。……有些人大肆鼓吹西方的所谓'现代派'思潮,公开宣扬文学艺术的最高目的就是'表现自我'……个别作品还宣传色情……"至于20世纪90年代以后的现代艺术,由80年代的"表现自我"走向"拯救世界灾难",其危害性就更大了。

那么,是否说,现代艺术作为"反共"的"最合适的工具",就意味着是弘扬资本主义思想、为资本主义统治服务的最佳艺术形式呢?社会主义需要抵制现代艺术,资本主义就必然拥护现代艺术呢?也不是的。据路透社1999年7月21日发自洛杉矶的电讯报道,56位美国学者和社会名流(包括前总统卡特和福特)在《洛杉矶时报》上联名发表文章,要求社会共同努力来制止"越来越有害的流行文化""净化文化,救救孩子!"这种流行文化,便包括了颓废的现代艺术。一方面,"绘画的个人化走到了极端,便与人间疏远,与现实隔绝,艺术品成为哑谜,成为视觉形式的游戏,甚至成为令人厌恶的东西";另一方面,取消了艺术的法则,也就是取消了艺术与非艺术的界限,最后便必然导致艺术的"自己消灭自己"。

可见,现代艺术包括现代水墨的胡作非为,并不是一个政治上姓社、姓资的问题,根本上是一个艺术上姓美、姓丑的问题。因为它姓丑,所以对社会文化和精神文明的建设就具有极大的破坏性,不仅社会主义反对它,资本主义同样反对它。因为它姓丑,所以对绘画艺术的建设就具有极大的破坏性,从艺术本体的立场也不能不认真地检讨它、抵制它。这同写实主义的艺术正好形成对照,尽管徐悲鸿的写实主义一度为极左的政治路线所利用,但资本主义的鼎盛期也曾大力地提倡过它,所以,也不是政治上姓社、姓资的问题,而主要是一个艺术上姓美、姓丑的问题。因为它姓美,所以对社会文化和精神文明的建设就具有极大的积极性,不仅社会主义拥护它,资本主义同样拥护它。因为它姓美,所以对绘画艺术的建设就具有极大的积极性,从艺术本体的立场也不能不认真地继承它、发扬它。

  一个社会,必须有健全的法制才能健康地发展;一项工作,必须有完善的法则、标准才能成功地完成。同理,绘画艺术的发展,也不能不以法度、标准为依据。而最明确的法度、标准,便是正规,便是写实。20世纪是一个多元化、同时又是混乱化的时代,包括艺术亦然。相对于此前的一元化,多元化"解构"了单一的、僵化的法度、标准,是一大进步;但它同时又"建构"了混乱、无序的"无法"无天,则是一大退步。如果说真有什么"世界灾难",也决不是法度、标准的过于明确、规范所造成的,而恰恰是混乱、无序的"无法"无天所造成的。社会竞争越激烈,法度、标准便应越明确,失去了法度、标准之规范的竞争,只能是恶性的不正当竞争,加剧"世界的灾难"和艺术的灾难。正是在这一意义上,反思写实主义和正规传统,反思徐悲鸿的功绩,在新的21世纪,必将提供我们以比之于现代艺术的无法无天更加有益的思考。在这方面,中国理应为人类作出较大的贡献。

(1998年)

05 第五讲
海粟之狂——刘海粟艺术论

刘海粟（1896—1994），江苏武进人，名槃，字季芳，号海粟。青年时两次渡日，两次旅欧，通中西绘画。中国画擅长山水、花鸟、动物，兼工诗词、书法，并长期致力于美术史论和美术教学，为中国当代美术教育创始人之一。曾任上海美专校长、南京艺术学院名誉院长、中国美术家协会上海分会副主席。

大红大绿，亦绮亦庄，神与腕合，古翥今翔，挥毫端之郁勃，接烟树之微茫，僧繇笑倒，杨升心降，是之谓海粟之狂！

这是1979年刘海粟自题《江山如此多娇图》的一段画语。此图画青山白云、红树茅屋，章法上一层坡、二层树、三层山，纯为传统的格局，但画法以泼墨泼彩为之，山峰与云气、云气与树影，互相撞击、扭结、融会、隐现、升降、起伏……动之以旋，气势非凡，确乎是可以令"僧繇笑倒，杨升心降"的。所谓"狂"，作为刘海粟的基本艺术性格，主要是指其气势的猛烈、超出常度而言。确实，刘海粟不是一位循规蹈矩的画家，不是一位温文尔雅的画家，他的艺术血脉中，所奔腾着的是"破坏"的血液，同时也就是创造的血液。在当代中国画坛，刘海粟是一位伟大的"破坏"者，同时又是一位伟大的创造者。尽管就艺术天赋而论，就艺术的格调品位而论，他比之黄宾虹、齐白石、林风眠等均有所逊色，但是，他敢于狂肆地去"破坏"、去创造的精神,却是其他任何画家所不可企及的。

事实上,除《江山如此多娇图》之外,类似"海粟之狂"之类的题跋,在刘海粟的作品上是屡见不鲜的,略举数例如:

素描写出家国悲,泼墨狂扫风云壮!(1943年自题《英雄落魄图》)

泼墨狂扫风雨快,笔所未到气已吞!(1969年自题《风雨图》)

乘兴泼墨泼彩,神韵无毫差;视余豪气犹昔,他日未易量也!(1975年自题《设色云山图》)

画黄山天海,自成变态,用笔设色,气韵标致,辄自奔放,不为世俗之心所怵,可尚也。(1976年自题《天海滴翠图》)

我画的红梅很多,画这两枝梅花,讲章法,讲不出特别的章法来:作对轴线的交错,直幅的画面,章法比较不同的是以前古人没有这样画梅花的。突出一个"狂"字,梅花的神似与花的层次。(1978年在中国美术馆演讲《中国画的继承与创新》)

掷笔卷波涛,长啸迎天风!(1982年自题《海门莲花峰图》)

乘兴写红梅,所谓从心所欲不逾矩,猖狂妄行而蹈乎大方者也。(1984年自题《金笺红梅图》)

文与可画竹,胸有成竹。郑板桥画竹,亦不能说胸无成竹,因其多得于纸窗粉壁、日光月影中耳。刘海粟画竹,确胸无成竹,浓淡疏密,随手写去,笔墨在意象之外,气味又在笔墨之外。此非刘海粟之狂言也,乃神会耳!(自题《墨竹》)

等等,不一而足。这种旨在"突出一个'狂'"字的创作,完全是感性型的,而不是理性型的。刘海粟一贯主张,艺术不可拿理智去分析,"制作艺术应当不受别人的支配,不受自然的限制,不受理智的束缚,不受金钱的役使;而应该是超越一切,表现画家自己的人格、个性、生命,这就是有生命的艺术,是艺术之花,也是生命之花"。画家当作画之际,本着自己炽烈的情感去表现自己所感觉到的自然对象,顺着自己的内心感受随笔写出,便是成功的艺术。"若还拿理智来分析研究,那必使艺术变作技巧化,将艺术的价值、艺术的趣味降低或者根本推翻"(1923年《艺术是生命的表现》)。他曾多次现身说法,说自己常常会在看到一种自然界瞬息的流动线、强烈的色彩的时候,被激动得体内的热血像要喷出来,有时就顷刻间用色彩或线条把它写出来,写好之后,觉得无比快活,但自己却不知道当时是如何画的。相反,有时很精心地想制作一张画,很认真地去找对象,结果反而失败。因此而理解到"绘画就是创作的动机纯在直觉里面,表现出自己的生命来;倘使没有生命,即使大规模地铺张起来,也没有什么意义"(同上)。这种感觉型的创作习惯,一直到其晚年仍相沿不改。粉碎"四人帮"以后,长期深受其害的刘海粟心情万分激动,精神更加振奋,在上海复兴中路的工作室中处于创作的激狂之中,画了将近四个月时间,有时一天就创作三四幅巨画,黄海、匡庐、急流、险峰、紫藤、红梅、白凤、大鹏、荷花、葡萄……往往每幅画都要经过四五次的泼墨泼彩。每当把一幅画完成后,题上诗跋,时而狂草,时而行楷,张挂起来,自己先大声呼叫:"好!太好了!好极!"得意忘形,狂态可掬,以至屡次叫家人和许多老朋友、学生一起来欣赏其进行中的作品。在这前后又经常走出画室,当众挥毫,观者如堵!略举数例如:

> 西郊公园写生,观者如堵,驰毫骤墨画熊猫,一挥而就,憨态可掬。坡公云:"当其下手风雨快,笔所未到气已吞。"个中人许道只字。(1975年自题《熊猫图》)
>
> 刘海粟至南翔写生,观者如堵,泼墨画芭蕉,风落雷转,一挥而成。坡公云:"当其下手风雨快,笔所未到气已吞。"个中人许道只字。(1975年自题《绿天岐秀》)
>
> "四人帮"粉碎后,在举国欢腾的时候,……我同一家人和许多学

生一起到西郊公园画荷花。池塘里一片荷花,红莲翠叶在和风欢舞,我兴奋极了,立刻架起画板,用五尺宣纸,先泼墨画荷叶,又泼彩覆以石绿,用朱砂画荷花,以石青、朱砂、石黄等各种颜色画了一对鸳鸯,又以重赭画茎和莲蓬。(1980年《诗书画漫谈》)

按"当其下手风雨快,笔所未到气已吞",是苏轼对吴道子画品的评语。据画史记载,吴道子神假天造,英灵不穷,号称"画圣",其画风皆须意气而成。尝观裴旻舞剑,以助挥毫,舞毕奋笔俄顷,有若神助;又尝画兴善寺中门内神圆光,长安市肆老幼士庶竞至,观者如堵,其圆光立笔挥扫,势若风旋,万口喧呼,惊动坊邑。其气魄之大,自非一般的画家所能望其涯涘。

不过,从宋代以后,伴随着文人画思潮的沛然涌起,这种豪放博大的画风日渐萎缩。苏轼将吴道子与王维作了比较:"吾观画品中,莫如二子尊,道子实雄放,浩如烟波翻,当其下手风雨快,笔所未到气已吞。……摩诘本诗老,佩芷袭芳荪,今观此壁画,亦若其诗清且敦。"所以,"吴生虽妙绝,犹以画工论,摩诘得之于象外,有如仙翮谢笼樊。吾观二子皆神俊,又于维也敛衽无间言。"(《凤翔八观》)至邓椿《画继》,又将吴道子与李公麟作了比较:

> 画之六法,难于兼全,独唐吴道子、本朝李伯时始能兼之耳。然吴笔豪放,不限长壁大轴,出奇无穷。伯时痛自裁损,只于澄心纸上运奇布巧,未见其大手笔。非不能也,盖实矫之,恐其或近众工之事。(《论远》)

李公麟要矫正吴道子的画风,对吴当众挥毫、万口喧呼的情景,他并不羡慕,更无心仿效,他所追求的不再是激烈动荡的境界,而是平心静气的境界,因此而需要独处默照、静以求之。这种境界,也为嗣后的文人画家所普遍追求,从而导致了传统绘画阳刚之气的凋敝,阴柔之美的弥漫。

毫无疑问,阴柔美自有其沉静、内敛、文秀、冲淡的韵致,但积文积弱的结果,不免沦为萎靡不振。从这一意义上,"海粟之狂"对于当代中国画的重新崛起,无疑起到了振聋发聩的冲击作用。

所谓"海粟之狂",不仅是指其艺品而言,同时也是指其人品而言。这并不奇怪,中国画向来讲求艺品与人品的统一;而根据刘海粟的观点,艺术更应该是画家个体生命情感的袒露,所以,观其画如见其人,而知其人又反过来有助于我们识其画。他是一个容易激动的人,悲则大悲,喜则大喜,情动于中,形发于外。

1914年,刘海粟看到石涛和塞尚的作品,"不觉就狂叫惊绝,认为他们的伟大不是无因的;他俩各自创造各人的世界,各人放射各自的光芒,不仅是艺术界的先觉者,分明是人类思想界的巨人。"(《石涛的艺术及其艺术论》)

1924年,上海美专教务长吴新吾去世,刘海粟骤获噩电,"不觉号啕狂呼,家人四集,皆诧骇无所措,余失知觉,顿足暴跳者半日。……余与济远即赴常(州),……车行后,济远与亚尘相对饮泣,余则连声狂呼曰:'梦耶!其信然耶!其电之误传耶!真耶!则吾兄之盛德而不永其年,而如是其惨死乎?或未可以为信也。'一路狂呼,见人即告,群目为疯人焉。"(《哀新吾先生》)

1925年,阅俞寄凡著《人体美之研究》,"披览一过,实得我心,为之狂喜。"(《人体之研究·序》)

1972年,获悉周颖南"决定最近期回国观光,一切面谈云,闻之狂喜。"(《致周颖南函》)

1980年,七上黄山,"站在罗汉盂钵两峰对面,饮过一杯清泉,几缕红光掠过山肩,唤起我一段难忘的回忆:五四年在始信峰上远眺,一抹丹霞投射在一排远峰顶尖,迅速把山头染得通红,仿佛是红玉刻成的宝塔,朝天椒、盂钵、竹笋……光焰刺目。我被这从未见过的风光所攫住,狂喜得大声叫绝,为之顿足,为之抚掌,真是人间绝景!"(《黄山谈艺录》)

以这样的性格去作画,又怎能不是"海粟之狂"呢?

对于中外美术史的研究,刘海粟所特别推崇的,也是那些富于破坏精神和创造精神的、容易激动而偏重意气的画家。中国的吴道子、徐渭、石涛等自不在话下;对于西方画家,他最为心仪凡·高,并热情洋溢地称之为"狂的天才":

> 凡·高是近代艺坛最伟大之画家,他是天纵之狂徒,……因为那些传统的拘束的画法,他是不能受的。他只拿他独觉的心境,表现他那狂的天才!……他在灿烂闪烁的太阳下面,燃着了内心狂激的热焰,像风车一样转动他的画笔,令人观之虎虎有生气。这种飞跃而出之绘画,生命之泉也,其至高之情绪能使人奋发,能使人勇拔而慰藉,……狂热之凡·高,以短促之时间,反抗传统之艺术,由黯淡而趋光辉,一扫千年颓废灰暗之画派,用其如火如荼之色彩,自己辟自己之途径,以表白其至洁之人格,以其强烈之意志与坚卓之情操,与日光争荣,真太阳之诗人也!其画多用粗野之线条和狂热之色彩,绯红之天空,极少彩霞巧云之幻变,碧翠之树林,亦无清溪澄澈之点缀,足以启发人道之大勇,提起忧郁之心灵,可惊可歌,正人生卑怯之良剂也!吾爱此艺术狂杰,吾敬此艺术叛徒!(《艺术叛徒》)

这既是对凡·高的赞辞,同时也是刘海粟的夫子自道。早在1917年,上海图画美术学校举行成绩展览,陈列有人体习作,城东女校校长杨白民观后大骂:"刘海粟是艺术叛徒,教育界之蟊贼!"一时舆论界纷纷扬扬,群起而攻,刘海粟则以"狂的天才"砥柱中流,干脆以"艺术叛徒"自号自励,一如西方"野兽派"之先例。并公开宣布:

> 非性格伟大,决无伟大的人物,也无伟大的艺术家。一般专门迎合社会心理,造成自己做投机偶像的人,他们自己已经丧葬于阴郁污浊之中,哪里配谈艺术,哪里配谈思想?伟大的艺人,他是不想成功

的,他所必要者就是伟大。他那伟大,不是俗人的虚荣,不是军阀的战胜,是一切时间上的破坏,而含有殉教的精神。奇苦异辱,不能桎梏他的生涯;贫困寂寞,时时锻炼他的性灵。虽然在悲歌之中,也能借其勇气而自振,他实在是创造时代之英雄,决不是传统习惯的牺牲者,更不是社会的奴隶,供人揄扬玩赏。伟大的艺人,只有不断地奋斗,接续地创造,革传统艺术的命,实在是一个艺术上的叛徒!

现在这样丑恶的社会,浊臭的时代里,就缺少了这种艺术叛徒。我盼望朋友们,别失去了勇气,大家来做一个艺术叛徒!什么主义的成功,都是造成虚幻之偶像,所以我们不要希望成功,能够破坏,能够对抗作战,就是我们的伟大!能够继续不断的多出几个叛徒,就是人类新生命不断的创造。(同上)

这就再也清楚不过地将"狂"看作了艺术革命的一个标志:传统艺术的破坏,端赖于"狂",时代艺术的创造,亦端赖于"狂"。

刘海粟是当代艺术革命运动的倡导者。早在1912年与乌始光、张聿光等创办上海图画美术学校时,就提出宣言:"第一、我们要发展东方固有的艺术,研究西方艺术的蕴奥;第二、我们要在极惨酷无情、干燥枯寂的社会里尽宣传艺术的责任。因为我们相信艺术能够救济现在中国民众的烦苦,能够惊觉一般人的睡梦;第三、我们原没有什么学问,我们却自信有这样研究和宣传的诚心。"而当时,刘海粟还只是一个十七岁的少年!嗣后,刘海粟鼓吹美术革命的各种"狂言""狂论",时时见诸报端,大有"当今之世,舍我其谁"之概。在当时,要在中国的社会上树立美术学校的旗帜,发起美术革命的运动,实在是件极不容易的事情。但是,刘海粟和他的朋友们凭着良心和兴味,抱着"知其不可为而为之"的态度,振作着坚强不屈的精神做去,在颠沛困难中,有如逆水行舟,艰苦奋力地前进。尤其是在美术教学中创始使用人体模特儿,在"这样尊崇礼教的中国,衣冠禽兽装作道德家的社会里",简直就是一件冒天下之大不韪的惊天动地之举。一时訾讼纷纭,群盲啾啾,视模特儿为洪水猛兽。正是在这样的形势下,刘海粟鼓其勇气,奋起反击,表现了冲决一切罗网的大无畏精神。

刘海粟特别欣赏石涛的一段话:

> 至人无法,非无法也,无法而法,乃为至法。……动则曰某家皴点可以立脚,非似某家山水不能传久,某家清澹可以立品,非似某家工巧只足娱人,是我为某家役,非某家为我用也。纵逼似某家,亦食某家残羹耳,于我何有哉?(《画语录·变化章第三》)

刘海粟认为,"石涛之创造精神,非他人所能及。观其作品及画论,超脱不凡,不泥古,不涉今,笔锋锐利,随感情所至。……此等精神,此等气概,确能冲决一切罗网,而戛戛独造焉!"然而,当有人问他:"尔所画者,莫非即其法乎?"他又明确表示:"不,不。吾画非学人,且无法,至吾之主义,则为艺术上之冲决罗网主义。吾将鼓吾勇气,以冲决古今中外艺术上之一切罗网,冲决虚荣之罗网,冲决物质役使之罗网,冲决各种主义之罗网,冲决各种派别之罗网,冲决新旧之罗网。将一切罗网冲决焉,吾始有吾之所有也。"(《石涛与后期印象派》)这确乎有些"狂人""狂言"的味道。

基于这样的认识,回过头去看他那"海粟之狂"的绘画作风,那种无古无今、非中非外、激情喷薄、气势非凡的笔歌墨舞,诚如郭沫若题其1926年所创作的《九溪十八涧》所说:

> 艺术叛徒胆量大,别开蹊径作奇画;
> 落笔如翻扬子江,兴来往往欺造化。
> 此图九溪十八涧,溪涧何如此峻险;
> 鞭策山岳入胸怀,奔来腕下听驱遣。
> 石涛老人对此应一笑,
> 笑说吾道不孤了。

二

"始知真放本精微,不比狂华生客慧",这是苏轼的两句论画诗。邓椿《画继》卷九在引述这两句诗时,认为"一语之确",于画道"曲尽其理""有不期合自合者"。确实,艺术上的"狂"也好,"放"也好,必须以"精微"为根本,才不致沦于轻狂、狂妄。前引刘海粟自题《金笺红梅》有云:"所谓从心所欲不逾矩,猖狂妄行而蹈乎大方者也。"也正是"真放本精微"的意思。

艺术固然是真性情、全人格的袒露,但还必须具备袒露性情、人格的技巧和手段,否则的话,"有道无艺,则物虽形于心,不形于手"(苏轼《书李伯时山庄图后》)。如苏轼得文同传授"画竹必先得成竹于胸中"的经验后,心识其所以然而实不能然:"夫既心识其所以然而不能然者,内外不一,心手不相应,不学之过也。"(《文与可画筼筜谷偃竹记》)刘海粟一面提倡艺术革命,要求抒写真性情、全人格,一面又创办美术学校,对学生进行严格的基础训练,道理正在于此。当时有一些皮相之士,认为刘海粟既提倡艺术革命,则其于画学之教授,必主自由涂抹而反对定法,主意笔而废工笔。刘海粟明确答复说:

> 非也。吾所谓自由者,求理法中之自由,非理法外之自由也。盖绘画问题,第一,须养成其创造性与主动性,与其间接不如直接。教者对于学者,先示以理论法则,使本其天性而直接审察自然界之真相,斯符美学之本旨而得其天趣,在学者亦乐于实习以发抒其美感。第二,须养成观察能力。观察力之养成,非可以卤莽为也。……第三,须注意光色变化之原理而证其观察力,免蹈成见之固执。第四,须端正其平日之习惯,使之自然倾向于正确一途。苟行以上诸法,则与美术之本旨无背,绝无以艺术强制真美之嫌,亦可免记号作画之讥也。(《画学上必要之点》)

观刘海粟早期的画品，大都点划工稳，不作狂态，体现了扎实的传统功夫。如作于1926年的《九溪十八洞》学石涛，作于1932年的《飞瀑图》亦学石涛，作于1955年的《洞庭西山图卷》有赵幹的遗意，《富春江渔乐图卷》则有黄公望、董源的韵致，作于1956年的《庐山含鄱口泼墨图卷》学二米，《没骨青绿山水》则仿董其昌、张僧繇，此外还有《仿唐六如极得意笔》《模石田大石山图卷》《临石涛松壑鸣泉图卷》等，无不形神俱似，深入古人堂奥。真正大规模地突破传统之作，大多产生于20世纪70年代以后。

事实上，刘海粟尽管大声疾呼，要求破坏传统艺术，创造时代艺术。但他深知，时代正是传统的历史发展，因此，破坏首先必须基于深刻的研究和理解。所谓"穷古今东西各派各家之画，而又努力冲决其樊篱，将一切樊篱冲决矣，吾自有吾之所有也"（《国画苑》）。盖与董其昌所论："若别无骨肉，说甚虚空粉碎，始露全身？"（《画禅室随笔》）丝丝合拍，若合符契。

刘海粟对于传统，曾投下过深刻而系统的研究功夫。早在1931年游历欧洲时，与彼邦硕彦，往还论艺，即以"六法论"作为"中国绘画上之根本问题"，乃著《中国绘画上之六法论》，以谢赫为中心，穷流溯源，条分缕析，洋洋三十余万言。这在当时的画坛上，是绝无仅见的。他对"六法"的研究，始终强调以"气韵生动"为"最高的准则"，此外五法则是达到这个准则的必要条件，而尤以"骨法用笔"最为重要。同时，"我们在那儿发现同一是气韵生动，有其不同的风格（style）；简而言之，可分为三，一种是'泼辣的力量'，一种是'连绵的情致'。所谓'颇得壮气''神气''气力''遒举'，都是属于前者；所谓'飘然''连绵''风趣'，都是属于后者。也有兼着二者的，如'体韵遒举，风采飘然'。然谢赫称道最多的是前者，而称道最力的，是兼有二者的。我来作一比喻，前者可拟为汉高祖歌'大风起兮云飞扬'，后者可拟为汉武帝'是耶非耶'，兼有二者的可拟为项羽歌'虞兮虞兮奈若何'；古来一切艺术，都逃不出这三种风格。而伟大的正是前者，深刻的正是兼着二者。"刘海粟的这种观点是否正确另当别论，但在"六法"的研究中,确乎是发前人之所未发的一家之言,而且是与他个人的艺术性格相吻合的。换言之,他对于"六法"的研究,更多的不是"我注六经",而是"六经注我"。因为他个人的艺术性格是奔放不羁的,因此,他从"六法"中所发现的,也更多的是"泼辣的力量"或兼有二者,而对"连绵的情致"则未免掉头不顾了。综观全书,如论"王廙一派,以为作品是人格的表现,画家不能不以人格的修养为艺术的始基";论顾恺之画论的重心,"第一,精神,所谓'生气',所谓'弥纶',所谓'超豁高雄',所谓'奔腾大势',所谓'情势',都是活泼泼的精神之表现,也可以说是力的表现";论骨法、风骨、骨气,"凡所谓骨,乃是一种'生生的力量',……表现骨法的用笔,即画家落笔,于聚精会神中,便显出生生的力量",等等,实际上正是其一以贯之的艺术目标。向着这一目标的勇猛精进,最终形成了"海粟之狂"的艺术风格,出新意于法度之中,寄妙理于豪放之外,也就不足为怪了。

  1935年,刘海粟又撰写了《国画苑》一书,对中国传统绘画的历史作了一次系统的梳理。类似的著作在这前后并不少见,如黄宾虹的《古画微》(1925年)、潘天寿的《中国绘画史》(1926年)、郑午昌的《中国画学全史》(1929年)、日人大村西崖的《中国美术史》译本(1930年)和俞剑华的《中国绘画史》(1937年)等,但大都以史料堆积为主,而缺少实际的验证和现实的价值。刘海粟的《国画苑》,如果作为资料参考,不免太过简略,但其不同于众的特点,正在于敢于结合现实发表自己的创见。他以"艺学者,在生命之活动,表白其伟大之性灵与独得之感兴"的精神贯穿全书,以论解史,以史证论,肆意褒贬,新意迭出。最后得出结论,其中特别值得我们加以注意的有两条,其一:

    吾国画学,至今而衰敝极矣!岂止衰敝,且将绝灭!至郡邑无闻画人者,二三名宿摹写"四王""二南"之糟粕,枯笔、工笔,类皆味同嚼蜡,高天厚地,必是作画囚以自炫。或模山范水,梅、兰、竹、菊,萧条之数笔,则大号曰名家。其能刻实研攻者,亦迷于派别之说,限于门户之见,以致风趋益下,习俗愈卑,无由自拔。右"云间"者,深讥"浙派",祖"娄东"者,辄诋"吴门"。临颖茫然,奥窔难洞。呜呼!画理之精微,艺学之博大,岂区区一家一派之所能尽耶?门户派别之见愈深,其为古人所束缚愈难自解。以故近来画家之艺术心境,日益浅狭,汲而易竭,其支离灭裂,固亦宜矣。

所以,必须打破门户之见,不为传统所缚,一以"表白吾人之生命、人格"为旨,至于"对于过去艺术流派之辨难,乃为艺术常识应有之修养,要以不妨害自身之发展。……若仅模仿过去流派之外表,则已失研究艺学之正确态度,不足道矣"。其二:

> 今之人固有摹古不化,习焉不察,扣盘扪烛,禁锢终身,不能自拔者。然亦有好为怪诞,摒弃古人真迹为不足观,自恃聪明,奢言创造,入魔道而莫之悟者。是皆盲者试步,非有真知。呜呼!非深知奥窔,搜采广博,极深研几者,岂有转移历史之新创哉!

一方面深恶痛绝地坚决反对束缚于传统,一方面又深恶痛绝对坚决反对摒弃古人而奢言创造。这正意味着刘海粟通过对史的研究所达到的对于传统与创新关系的深刻、辩证理解。所谓"岂有转移历史之新创哉",盖与董其昌"岂有舍古法而独创乎"之论遥相呼应,依然还是"若别无骨肉,说甚虚空粉碎,始露全身"的意思。

基于对传统画论、画史的深刻、系统的研究,刘海粟清醒地认识到,中国画的基本特征有二,一是"意境",一是"笔墨"。他后期的创作,无论怎样狂放,也无论对于传统之突破的幅度有多大,但始终在"意境"和"笔墨"这两个基本特征上立定脚跟,所以,不失其作为中国画的传统风貌。这两方面的修养应该怎样得到呢?他认为:"意境来自艺术家对生活的沉潜,对客观世界的探赜钩奥。……笔墨方面的修养,则除了辛勤劳动,'拳不离手,曲不离口'外,更重要的是从学习前人的经验得来。学习前人,应该广收博览,兼容并蓄。杜子美说:'读书破万卷,下笔如有神。'董其昌说:'不行万里路,不读万卷书,欲为画祖(其可)得乎?'这些都是很精辟的见解。"(1957 年《谈中国画的特征》)一方面是"狂"的表现,要求冲破一切罗网,包括生活的罗网和传统的罗网;另一方面又是老老实实地用功,要求沉潜到生活之中,沉潜到传统之中。这两者构成多么强烈的反差!然而,它们在"海粟之狂"的全部艺术生涯中,并不是矛盾冲突的,而恰恰是和谐统一的,不入罗网,站在罗网之外,又有何"冲突罗网主义"之可言呢?

刘海粟在生活方面所投下的功力也是艰苦卓绝的,尤其是他十上黄山之举,已经成为当代画坛上脍炙人口的美谈。早在其六上黄山时,他便已画了大量黄山写生,有油画,有国画,有泼墨,有泼彩,也有白描,游览诸峰,随手写景,不落寻常。有的以骨线为主,辅以干湿不定、深淡不同的墨色,勾勒岩石的纹理、峰峦的结构;有的以墨气为主,使云霞在奇峰松海中飘动,"外师造化,中得心源",表达出画家对黄山的深厚感情;也有的以复杂的笔调,画出阔大的境界,浓郁的石青、石绿、朱砂流光溢彩,与骨线、墨气相映照,表现出黄山在阳光的照射下发出耀眼的闪动、浑涵汪茫、千态万状的奇观。他曾受石涛的影响,自称"黄山是我师";而从此以后,则曰:"昔日黄山是我师,今日我是黄山友。"这不但说明了他画黄山的过程,而且也说明了黄山在其艺术道路中的重要性,从师到友画黄山,实际上证明了画家与黄山的关系,已经达到了"不知我之为黄山、黄山之为我"的"神遇迹化"的境界,诚如石涛《苦瓜和尚画语录》所云:

> 山川使予代山川而言也。山川脱胎于予也。予脱胎于山川也。搜尽奇峰打草稿也。山川与予神遇而迹化也,所以终归之于大涤也。

其八上黄山以后,更体会到黄山为天下绝秀,千峰万嶂,干云直上,幽深怪险,诡奇百出,晴岚烟雨,仪态万方。其一泉一石,一松一壑,不仅发人诗思,惠人画稿,提供无限美境,亦或使人心旷神怡,无言对坐,相看不厌,终日忘机。昔人所谓"到此方知""岂有此理""不可思议"……良有已也。朝朝暮暮山常变,暮暮朝朝人不同,山越变越美,常看常新,画家对自然美的理解和表现手法也越变越美,常看常新。至此,画家所画黄山,包括速写、素描、油画、国画、勾勒、没骨、泼墨、泼彩等形式,大则丈二巨幅,小则斗方册页,再小如明信片,不下数百幅,而依然觉得画不厌、看不足,感情之深厚,难以言传。

其九上黄山以后,自题《黄山颂》长歌有云:

> 昔我师黄山,今作黄山友。黄山盘礴三千里,九度登临值重九。万顷碧峰波涛连,千仞紫霄龙蛇走。松石海泉成四绝,湖溪潭瀑叹无偶。泰岱虽雄伟,西岳徒峭陡,匡庐衡嵩及峨嵋,五岳名山此尽有。青鸾紫石耸天都,云际莲花皆探首。老龙石柱跃云门,狮子松林云外吼。崔巍宝塔压轿顶,罗汉望仙合掌久。夫子卧云餐丹霞,醉翁磨槃莲蕊酒。踏遍翠微出玉屏,始信天都望北斗。山乎终古寿无限,我欲与之长相守!

刘海粟对于黄山的描绘,不仅注重当场的即景写生,而且注重"并记在心"的默写,因此,他的创作不仅眼到、手到而且心到。他曾给人民大会堂上海厅绘制大幅《黄山狮子林》,用大泼墨法,前景松石用焦墨铁线勾出,中锋悬腕,极其倔傲;山峰用淡墨画出轮廓后再将墨水浇上去,浩茫汹涌,云气氤氲;稍干再泼,层次分明,块面有别;山谷背阴处,墨色较深,用色亦多跌宕之致。作此画时,围观者不少,有人提出疑问:"你多年没上黄山,为什么画得这样逼肖这样美呢?"刘海粟回答说:"朋友,我虽然和黄山阔别二十五载,但是这座宝山在我心中是有生命的活东西。我不断用爱滋养着她,正如她长期用坚定的信念在勉励着我一样。在六上黄山的过程中,我对她的面貌个性,多少作过一些研究,光有热情,印象浅了,记不准,也不可能画出来。"(《黄山谈艺录》)同时,结合写生和默写的功夫,他还注重临写前人画黄山的成功之作,隽雅的、狂放的、险怪的、平淡的、浑厚的、华滋的……加以比较分析,最终选定了自己的绘画途径,也就是壮阔雄奇的"海粟之狂",从内容到形式,都追求壮美的境界。

其实,与其他前辈画家所画黄山一样,刘海粟所画黄山的"逼肖",主要是一种神韵上的逼肖,而不是外貌上的逼肖。早在 1935 年所著《国画苑》中,他便开宗明义地对西方美学家"艺术为模仿自然"的观点表示不满,认为:"其言在艺术家之积储上,在艺术之取材上,原可成立。"但"艺术之要求,假使只是在求自然界之一片形似;艺术之精神,只以模仿自然为止境,则艺术在根本上失去存在之理由矣。"因为,既然自然的真本具在,既然有模仿自然更能形似的工具如照相机等在,又何必而求诸艺术、求诸绘画?结论:唯"多能超脱自然外观,不囿于视觉之限制,以表达画人伟大之心灵与独得之感兴,而尽绘画之极致也。"正如既要超脱传统的外观,又要深入传统的内蕴,深入自然的内蕴,对于超脱自然的外观,并不是多此一举,而是"真放本精微"的一道必不可少的根本功夫。刘海粟作比喻说:"吾常觉艺术家有类乎食桑之蚕,蚕所食者为桑而所吐者为丝,丝虽是植物之纤维变化所成,然已非桑之原叶矣。艺术之作品亦然,自然界如一株极繁茂之桑,艺术家在此桑木上,可尽量取其叶而食之;盖从艺术家自身之修养,如印象之积储,原有采集自然之必要。"这一比喻,直到他晚年,依然常常挂在嘴上。凡此种种,都不是抵消了"海粟之狂",而恰恰是提供了"海粟之狂"所赖以"推倒一世之智勇,开拓万古之心胸"的厚积薄发的坚实基础。

三

刘海粟的时代,正当中西文化激烈碰撞之际,绘画的发展更首当其冲。一般冬烘,盲于中国画而大骂西洋新派画;一般乳臭,则迷于西洋画而滥施攻击传统中国画。刘海粟则早在1923年便明确指出是"皆未明国画之为国画,西洋画之为西洋画也。殊不知万国作画,皆逐时代而递嬗,故欧洲古典派之画与唐画相同,写实派之画与宋画相同,以至元画废弃形似,倡为士气,即与印象主义以后之画趋一致焉。清湘(石涛)余推为后期印象主义之元祖也,其画其论,以视今日之新艺术思潮又如何"?而当清代以降,中国画一往滔滔,呈不可救药之势焉,"近来西洋画行将尽量输入,一般皮毛未窥而对国画动辄妄加批评者,是皆知其一而不知其二者也。美专高师科诸同学,对于国画与西洋画并皆研究,其中英绝之士应运而兴,类能融合中西,……不啻我国画界辟一新纪元也"(《文人画集序》)。按刘氏在此,仅就中西绘画的时代共性而言其"相同",而未就其民族个性而言其相异,未必妥当;简单地以古典派比附唐画、以写实派比附宋画、以印象主义比附元画,更有欠允当。但他在这场中西之争中,不是作出非此即彼的选择,而是作出亦此亦彼的选择,要求"对于国画与西洋画并皆研究……类能融合中西……于我国画界辟一新纪元",不失为中肯之见。当然,这样说,并不意味着当代中国画的发展只有这么一条出路,其他途径概莫能通。艺术的发展不同于科学的发展,它没有固定的公式可套,也没有一定的规律可循,而是"条条大路通罗马"。就当代中国画的发展而论,只要不是对西洋画抱有偏见,恪守传统、拒绝西洋画的渗入,也未必不是一条出路,例如黄宾虹、齐白石、潘天寿等的艺术,便是在传统的固有范围内所取得的成功,特别是潘天寿所论"越是具有民族性,也就越是具有世界性"的观点,更有其深刻的、片面的真理性,绝非一般冬烘的盲于中国画而大骂西洋画者所能同日而语。但是,无论如何,在中西文化激烈碰撞之际,唯有非此即彼的选择是远远不够的。正是在这一意义上,以刘海粟等为代表的一批亦此亦彼的选择者所作出的融合中西的努力,也就更具有时代的开拓的价值。

融合中西的艺术思想,对于刘海粟来说是一以贯之的,而且,不仅贯之于教学,更贯之于自己的创作实践。他要培养出一大批融合中西的画家,更要以自己的身体力行在这方面开风气之先。从1923年以来,他不遗余力地大肆鼓吹融合中西的观点:

> 吾愿国人,一方面固当研究欧洲艺术之新思想新技法;一方面益当努力发掘吾国固有之宝藏。……合中西于一炉……吾知今后必有英绝之士——合中西而为雕刻之新纪元者应运而兴起矣!(1924年《雕刻学序》)

> 现代的美术是带着世界的性质,没有什么国度的界限。我们现在要研究西方美术,并不是因为它产生在西方之故,也因它含着世界性质。要明白新兴的美术,也是认它在世界性质的美术发展上比较激进的一个过程。现在的时代,不是宗炳、王微的时代了,不是山林隐居、闭门挥毫的时代了。一切思想都带着世界的性质激动着,是不容你不接受混交的。所以要谈艺术,不能不明白现代新美术思潮;不但明白一些形式便算,还要探求它的根本精神。一切都能清楚了,我们要替固有的美术在现在重行估定一种价值,自也有个趋向加入那世界的美术潮流和别人一同前进。(1935年《野兽群》)

> 故近数十年来,虽西学东渐之潮流日甚,新思想之输入如火如荼矣,艺术上亦开始容纳外来情调,惟无鉴别、无抉发,本末不具,派别不明,一味妄从,故少新机运。愚生于此种"艺术饥荒"之时代,冥思苦索,发愿一面尽力发掘吾国艺术史固有之宝藏,一面尽量吸收外来之新艺术,所以转旋历史之机运,冀将来拓一新局面。……吾知将来必有英绝之士,努力锻炼奋发,合中西而开艺术史上之新纪元也。(1935年《国画苑》)

正是本着融合中西的宗旨,刘海粟在孜孜研求传统绘画史论的同时,对于西洋美术史论也时有涉猎;其中,尤以1932年所撰《西画苑》最具系统性。作为中国学者所撰最早的"西洋美术史"之一,这部数十万言的专著,其理论的深刻,分析的精辟,不仅在当时具有毋庸置疑的最高学术地位,即在今天看来,依然有其重要的价值。

需要指出的是,在当代画坛,融合中西者并非只有刘海粟一家。但是,他在这方面的具体实践却是与众不同的。首先,他认为,"贯通中外""融合中西"决不是生吞活剥,不是一半西洋画、一半中国画地硬拿来拼凑,而是让二者不同程度的精神结合起来,在表现技法和构成意义上有明显的民族风格。他的油画,常有意无意地渗进了国画的技法,以明快、简洁、概括的线条、颜色和笔触,形成浑厚有力的中国民族气派;有时画布上并不画到,表示"意到笔不到";有时甚至在空白的画布上题上几首诗,如此等等。这些做法是否可取,当另作别论,但他有意识地要在外来的油画形式中注入中国的民族精神、民族气质,这样的努力,无疑是值得称道的。他的国画,常在泼墨的基础上再加泼彩,又自然而然地渗进了油画的技法;此外,有些山石的皴法、焦墨山水、花卉的勾勒运笔等等,还可以看出受到塞尚、高更、凡·高、莫奈、贝纳尔等强烈的色彩和简练的线条的影响。他在中国画中吸收这些东西,并不是一定要把它们搬下来,也不是故意做作,而是在有意无意中反映到笔墨之中。相比于他的油画的融会国画技法,其国画的融会油画技法之作,无疑要成功得多。这并不奇怪,因为刘海粟出身诗礼簪缨之家,受过旧式教育,书法和国学都有一定的根底,所以要走入中国画的圈子就比较容易,而且一旦进入之后,也比较容易与传统合拍。他早年的中国画以传统为主,偶有西画的影响。但结合比较生硬。一入老境,则借助于离披老辣的书法线条支撑画面,辅以西方印象派、后期印象派的光色变幻之妙,在生宣纸上的特殊功效,终于矫然突出,令人耳目一新!

刘海粟对于融合中西的具体实践的第二个特点,正在于对印象派、后期印象派的情有独钟;至于古典派、写实派等等,他基本上是敬而远之的。

这一方面是因为，西方印象派之后的现代艺术思潮，主要是受到东方艺术的启迪之后而蔚然风起的，所以，在中西融合方面更多契合之点；另一方面，则是因为印象派之后侧重于自我表现的艺术精神，更合于刘海粟"冲决罗网主义"的缘故。早在1923年，刘海粟便在《石涛与后期印象派》一文中指出："后期印象派乃近今欧西画坛振动一时之新画派也。""然而石涛之画与其根本思想，与后期印象派如出一辙。"1925年，又在《艺术叛徒》一文中将后期印象派的大师凡·高"置于艺术叛徒之首"。1932年，则在《西画苑》中分析凡·高的画风特点说：

> 他对于色彩分割方面，并不采用点描法，却很流畅的依了他敏锐的性格和神经质的力量，驱使他的颜色长条，这种颜色长条的劲势在画面上极为活跃，像无数小蛇的颤动。他的自画像上虽然采取了印象主义的秘密，而同时又呈露他那独特的性格。凡·高虽然没有新创了些什么，但是他温故之后，却发展了一种适切他那强烈性格的画风。他是画家中最富热情之一人，他所得的印象，就好似我们在电火闪烁的瞬间所见到的不可思议的幻光。……他在光芒炎烈的太阳下面，燃着内心狂激的热焰，像风车一般旋动他的画笔。……论其技巧，他不用纤巧的笔触，多用粗野放纵的线条，所以物象坚实有力而带装饰的趣味。他的力量像塞尚一样的伟大，能使观者有悠久的感铭。他那高调而合度的色彩，可说是把他的人格和体魄着实的按捺到作品里面，不单是物体表现上的力量。……总而言之，凡·高的艺术，是含有坚固的实在；所以他画幅上的形象轮廓有时不够形象轮廓，有时又不止形象轮廓。他可说不是摹仿形象，却是创造形象。不是模仿"生"，是创造出一件和"生"有同等价值的东西。

凡此种种，实际上正是刘海粟自己画风特点的夫子自道。就当代画坛几位贯通中西的大家而论，如果说林风眠最冷静，徐悲鸿最理智，那么，不妨认为刘海粟最狂热,在这一点上,正是与凡·高的精神一脉相通的。尤其是他那种不为形役、不求合矩、无法而法的泼墨泼彩画,以龙蛇一般颤动的线条为构架,正如钢筋铁骨,力敌万钧;又"燃着内心狂激的热焰,像风车一般旋动他的画笔",大碗大碗地往上泼墨、泼彩,因其形象,或成山水,或成荷花,或成葡萄,或成红梅……与后期印象派色块、线条的表现方法若合符契。

刘海粟对泼墨法的理解源于传统,画史所载"王洽泼墨成画",一度令他神往。1934年,在瑞士避暑时,曾作过一幅泼墨山水,但当时泼的规模并不大。后来受印象派、后期印象派等光色处理方法的启发,遂于泼墨的基础上为泼彩准备了条件,并且,泼的规模也越来越大、越来越狂。大约从20世纪70年代以后,开始整碗水整碗水地往纸上倒,遂以大泼墨大泼彩的作风独树一帜,最终奠定了他在画史上的地位。他曾自述这一时期的创作情境:

> 石涛《画语录》中"动之以旋"这四个字,对我处理《天门坎》的技法有启示,每块平面,每条线都是必要的"句子",使松树呼呼有声,看过之后,能常常往来于心中,希望使人先感到宁静肃穆,继而奋发,产生热爱祖国山川的情操。

> 18、19世纪西洋画家的理论,认为竖的东西崇高,横的东西浩瀚。……墨用横泼,体现的妙境,仿佛无数仙女舞起彩色瀑布,雷奔电激日生烟,上层未散,下层又涌。山则直上直下,以线为主,松只画其干,松针从略,横竖相比,远近参差。大远景则以淡墨没骨出之,山由竖变横,过渡的微妙,在深浅墨的交替中。大块白云是水浇出来的,水和墨之间的痕迹,似有似无,才产生烟云吞吐迷茫空蒙的幻觉。(均《黄山谈艺录》)

所谓"动之以旋",所谓"竖的东西崇高,横的东西浩瀚",等等,显然又与凡·高"像风车一般旋动他的画笔""创造出一件和'生'有着同等价值的东西"遥相呼应。

论者每以刘海粟的泼墨泼彩画与张大千相比较,以判定这一前无古人的画法"发明权"的归属"专利"问题。我认为,这种评判是没有意义的,因为艺术上的创造决不等同于科学上的创造,每一个画家的每一件作品的创造都是属于该画家个人所独有的"专利"。不过,这种比较本身,却是颇有意义的。

就其共性而言,无论刘海粟还是张大千,他们的泼墨泼彩画都是在传统泼墨法的基础上,受西方印象派之后现代艺术思潮的影响而创立起来的,而且都有奔放雄健、苍茫涵浑、异彩缤纷的特点。

就其个性而言,刘海粟以狂热取胜,张大千则以文静见长。这种分别,反映于诸多方面,例如,张大千的泼彩,以石青、石绿等冷色调为主,其所形成的氛围,一如月色笼罩下的清冷深静。而刘海粟的泼彩,则于石青、石绿之外还多用朱砂、石黄、白粉等暖色调,其所形成的氛围,一如日光照耀下的热烈亢奋。又如,张大千的泼墨泼彩,多施之于熟纸或绢上,偶用生纸,亦取其吸水性能不太强者,多数作品往往先泼墨,在墨色未干时再泼彩,一气呵成,显得明净而雅洁,极其透明晶莹;同时,由于纸、绢的吸水性不强,便于对墨块、色块形状的理性控制,在墨彩干后,形成"结边"水渍斑斓的特殊韵致。而刘海粟的泼墨泼彩,则多施之于生纸之上,一般待泼墨干后,再将画面打湿,然后泼彩,往往要泼五六次之多、墨、色的渗化,任其漫漶,层层叠泼,极其浓郁邈逷。再如,张大千于大面积的泼墨泼彩中所添加的树石、台阁、舟楫、人物,多作工整细致的描写,秀气可掬。而刘海粟则于大面积的泼墨泼彩中添加树石、台阁之类,多出之以粗犷的中锋焦墨线条,有点像现代油画的效果。

概而言之,论气格,张文刘野,刘逊于张;而论气魄,刘雄张秀,张弱于刘。宋代王诜曾评李成与范宽画品,以为李成画烟林清旷,淡墨如轻烟梦雾中,近视如在千里之远,是为"文";范宽画峰峦浑厚,势状雄强,枪笔俱均,人屋皆质,远望之不离座前,是为"武"。这里的"文""武"之分不只是指风格的相异而言,其中多少也含有褒贬的意义。无疑,张大千和刘海粟的泼墨泼彩画品,作为融会中西的一大创举,也正可以"文""武"二字分别作为它们的评语。

张大千之"文",一如其1951年自赋《满江红·后赤壁赋》词:

千古风流,得似髯苏赤壁。长相望,游情良夜,风清月白。绿蚁新醅鱼出网,黄泥旧坡霜芰叶。破寂寥,人影答行歌,相从客。

波声起,岸千尺。寒水落,危岩出。曾几何时重到,江山难识。杖舄已惊栖鹊梦,啸歌欲动冯夷宅。有羽衣,归去揖临皋,逢畴昔。

刘海粟之"武",一如其1978年自赋《水调歌头·伏波山写漓江》词:

万里扶摇去,一笑偶相逢。画友刘关周邓,落笔起飘风。老海平江汗浸,虎步西洋东海,妒杀米南宫。上下三千载,挥洒任纵横。

从鸥约,添鹤算,未龙钟。笔歌墨舞,要写胸次一轮红。剪取漓江青黛,妆点神州新貌,留待后人宗。绝巘我能上,谈笑明月峰。

06 第六讲
大块文章——潘天寿艺术论

潘天寿(1897—1971),浙江宁海人,原名天授,字大颐,别号雷婆头峰寿者。擅花鸟,间作山水、人物,尤精指墨画;亦能诗、工书,并长期致力于美术史论和中国画教学。曾任中国美术家协会副主席、中国美术家协会浙江分会主席、浙江美术学院院长。

一

中国画,尤其是中国文人画,特别注重人品与画品的同构关系。所谓"人品既已高矣,气韵不得不高,生动不得不至"(郭若虚),所谓"人品不高,落墨无法"(文徵明),等等,既是传统绘画的鉴赏原则,当然更适用于作为传统文人画的创作标准。中国画,尤其是中国文人画,不同于西洋画的一个重要之点,在于西洋画主要是一种技术之事,而中国画则是一种终身的修养课业,特别是古代的文人画家,大多数并非为画而画,而是为陶写胸中块磊而画,所谓"聊以自娱"(倪瓒)、"适一时之兴趣"(吴镇),与夫评画者流,大有寥廓。所以,西洋画,乃至中国的画工画一般有二三十年的功夫便可望臻于大成,而文人画则非有五六十年的锻炼往往难以登堂入室。潘天寿指出:

《易》曰:"天行健,君子以自强不息。"是做人之道,亦治学作画之道。

画事须有天资、功力、学养、品德四者兼备,不可有高低先后。

画事须有高尚之品德,宏远之抱负,超越之识见,厚重渊博之学问,广阔深入之生活,然后能登峰造极。(均《听天阁画谈随笔》)

如此等等,正是就画品与人品的同构关系、画事与终身修养的同构关系加以立论。

然而,究竟应该如何看待人品的高下问题?文人修养的终身目标又何在?对于这些问题,在学术界,似乎迄今尚未取得完全一致的正确认识。潘天寿对此虽然有所觉察并付诸了自身的实践,但在当时的条件下却不便言明。

根据流行的观点,无不将人品看作是一个伦理道德问题,所谓"高"的人品,也就是"好"的或"善"的人品,如忠、孝、节、义等等;而所谓"下"的人品,也就是"坏"的或"恶"的人品,如不忠、不孝、不节、不义等等。这种观点,并不能令人信服。因为,伦理道德的标准是一个因时、因地而不断变易着的范畴,此时此地是"好"的或"善"的人品,彼时、彼地不免沦为"坏"的或"恶"的人品,于是而需要不断地翻案,不断地平反冤假错案,使"坏"人成为"好"人,或者使"好"人变为"坏"人——这种情况,无论在历史上还是现实中,都可谓屡见不鲜。潘天寿本人就是一个典型的例证。人品的好坏善恶既如此地变动不居,盖棺而难以定论,然则画品的高下雅俗,则基本上是一个衡定不变的范畴,此时、此地被认为是"高"的或"雅"的画品,彼时、彼地决不至于沦为"下"的或"俗"的画品。一部中国绘画史乃至整个中国文化史的发展告诉我们,凡属高标独立的画品、艺品,其作者的人品固然有合于气节操守之类伦理道德规范的,但其中也不乏人品不"好"的例证。而无论当时、后世对赵孟頫、董其昌或张瑞图、王铎等人品的评价如何天差地别,结果也永远不会影响到他们在艺术史上应有的卓著地位。这样,以好坏善恶论人品,并以之与画品、艺品的高下雅俗相对应的观点,也就不攻自破了。

我曾在多种场合表述过这样一个观点：在文化史包括绘画史上，无论大师还是大家都是天生的，没有天生的气质，无论后天怎样勤奋努力，都不可能有杰出的成就；当然，反过来也一样，光有天生的气质而没有后天的勤奋努力，同样难以有所成就。这正如同外因与内因的关系，二者缺一不可，但相比之下，毕竟以内因为依据，而外因则仅仅是条件。条件人人可以想办法创造，依据即并不是每一个人都可能具备的。至于大师和大家的气质之别，又在于前者是天生的帝王将相之才，所以而有孟子所说的"浩然之气"，因后天的种种原因不得已而为画、为诗，或为其他种种，则无不卓然而成一代大师；后者则是天生的绘画之才，所以而有种种艺术的才气、灵气，如因后天的种种原因不得已而舍画为诗、从政，或为其他种种，则不免难于大成甚或一事无成。前者可以汉高祖刘邦的《大风歌》为例："大风起兮云飞扬，威加海内兮归故乡，安得猛士兮守四方！"虽寥寥三数言，而充然沛然之气，千古跌宕，万古不灭，视寻章摘句者流，其间气魄的大小，力量的厚薄，相去何止天壤！后者则可以宋徽宗赵佶为例，精于绘事而拙于政治，终以丧权辱国客死他乡，正所谓"时也，命也"。

　　基于此，所谓人品问题也就决不能认为是一个伦理道德问题，而首先是一个气度、气质问题。潘天寿所提出的"君子以自强不息""天资""高尚之品德，宏远之抱负，超越之识见"云云，应该正是指此而言。所谓"气韵生动"，首先是气，然后才是韵。气者，画家内在的气质、气度是也；韵者，发而为画的笔墨韵味、韵律是也。因此，画品与人品是统一的，"做人之道，亦治学作画之道"；但画品的雅俗、人品的高下却与伦理道德的好坏、善恶无与，而根本上取决于气度的大小。换言之，只要气度大，则无论大慈大悲还是大奸大恶，其人品必高（非凡），发于绘画、艺术，其画品、艺品也必高（非凡），在庙堂则有富贵气，在山林则有高逸气；反之，如果气度小，则无论小奸小恶还是小慈小悲，其人品必下（凡俗），发于绘画、艺术，其画品、艺品也必下（凡俗），在庙堂则有庸俗气，在山林则有穷酸气。古人常说,"宁以人传艺,毋使艺传人","宁以气胜韵,毋以韵胜气",其人、其气,必有堂堂正正之概,宜乎其艺、其韵亦有堂堂正正之概。如果一味于艺、于韵上用功夫,纵到极点,雕虫小技而已,无论如何是登不上大雅之堂的。李白《春夜宴桃李园序》有云:

> 夫天地者,万物之逆旅,光阴者,百代之过客。而浮生若梦,为欢几何?古人秉烛夜游,良有以也。况阳春召我以烟景,大块假我以文章。会桃李之芳园,序天伦之乐事。群季俊秀,皆为惠连;吾人咏歌,独惭康乐。幽赏未已,高谈转清。开琼筵以坐花,飞羽觞而醉月。不有佳作,何伸雅怀?如诗不成,罚依金谷酒数。

这篇序文,睥睨时空,肆意人生,兼有庙堂的富贵气和山林的高逸气,是当之无愧的"大块文章",非天授其能者莫办。潘天寿的人品、艺品与李白并不属于同一种风格类型,但从"气"的角度,却同样兼有庙堂的富贵气和山林的高逸气,同样是当之无愧的"大块文章",同样是非天授其能者莫办。他翻来覆去地论述人生的修养必须置于绘画的技术锻炼之上,论述绘画的锻炼必须以"气"贯串于其中,实际上正意味着他对于气度问题的自觉认识。如:

> "品格不高,落墨无法",可与罗丹"做一艺术家,须先做一堂堂之人"一语,互相启发。
>
> 吾师弘一法师云:"应使文艺以人传,不可人以文艺传。"可与唐书"人能宏道,非道弘人"一语相印证。
>
> 有至大、至刚、至中、至正之气,蕴蓄于胸中,为学必尽其极,为事必得其全,旁及艺事,不求工而自能登峰造极。
>
> "目空千古,气雄万夫",为学人不可缺少之气概。(均《听天阁画谈随笔》)

当然,强调"气"、强调"大",并不是不要"善",而只是为了说明一个人的成就与他的气概、胸襟的内在关系。事实上,深受儒家思想熏陶的中国文人,只要不是良心泯灭,总是追求善、向往善的境界的。"目空千古,气雄万夫",也许大奸大恶之辈亦可企达;而"堂堂正正""至大、至刚、至中、至正"的境界,则非大慈大悲者难以望其涯涘。潘天寿不仅是一位"大"人,而且是一位"善"者。是"大"人,故能通天尽人;是"善"者,故能忧时感世。他生于半封建半殖民地社会末期,目睹旧中国贫穷落后和人民的苦难生涯,他苦闷懒散,而又决不甘同流合污,以致一度想遁入空门,清操自守。抗日战争时期,烽烟遍地,山河破碎,他的悲愤失望与爱国主义思想交织在一起,写下了大量忧国伤时的诗句,如:

登燕子矶感怀四首

掠波燕子势无伦,翠壁丹崖绝点尘;
四塞烽烟谁极目,江风吹上独吟身。

感事哀时意未安,临风无奈久盘桓;
一声鸿雁中天落,秋与江涛天外看。

虎踞龙蟠扼上游,剧怜自古帝王州;
欲因今夜矶边月,铁板铜琶吊石头。

泥马君王事劫灰,平沙无际水潆洄;
莫教此堑分南北,尽遣金人铁骑来。

梦 渡 黄 河

时艰有忆田横士,诗绝弥怀敕勒歌;
为访幽燕屠狗辈,夜深风雪渡黄河。

(均《潘天寿诗存》)

新中国成立以后,他的思想不断发生新的变化,改变了旧的人生观、艺术观,致力于中国画的创新,努力跟上时代的步伐。而在"四人帮"肆虐的日子里,他更以铮铮铁骨宁为玉碎,不为瓦全!"莫此笼絷狭,心如天地宽;是非在罗织,自古有沉冤"(《潘天寿诗存·己酉严冬被解故乡批斗归途率成》)。真可谓"劲骨千磨不坏,填胸正气,直将厉气冲开!"(李玉《清忠谱》)凡此种种,均足以说明在潘天寿的人品、画品中,"大"与"善"的统一,忽略甚而无视其中的任何一个因素,对于正确地认识潘天寿都是不能不有所遗憾的。

二

道德的善恶是后天而成的,气度的大小则是先天所生的,所谓"气韵必在生知""非学而能",道理正在于此。然而,孟子又说:"吾善养吾浩然之气。"说明后天的补养修炼,有助于涵养、甚至扩充先天气度的不足。所以,董其昌一面强调:"气韵不可学,此生而知之,自有天授";一面又指出:"然亦有学得处,读万卷书,行万里路,胸中脱去尘浊,自然丘壑内营,立成鄞鄂,随手写出,皆为山水传神矣。"(《画禅室随笔》)潘天寿则进而指出:"画事除外师造化,中得心源外,还须上法古人,方遗前人已发之秘。"这里所说的"中得心源",正是指先天的气度而言;而"外师造化""上法古人",则是指后天的涵养、修炼而言,可与董其昌所论"读万卷书,行万里路"相为补充,合为后天变化气质、涵养性灵的三条主要途径(其中"外师造化"与"行万里路"可视为同一条途径)。而特别就"上法古人"而言,所谓"前人已发之秘",应该正是指郁勃于前人画迹中的"气"而言,至于笔墨技法、造型章法等等,还是其次的。所以,古人早就说过:

> 书画之妙,当以神会,难可以形器求也。世之观画者,多能指摘其间形象、位置、彩色瑕疵而已,至于奥理冥造者,罕见其人。……谢

赫云:"卫协之画,虽不该备形似,而有气韵凌跨群雄,旷代绝笔。"又欧文忠《盘车图》诗云:"古画画意不画形,梅诗咏物无隐情;忘形得意知者寡,不若见诗如见画。"此真为识画也。(沈括《梦溪笔谈》卷十七)

观士人画,如阅天下马,取其意气所到。至若画工,往往只取鞭策皮毛、槽枥刍秣,无一点俊发,看数尺许便倦。(苏轼《东坡题跋》下卷)

观画之法,先观气韵,次观笔意、骨法、位置、敷染,然后形似,此六法也。若观山水、墨竹、梅兰、枯木、奇石、墨花、墨禽等,游戏翰墨,高人胜士,寄兴写意者,慎不可以形似求之,先观天真,次观意趣,相对忘笔墨之迹,方为得之。(汤垕《画鉴·杂论》)

如此等等,主要是就鉴赏而论;而对于创作的借鉴来说,"上法古人"的要义,同样也在于得其"气"、会其"神",所谓"师其意不在迹象间""师其心而不蹈其迹"。

那么,对于古人画迹中的"气",又应该作怎样的认识呢?

众所周知,在中国封建社会中,耿介清操的文人士大夫的境遇一般都不会十分得意,现实世界似乎是专门为奸诈小人所安排的。所以,"行路难""归去来"成为惊心动魄的千古绝唱。而在不得意的文人中,气度的大小又判然可别:"君子坦荡荡,小人忧戚戚。"(孔子)大部分失意文人由忧时感世而嗟老卑微,斤斤于一己的鸡虫得失,哭丧着脸一副可怜相。历来以"穷酸"二字作为形容书生文人的一个话语,主要正是针对这一部分人而发。就像是昆曲戏台上的文小生,人穷志短,扭扭捏捏、摇摇摆摆的腔调。这就是"小人忧戚戚",或者如陆游所说:"书生老瘦转酸寒。"唐寅所说:"胭脂价到属穷酸。"另有小部分人则人穷志不夺,由忧时感世而通天尽人,磊落昂藏,梗概而多雄风豪气,如《世说新语·豪爽篇》论:"王司州在谢公座咏《离骚·九歌》,人不言兮出不辞,乘风回兮载云旗。语人云:'当尔时觉一座无人。'"这就是"君子坦荡荡",或者如范成大所说:"大丈夫不受人怜。"潘天寿所说："目空千古，气雄万夫。"潘天寿以其天授的沛然大度，有"至大、至刚、至中、至正之气，蕴蓄于胸中"，富贵不能淫，贫贱不能移，威武不能屈！他宁为玉碎，不为瓦全，虽在丑恶的现实环境中，终于折于凶顽，但他的高大的形象却像一座丰碑，在公正的历史上光照千秋而不磨。这种巍峨博大的人品和画品，既是天授气度的充然沛然使然，也是其后天君子以自强不息的修炼补养使然。至于范成大的先天气度，并不能算是"至大、至刚、至中、至正"的，他也认为"酸"是书生本色，但他又主张要"洗尽书生气味酸"，也就是通过后天的修炼补养来弥救先天气度的不足。范成大的诗品既不是很高，也不是太低，这正与他先天的不足、后天的补养有关。

如前所述，对于一个画家，尤其是一个文人画家来说，补气的途径主要有三条，前两条即董其昌所提出的"读万卷书，行万里路"；第三条也是更直接、更易于短期内见效的途径，便是潘天寿提出的"上法古人"，也就是传统图式的正确选择。优秀的传统图式，不仅仅是一种技法的典范，同时也是一个博大精深的气度之"场"，内含着古人"读万卷书，行万里路"的精华性经验，焕发着浩然之气的无限能量，足以激发起选择者潜移默化的心灵感应。因此，图式选择的"取法乎上，适得其中"，也就不只是一个如何应付自然物象的技术传承性问题，如造型、取景、章法、笔墨等等，同时更是一个涵养性灵、变化情质的气度陶冶问题。对于传统图式的选择，也就不仅仅需要从艺术精疏的角度加以甄别，更需要从气度大小的层面加以鉴定。傅山曾自述学书的经验："弱冠学晋唐人楷法，皆不能肖，及得松雪香光墨迹，爱其圆转流丽，稍临之，则遂乱真矣。已而乃愧之曰：是如学正人君子者，每觉觚棱难近，降与匪人游，不觉其日亲者。松雪曷尝不学右军，而结果浅俗，至类驹王之无骨，心术坏而手随之也。于是复学颜太师。"(《霜红龛集·学字示儿孙》)傅山对赵孟頫的贬抑是否得当，当另作别论，但他立足于气度的层面来选择传统的做法，无疑是有道理的。

作为文人画品的选择,同时也是文人人品的选择,在中国绘画史上,气度大,画品高,艺术精的,仅得十数人。他们是:董源、米友仁、赵孟頫、高克恭、元四家、董其昌、八大、龚贤、恽南田,其画品于平淡天真之中弥漫着富贵堂皇或自然高蹈之气,最宜作为后人补养气度的感发对象。其次如巨然、范宽、郭熙、李唐、马远、朱德润、曹知白、戴进、沈周、文徵明、陈洪绶、髡残、弘仁等,有如文学史上的范成大,属于先天偶有不足,后天补养得宜之例,根子上未能尽脱作气,偶一仿之,亦无伤大雅。至如唐寅、徐渭、扬州八怪、蒲华等,先天既已不足,后天又乏补养,矫揉造作,身为物役,那就是典型的穷酸了,于气度的补养颇为有害。所以,松年《颐园论画》曾指出:"古今作画之人,一有孤冷拒人之病,自觉清高,其实乃刁钻古怪之流,君子亦憎之,小人尤不相容。此等倘入宦途,必遭奇祸。……细观画传所传之人,大半皆有善言懿行,善政高文,不仅以几笔书画即为不朽功业。吾辈所学之事,本属清高,切勿因此自抬声价。谦恭和蔼,尚不免遭忌怃人,况耍名士脾气耶?愚谓处世谋生,先戒狂傲,孤冷乖僻、矫枉寡情,此等人不可学也。凡人一入此障,必无福泽,纵是画到绝顶,亦属怪物,其笔下亦必不近情理,既已自误,更误后人不浅。……惟徐天池恃才傲物,心地褊狭,修怨害人,以致身遭刑狱之苦。……皆不善和光同尘之累耳。"石涛的例子,则属于先天丰足,后天失调之例,因此,其画品既有富贵高逸的一面,又有穷酸世俗的一面,务须慎重对待。尽管相对于世俗的"富贵"实即庸俗,穷酸显得清高脱俗,但相对于平淡的"富贵"亦即高逸,穷酸又显得世俗而小家子气了。所以,纵观画史,凡大师之作必有"富贵"之气横溢其中,非谓五彩巨丽为富贵,而是以真率当其巨丽,以平淡天真为富贵。平淡天真之富贵,如白衣卿相,非"目空千古,气雄万夫"者莫办。所谓粗头乱服,不掩国色,如恽南田所云:

语云:"射较一镞,奕角一着。"胜人处正不在多。昔人云:"牡丹

> 须着以翠楼金屋、玉砌雕廊、白鼻䯄儿、紫丝步障、丹青团扇、绀绿鼎彝，词客书素练而飞觞，美人拭红绡而度曲，不然措大之穷赏耳。"余谓不然，西子未入吴，夜来不进魏，邢夫人衣故衣，飞燕近射鸟者，当不以穷约减其丰姿，粗服乱头，愈见妍雅，罗纨不御，何伤国色。若非踏莲华、营金屋、刻玉人，此绮艳之余波，淫靡之积习，非所拟议于藐姑仙子、宋玉之东家也。（《瓯香馆画跋》）

正以其"气"飞"神"扬，莫可端倪。拟之以人，则可以《世说新语》为例："魏武将见匈奴使，自以形陋，不足雄远国，使崔季珪代，帝自捉刀立床头。既毕，令间谍问曰：'魏王何如？'匈奴使答曰：'魏王雅望非常，然床头捉刀人，此乃英雄也。'"（《容止第十四》）对传统图式的选择，如果没有这种着眼于气度的目光，所谓"取法乎上"，便不免成为一句空话。

气度既在生知，又可补养，因此，每一个画家在气度面前决不是只能消极被动地"听天命"，而且可以积极能动地"尽人事"。对于文人画家来说，"读万卷书，行万里路"作为一个终生的修养目标，非一朝一夕所能奏功，自当持之以恒地身体力行，以使"浩然之气""充乎其中而溢乎其貌，动乎其言而见乎其文，而不自知也"（苏辙《上枢密韩太尉书》）。而"上法古人"或"取法乎上"也即正确的图式选择，作为一条立竿见影的补养之道，更当严重以肃之，不可掉以轻心，以免堕入魔道，"降与匪人游"，终生难以自拔。当然，进而如能持之以恒，如潘天寿所亟称："学术无止境，温故知新，实为万事之师。……高（其佩）氏年近七十，犹悬眼镜临摹古人，为增指头画更深厚之基础，为求指头画之百尺竿头更进一步也。"（《听天阁画谈随笔》）则更将受益无穷。

潘天寿十分注重师承传统，但他对于传统的师承并不仅仅是从技术传承的角度加以考虑，更主要的是从养气、补气的角度加以考虑。他认为：

凡学术,必须由众多之智慧者,祖祖孙孙,进行不已,循环积累而得之者也。进行之不已,即能"日日新,又日新"之新新不已也。绘画,学术也,故从事者,必须循行古人已经之途程,接受其既得之经验与方法,为新新不已打下坚实之基础,再向新前程推进之也。此即是"接受传统""推陈出新之意旨"。(《听天阁画谈随笔》)

但是,对于传统,他并不是无条件地接受的,也不受董其昌"南北宗"论的局限。凡是气度高华、境界高旷的,不拘"南北宗",他都倍加推崇;反之,如果气局狭小、意象寒俭,则即使是南宗嫡传,他也掉头不顾。他认为:

画家中范华原(宽)、董叔达(源)、残道人(髡残)、个山僧(朱耷)、瞎尊者(石涛),是泄人文中之秘者也,其所作,可与黄岳峰峦、雁山飞瀑并峙。

石谿开金陵,八大开江西,石涛开扬州,其功力全从蒲团中来。世少彻悟之士,怎不斤斤于虞山娄东之间。

戴文进、沈启南(石田)、蓝田叔(瑛),三家笔墨,大有相似处。尤为晚年诸作,沉雄健拔,如出一辙,盖三家致力于南宋深也。(均《听天阁画谈随笔》)

此外,他在《论画绝句》中还对巨然的"树如屈铁山画沙,笔能扛鼎腾龙蛇",苏轼的"高名大节千秋映,据德依仁百艺余",米芾的"文章奇险书奇古,信手拈来总可惊",倪瓒的"正从平淡出层奇,高品原来不可师",吴镇的"搴旗老将气峥嵘,笔墨酣豪俱可惊",董其昌的"风流蕴藉入骨髓,读万卷书行万里",石谿的"镕六州铁锻千鎚,沈默幽深累梦思",高其佩的"堂堂阵外建旌旗,披靡貔狖十万师"等等,津津乐道,倍加推崇,足以说明他与古人深入骨髓的同气相应。同时,从他的创作实践中,我们也不难窥见对上述诸家"师其意不在迹象间"的兼收并蓄、借古开今。这并不奇怪,因为只有"泄人文中之秘者""可与黄岳峰峦、雁山飞瀑并峙""沉雄健拔"而"笔墨酣豪俱可惊"的画品,才涵有"目空千古,气雄万夫"的"至大、至刚、至中、至正之气",才适合潘天寿奇纵豪放的胸襟心怀;也只有具有潘天寿那样奇纵豪放的胸襟心怀的人,才有可能从中感应到这种浩然之气的郁勃昂藏,并用以涵养自己的人品和画品。从种种迹象可以证明,潘天寿的画品并不属于正宗的南宗文人画品,它并不局限于温文尔雅的中庸性格,而更多地带有北宗横强的气息;然而,这并不妨碍其文人画品的基本性格。事实上,对于北宗理应一分为二,而不可一棍子打死,正如对于南宗也理应一分为二,不可盲目崇拜;北宗之不能绝对地不好,正如南宗之不能绝对的好。北宗大家的作品,笔墨的横强容有刻画之弊,气度的横强则恰可弥救南宗末流的萎靡柔弱。潘天寿出奇制胜地建构起沉雄健拔的"北宗文人画"品,从而成功地泯灭了传统北宗和南宗、画工画和文人画的界限,从图式选择的角度,正是他着眼于"气"而不是着眼于笔墨迹象对南北二宗兼收并蓄、借古开今的必然结果。

三

文人画是人生的艺术、自律的艺术,古人所谓"心画""艺而进乎道"者是也。首先是人生,是"道",然后才是艺术,是画。因此,最高的境界当然是气度大、艺术之精。二者不可同时兼得,则宁可取气度之大而不取艺术之精。试比较清代一些状元、翰林的"馆阁体"与郑板桥的"六分半书",作为书法艺术,前者显得僵死、刻板、厌厌无生气,后者则流丽、潇洒、摇曳而生姿;然而,作为气度的物化形态,前者显得堂堂正正、雍容博大,所谓"黄钟大吕之音,清庙明堂之器",后者则逞才使气、穷愁潦倒,如乞儿唱《莲花落》。从艺术的角度看,郑板桥的书法和扬州八怪的画都不能说不好,虽有这样那样的不足,毕竟在艺术创新方面开创了风气,作为一代大家,他们在艺术史上的地位决不容低估;惜乎气度不大,眼界不高,一味就艺术求艺术,而不是就"道"求艺术,所以,濡墨挥毫也就决无法达到真宰上诉、泄人文中之秘的境界。凡是真正的艺术大师,大都是先从气度、先从"道"的方面下足功夫,"有至大、至刚、至中、至正之气,蕴蓄于胸中",然后为学尽其极,为事得其全,旁及艺事,不求工而自能登峰造极。这方面的例证不胜枚举,如文同自述乃者学道未至,意有所不适而一发于墨竹等等,实际上正是孔子所说"志于道,据于德,依于仁,游于艺"(《论语·述而》)的人生修养准则的具体实践。

潘天寿当然也不例外。他的绘画,早在20世纪二三四十年代并不怎样出色,甚至有些近于"邪道";然而气度之大,已有石破天惊之磅礴。如1923年所作的《夕阳山外山》《鳜鱼》,1928年所作的《朱竹》,1930年所作的《观瀑图》《幽谷图》,1932年所作的《鹭》(指墨)、《鹭》,1934年所作的《山水出筏》,1935年所作的《山居图》《江洲夜泊图》,1941年所作的《秃笔山水》《荷》,1944年所作的《观瀑图》《山斋晤谈图》等等,虽然笔墨上尚嫌草率、单薄、刻露、一味霸悍,但铮铮铁骨,气势撼人,为传统画品中所罕见,连吴昌硕也为之倾倒,约于1926年赠诗云:

> 龙湫飞瀑雁荡云,石梁气脉通氤氲;久久气与木石斗,无挂碍处生阿寿。寿何状兮颅而长,年仅弱冠才斗量;若非农圃并学须争强,安得园菜果蓏助米粮。生铁窥太古,剑气毫毛吐;有若白猿公,竹竿教之舞。昨见画人画一山,铁船寒壑飞仙湍;直欲武家林畔筑一关,荷蒉沮溺相挤攀。相挤攀,靡不可,走入少室峰;蟾蜍太幺么,遇着吴刚刚是我。我诗所说疑荒唐,读者试问倪吴黄;只恐荆棘丛中行太速,一跌须防堕深谷,寿乎寿乎慎尔独!(《读阿寿山水障子》)

此外,还曾书"天惊地怪见落笔,巷语街谈总入诗"对联相赠。所谓"生铁窥太古,剑气毫毛吐""天惊地怪见落笔"云云,对于评价潘天寿这一时期的画品,无疑是合适的。但就吴昌硕的原意来说,一方面固然对潘天寿的"年仅弱冠才斗量"及其画中所蕴含的石破天惊的气度表示了由衷的褒扬,另一方面则也对他在艺术上铤而走险的做法表示了深深的忧虑并发出了关切的劝诫:"只恐荆棘丛中行太速,一跌须防堕深谷,寿乎寿乎慎尔独!"传统的画品虽然也标举"浩然之气",但这种"浩然之气"却是被规范在"中庸之道"中的,要求文质彬彬、然后君子,以致逐渐走上了萎靡的路子而日益远离了"浩然之气","中庸之道"也随之沦为"阴柔之道"。而潘天寿的作品则横刮外强,奔放恣肆,明显偏离了传统"中庸之道"实即"阴柔之道"的规范,这就不能不引起吴昌硕的批评。这种批评有它正确的一面,因为潘天寿所选择的这条道路确实是太奇险、太狭隘了。如同刀刃上试步,稍不留神就会直堕深谷、一败涂地,成为狂怪怒张的"野狐禅";但也有它错误的一面,因为潘天寿的选择虽然危险,却有助于克服传统的萎靡、重振传统的"浩然之气"。因此,对于吴昌硕的批评,他并不完全以为然,而是以勇敢的牺牲精神依然我行我素地追求着自己"大块文章"的艺术理想,包括他的理论主张和实践风格。不过,吴昌硕的批评多少也使他得到了惊醒,使他明白到刀刃上试步的严峻性,要想防止直堕深谷、一败涂地,重要的并不是放弃这种刀刃上试步的探索,而是如何理智地控制自己的行动;要想防止横刮外强、恣肆奔放的风格沦为狂怪怒张的"野狐禅",重要的也正在于变草率为理智。约从 30 年代后期开始,潘天寿便开始转轨,到 40 年代逐步定型,并迎来了此后的黄金时代,终于找到了既适合自己个性又连接传统与时代的图式趣味和表现天地,即从"热"转向"冷",从"方"转向"觚",从"狂怪"转向"奇险",从"率意""自然"转向"经营""峻严",这种风格一直延续到他后期的创作中,一方面是大气磅礴,另一方面又是刻意经营、慎之又慎。也许在他同时代的画家中乃至整个中国文人画史上,没有一个像他这样清醒地看待绘画、理智地从事绘画的,以致有不少评论每以刻意经营的制作性、略无率意自然之致作为潘天寿画品的不足。殊不知,对于合于"中庸之道"的绘画,刻意经营的制作不免使之沦为"匠气",而率意的挥洒则可助长其气机,而对于属于奇险一路的绘画,率意的挥洒适足以使之直堕深谷、一败涂地,刻意经营的制作则恰可有效地控制刀刃上试步的律度,以免沦为狂怪怒张的魔道。

大约从 40 年代后期开始,以 1948 年所作著名的《松鹰》(指墨)、《八哥》《烟雨蛙声》(指墨)、《鸡石》(指墨)等作品为标志,他的艺术终于进行了一个完全成熟的崭新境界。观其画如对"黄岳之峰峦,掀天拔地,恢宏奇变,使观者惊心动魄,不寒而栗;雁山之飞瀑,如白虹之泻天河,一落千丈,使观者目眩耳聋,不可向迩;诚所谓泄天地造化之秘者欤"(《听天阁画谈随笔》)。气局依然是博大恢宏的,但笔墨经过了有效的控制,一变而为厚重、灵动,一味霸悍中涵有刚正清醇之气。这样,磅礴的气局与恢宏的笔墨便获得了一种本质上的契合,也就是道与艺获得了一种本质上的契合,先道后艺成为道艺并举,道胜于艺成为即道即艺。进入 50 年代以后,笔墨越变越奇,越奇越正;意境愈变愈大,愈大愈高。如作于 1954 年的《小憩》,1955 年的《灵岩涧一角》《梅雨初晴》,作于 1958 年的《露气》《烟帆飞运图》,作于 1961 年的《雨后千山铁铸成》《朱荷》《柳燕》(指画),作于 1962 年的《雨霁》《秋雁》《故乡所见》《欲雪》,作于 1963 年的《雁荡山花》《小龙湫下一角》《梅月图》(指墨)等,由于不再是如早期画作那样地草草率笔、随意挥洒,而是将形象熔铸于刻意经营的意匠之中,严重以肃之,运笔(指)的速度也明显地放慢,变躁动为艰涩凝重,所以显得既气象恢宏,又法度森严,诚如其自谓:"运笔有天马腾空之意致,不知起止之所在;运意有老僧补衲之沉静,并一丝气息而无之。以静生动,以动致静,得矣。"

唐符载曾评张璪画松石有云:"若流电激空,惊飙戾天,摧挫斡掣,挥霍瞥列,毫飞墨喷,捽掌如裂,离合惝恍,忽生怪状,及其终也,则松鳞皴,石巉岩,水湛湛,云窈眇,投笔而起,为之四顾,若雷雨之澄雾,见万物之情性。"结论:"观夫张公之艺,非画也,真道也。"我于潘天寿的艺术,也作如是观。《老子》则云:"有物混成,先天地生,寂兮寥兮,独立而不改,周行而不殆,可以为天下母。吾不知其名,字之曰道,强为之名曰大。大曰逝,逝曰远,远曰反。故道大、天大、地大、人亦大。域中有四大,而人居其一焉。人法地,地法天,天法道,道法自然。"我于潘天寿的艺术,同样作如是观;而且,综观中国绘画史,也不作第二人想。

中国传统绘画,尤其是文人花鸟画,所给予人的总体印象是注重笔墨点线平面构成的排列组合而缺少三维的"造型性",由此而酝酿出一种文静的氛围、情调和韵味,即通常所说的"书卷气",它所赋予观者的审美感受,是灵魂的慰藉和惺惺的妙悟。和风细雨般地濡墨挥毫,冲淡洗练,恬静典雅,极尽阴柔美之致而缺少阳刚美之气,其末流,便流于萎靡不振。《老子》云:"弱者道之用""人之生也柔弱,其死也坚强;万物草木之生也柔弱,其死也枯槁;故坚强者死之徒,柔弱者生之徒;是以兵强则灭,木强则折,坚强处下,柔弱处上""天下莫柔弱于水,而攻坚强者莫之能胜,以其无以易之;弱之胜强,柔之胜刚,天下莫不知,莫能行。"因此,阴柔美自有其值得称道之处,所谓"其文如升初日,如清风,如云,如霞,如烟,如幽林曲涧,如沦,如漾,如珠玉之辉,如鸿鹄之鸣而入寥廓:其于人也,谬乎其如叹,邈乎其如有思,暖乎其如喜,愀乎其如悲"(姚鼐《惜抱轩文集·复鲁絜非书》)。但是,一,阴柔美容易流于萎靡颓废,正如阳刚美容易流于偾强拂戾;二,阴柔美并不是中国绘画的全部艺术精神,早期的中国绘画如汉画、唐画,便横溢着一种阳刚之气的雄浑和豪放,即使作仕女高士,也显得雍容大度,绝无脂粉或穷酸的小家子气。只是伴随着宋代以后武驰文张的社会文化氛围和文人画的蔚然勃兴,阴柔美才取代阳刚美,成为传统绘画审美判断的主导性标准。潘天寿并不满足于此,他的天授的恢宏气度使他从一开始便与"大块文章"结下了不解之缘。从他早期的作品来看,如果遵从吴昌硕的劝诫,他并不是不能在艺术上搞得更精致一些,更收敛一些。然而他不屑于在雕虫小技上过多地浪费精力,虽然那样做的话,也许将使他更早地成名,更早地出人头地。他清醒地认识到:"画事有彼时轰雷震耳,而后世绝不闻问者。时下少年,谁能于此有所警惕。"因此,他宁可舍艺而求道、先道而后艺,死却名利心,活却学术心,宁向荆棘丛中开拓,不向平坦道上信步,终于创造出高标独立、睥睨百代、充实而有光辉的画品,如《论语·泰伯》所云:"大哉!尧之为君也。巍巍乎!唯天为大,唯尧则之。荡荡乎!民无能名焉。巍巍乎!其有成功也。焕乎!其有文章。"在文人画史,尤其是文人花鸟画史上,这种高标独立的画品,不仅是前无古人的,从种种迹象来看,甚至也可以说是后无来者的,至少在就近的相当一段历史时期内将是后无来者的。

在本文中,我多次提到对潘天寿的艺术"不作第二人想""前无古人,后无来者"等等。这并不是就他在绘画史上的一般地位而言,而主要是就他在绘画史上所独创的特殊风格而言。就一般地位而言,根据气度大、画品高、艺术精的标准,潘天寿的贡献是与古代的董源、米友仁、赵孟𫖯、高克恭、元四家、董其昌、八大、龚贤、恽南田和近代的吴昌硕、齐白石、黄宾虹、张大千、林风眠等同等的。但是,就特殊的风格而言,其他诸家之间不无相近之处,或者不脱传统的规范,包括林风眠借鉴西法的画品,依然属于传统平淡天真、蕴藉文静的优美意境。然而,潘天寿的"大块文章"所呈现在我们面前的那种压倒的崇高感,则既在传统的范围(如老、庄、孔、孟对于"大"的境界的推崇)之内,又大幅度地拓破了传统,尤其是文人画传统的风格规范(如平淡天真、蕴藉文静等等),显得那样的高、那样的大、那样的奇、那样的崛、那样的雄伟劲直、一味霸悍而又温深徐婉、绝去狂怪怒张。它不是抚慰我们的心灵,而是震撼我们的心灵;所赋予我们的做人的准则,不是侧面退避邪恶的势力,而是大义凛然地、英勇无畏地直面邪恶势力。

古罗马美学家朗吉弩斯(Casius Longinus,213—273)曾论崇高美的特征:

大自然把人带到宇宙这个生命大会场里，让他不仅来欣赏这全部宇宙壮观，而且还热烈地参加其中的竞赛，它就不是把人当作一种卑微的动物；从生命一开始，大自然就向我们人类心灵里灌注进去一种不可克服的永恒的爱，即对于凡是真正伟大的，比我们自己更神圣的东西的爱。因此，这个宇宙还不够满足人的观赏和思考的要求，人往往还要游心骋思于八极之外。一个人如果四面八方地把生命谛视一番，看出在一切事物中凡是不平凡的、伟大的和优美的都巍然高耸着，他就会马上体会到我们人是为什么生在世间的。因此，仿佛是像按着一种自然规律，我们所欣赏的不是小溪小涧，尽管溪涧也很明媚而且有用，而是尼罗河、多瑙河、莱茵河，尤其是海洋。我们对着自己点燃的这点星星之火，尽管它也很明亮，总比不上对着日月星辰，尽管它们有时很昏暗，那样起肃然敬畏之情；我们也还不会认为这点小火比厄特拿火山口更为壮观，这火山爆发时从深坑里迸出岩石和山岗，有时还从地心里迸出长河似的大火流。总之，我们可以说，凡是对人有用和必须的东西，人总能得到；凡是使人惊心动魄的，总是些奇特的东西。(《论崇高》第三十五章)

朗氏所说的"崇高"，不限于艺术风格，而是把它看作一种一般的审美范畴，其中包括做人的准则。读潘天寿的绘画，那矫健的苍松和古梅，那突兀的荷花和巨石，那高瞻的雄鹰和秃鹫，那富于张力的章法，那奇崛坚劲的笔墨，一切都是扑面而来，远望之不离座前。它们所赋予我们的审美感受，不也正是如"火山爆发时从深坑里迸出岩石和山岗，有时还从地心里迸出长河似的大火流"那样的"惊心动魄"，那样的"肃然起敬畏之情"？这正是宇宙这个生命大会场里生生活力的全部壮观！如果说，传统文人画，尤其是传统文人花鸟画的意境，如十七八岁女孩儿执红牙拍板唱"杨柳岸晓风残月"，那么，潘天寿所开创的绘画意境，则正如关西大汉执铁板唱"大江东去"。在中国文人画史,尤其是文人花鸟画史上,这样的意境、这样的风格,不正是"不作第二人想"?不正是"前无古人,后无来者"?邓椿《画继》曾记:"画之六法,难于兼全,独唐吴道子、本朝李伯时始能兼之耳。然吴笔豪放,不限长壁大轴,出奇无穷。伯时痛自裁损,只于澄心纸上运奇布巧,未见其大手笔。非不能也,盖实矫之,恐其或近众工之事。"这段记载,生动地说明了传统文人画是怎样丢失了汉唐绘画"豪放""出奇无穷"的"大手笔"的传统的。相比于汉唐绘画的雄深雅健,文人画虽有幽雅淡逸之胜,但有一个严重的缺陷,就是难以上壁,其间力量的厚薄、气魄的大小,判然可别。而潘天寿的绘画却不仅可以展玩,而且可以上壁,特别是挂在现代建筑环境中,不仅相称,而且显出极大的气概。其结果,并没有"或近众工之事",而是有力地矫正了"文人之事"的流弊。

崇高、宏伟的艺术风格的创造,不仅仅取决于天授的博大人品和气质,而且也取决于别其一格的艺术处理手法。康德曾论构成崇高美的形式要素有二:一是大力,二是巨量,超越感官或想象所能容纳的极限。它一方面"使我们的抵抗力在它们的威力之下相形见绌,显得渺小不足道";另一方面又"把我们的心灵的力量提高到超出惯常的凡庸"(《判断力批判》)。这就是黑格尔所称"巨大的物质压倒心灵"(《美学》)。

潘天寿好作大画,不限长轴巨障。如作于 1955 年的《灵岩涧一角》为 117 厘米×120 厘米,作于 1958 年的《烟帆飞运图》为 250 厘米×243 厘米,作于 1960 年的《小龙湫一角》为 261 厘米×160 厘米,作于 1962 年的《雨霁》为 363 厘米×141 厘米,作于 1963 年的《小龙湫下一角》为 107 厘米×108 厘米,等等。这样的巨幅,在传统文人画的创作中是十分罕见的。如果没有对于"大块文章"的自觉追求,以及与这种追求相适应的非凡的魄力、胆力和结构经营的笔墨功力,显然是难以办到的。它们所蕴含的巨大能量,足以在视知觉上扩张出广袤无垠的外延,洞穿深邃无际的内涵,以至超出人的审美感受能力的惯常极限,从而有效地呼唤出一种高山般峻拔、汪洋般浩瀚的生命力,使观者的整个生命也为之亢奋发扬,向上拔高、再拔高。

潘天寿论画,重力,重气。力和气不仅贯串在他的大幅创作中,同样也贯串在他的小幅创作中。因为有力、有气,所以,作大幅决不空虚;因为有力、有气,所以,即使作斗方册页也涵有博大的气象和崇高的风格。根据他的观点:

> 顾(恺之)氏所谓神者,何哉?即吾人生存于宇宙间所具有之生生活力也。"以形写神",即表达出对象内在生生活力之状态而已。故画家在表达对象时,须先将作者之思想感情移入对象中,熟悉其生生活力之所在;并由作者内心之感应与迁想之所得,结合形象与技巧之配置,而臻于妙得。是得也,即捉得整个对象之生生活力也。亦即顾氏所谓"迁想妙得"者是也。(《听天阁画谈随笔》)

力和气表现在结构经营中,在于造奇、造险,而不是四平八稳;同时又破奇、破险,虚中须注意有实,实中须注意有虚。重心倾斜,但又决不倾倒,恰如其分地把握好"紧张"的律度,将其推到不留一份余地的极限。潘天寿反复申说:"实中之虚,重要在于大虚,亦难于大虚也。虚中之实,重要在于大实,亦难于大实也";"疏可疏到极疏,密可密到极密,更见疏密相参之变化。谚云密不透风、疏可走马是矣。"(均《听天阁画谈随笔》)一个"大"字,一个"极"字,至关重要而又至于难能,其实质与力、与气息息相通。他又指出:"画事之布置,须注意画面内之安排,有主客,有配合,有虚实,有疏密,有高低上下,有纵横曲折,然尤须注意于画面之四边四角,使与画外之画材相关联,气势相承接,自能得趣于画外矣。"(同上)潘天寿的画面构架,如建筑之框架,边角撑足,顶天立地,力敌万钧。从物理力学上来分析,这样的框架所展现的力感和气势,正是构造"巨大的物质压倒心灵"的具有崇高感的造型形象的一个必要前提。而潘天寿在这方面的自觉追求所达到的完美境界,是其他任何画家所难以企及的。他对于构图的要求,始终着眼于一个"大"字,大虚,大实,大力,大气。没有"大"字当头,力和气便无处安放,崇高的风格和博大的气象便无从立足。所以,他认为:"孝子曰:'治大国,若烹小鲜。'作大画亦然。须目无全牛,放手得开,团结得住。能复杂而不复杂,能简单而不简单,能空虚而不空虚,能闷塞而不闷塞,便是佳构。反之作小幅,须有治大国之精神,高瞻远瞩,会心四远,小中见大,扼要得体,便不落小家习气。"(同上)或举重若轻,或举轻若重,或以大观小,或小中见大,其要义还是在力,在气。

力和气表现在笔墨运用中,要求利用全身之体力、臂力、腕力,才能得写意之气势,以突出物体之神态。古人论用笔,有谓"力能扛鼎"者,又说是"笔底金刚杵",不仅是指力而言,更是指气之沉着而言。南宋"院体"和明代浙派之画,其力足以透破纸背,但其气却不够蕴藉沉着,所以在品格上便不够纯正。所以,力和气在笔墨的具体运用中,应该是一而二、二而一的,有气无力则萎靡,有力无气则霸悍,都不能算是真正的力和气。潘天寿反复指出:

> 吾国绘画,以笔线为骨架,故以线为骨。骨须有骨气,骨气者,骨之质也,以此为表达对象内在生生活力之基础。

> 由一笔而至千万笔,必须一气呵成,隔行不断,密密疏疏,相就相让,相辅相成,如行云之飘忽于太空,流水之运行于大地,一任自然,即以气行也。气之氤氲于天地,气之氤氲于笔墨,一也。

> 使画面上之点点线线,一气呵成,全画之气势节奏,无不在其中矣。(《听天阁画谈随笔》)

所谓"一气呵成",主要是指"气接"而言,而并非一定要挥笔立就不可。只要"气接",则无妨十日一山、五日一水,依然可有"一气呵成"之势。潘天寿论笔墨,多谈"气"而少谈"韵",论者也每以其画作少韵为憾,如他对于墨色层次的处理,并不是如通常的"水晕墨章"有"墨分五彩"之变化,而至多只有"三彩"的层次,缺少水汪汪的灵动性。其实,这是只知其一,不知其二。一般而言,笔生气,墨生韵,尤以枯笔生气,湿墨生韵。潘天寿有一方印章,曰"一味霸悍"。乍看之下,他的笔墨干枯墨黑,尤其是骨架线,绝少用湿笔淡墨,真如怒猊抉石、渴骥奔泉,确乎有"霸悍"而不够蕴藉温和之嫌。实际上,这种"霸悍"正是针对一般文人画重墨而轻笔、重韵而轻气、舍本而求末的萎靡作风的一种矫枉过正,与傅山"宁拙毋巧,宁丑毋媚,宁支离毋轻滑,宁真率毋按排"(《霜红龛集·学字示儿孙》)的美学追求是相一致的。因此,仔细品味,其气息相当凝蓄沉静,其力量往往引而不发,虽然峻峭险拔,但一点不作横刮外强、恣肆放纵之态。中锋用笔,重重跌落,涩涩推进,极其深静凝练,甚至连大块面也是以中锋积点或集线而成,而不是用偏锋横刷出来的,所以显得厚重而不浮薄。其点与点的连接,有时密些,如虫蚀木,如屋漏痕,此即积点成线、集点成面之理;有时疏些,却能远近相应,疏密相顾,正正斜斜,缭乱缤纷而成一气。线与线的相接,有时密些,即成线与线相并之密线,或线与线相接之长线;有时疏些,又能承前启后,声东击西,不相干而相干,纵横错杂而成整体。尤其是他的指画创作,更因为不能一划而过,所以,所造成的效果显得生涩毛辣,一点没有狂躁轻滑之弊。

  这种寓沉静于霸悍、以霸悍矫萎靡的笔墨风格,就是所谓"背戾无理中而有至理,僻怪险绝中而有至情"(《听天阁画谈随笔》),它不是传统文人画的中和之美,而是一种恰到极限律度的强烈冲突之美,因此极难驾驭,弄得不好,便会直堕深谷。所以,非有胜人一筹的魄力、胆力和功力者不能为,也不敢为。能于霸悍中见沉静,僻怪中见平和,从而建构起"至大、至刚、至中、至正"的崇高美的艺术丰碑,在传统文人画史上,我于潘天寿之外,也不作第二人想。

  中国画的批评向来称作"品",因为它有许多东西是只可意会不可言传、只可与知者言难以与俗人道的。知者赏音,则目击而道存;瞎子摸象,则隔靴而搔痒。博大精深如潘天寿,当然更是如此。

潘天寿的艺术成就是多方面的,如上所述,自不能尽其百一,兹更以司空图《诗品》二则长之:

>雄浑:大用外腓,真体内充;返虚入浑,积健为雄。具备万物,横绝太空;荒荒油云,寥寥长风。超以象外,得其环中;持之匪强,来之无穷。

>豪放:观花匪禁,吞吐大荒;由道返气,处得以狂。天风浪浪,海山苍苍;真力弥满,万象在旁。前招三辰,后引凤凰;晓策六鳌,濯足扶桑。

附一：
"中西绘画拉开距离"之我见

　　生也有涯，知也无涯，任何个人也好，乃至整个人类也好，对于世界的认识都是永远到达不了绝对真理的相对真理。包括对客观的全部认识和对客观某一个方面的认识。相比于科学，艺术的真理尤其不是一元，而是多元的，甚至两个截然相反的观点也都可以是真理。只是这些真理，各有其特定的时间、空间、条件和对象，而且其实践的结果，有成功的，也有失败的。但艺术家们往往以一元观来看待艺术的真理，而且以自己所认同的一元为唯一真理，而他人所主张的诸元全是谬误。更以事实辅佐雄辩，专举自己一元的实践结果之成功者为例并加以放大，而不提失败者，对应他人诸元的实践结果之失败者为例并加以放大，而不提成功者，甚至指其成功为失败，从而在自信满满的"真理愈辩愈明"中使真理愈辩越糊涂。

　　近代中国画所面临的"如何对待西洋画"的命题，就出现了多种不同的认识，至今争论不休。有主张"中西融合"以改良中国画的，如徐悲鸿、林风眠等；也有拒绝吸取西洋而坚持传统自我更新的，长期以来奉潘天寿为旗帜；傅抱石则一度力主融合中西，一度又力斥融合中西；张大千又认为绘画根本无中西之分，中西绘画不应有太大距离。今天的学术界，一般都是认同潘天寿的观点，而以其他观点为非，尤其是徐悲鸿的"中西融合"更被斥为误导了中国画的发展，导致了中国画传统在今天的衰落。但是一，今天的中国画界，涌现出一大批"传统功力深厚""德艺双馨"的大家甚至大师,则"传统在今天的衰落"从何谈起!二,20世纪50年代以后,徐悲鸿的主张虽然影响甚广,但潘天寿的主张与之旗鼓相当,则即使传统在今天衰落了,也不能单单问责于徐悲鸿吧?

潘天寿应对西洋画的中国画观,集中体现于一句名言:"中西绘画,要拉开距离;个人风格要有独创性。"(潘公凯编《潘天寿谈艺录》,下引潘天寿语除另注出处者均出于此,不另注)这句名言,言简意赅,包含了丰富的内涵。任何人对这句话的诠释,也是永远到达不了绝对真理的相对真理。越是认为"我对这句话的诠释是对的,不合我诠释的认识都是错的",其偏离潘天寿的本意愈远。今天众所公认的正确诠释是,潘天寿拒绝汲取西洋画之长,而坚持从中国的固有传统来自我更新,庶使中国画能保持民族性的纯正。同理,个人风格的建树,必须拒绝他人之长为我所用,才能保证独创性。这样的诠释,简单明了,当然是正确的,但不是唯一的。艺术真理的多元性,反映在对潘天寿这句话的诠释也可以是多元的,"有一千个读者就有一千个哈姆雷特",不能执此为正确而斥彼为谬误。中西绘画拉开距离,既可以通过拒绝西洋画而拉开之,也可以通过融合西洋画而拉开之。就像个人风格的独创性,既可以通过"不恨臣无二王法,恨二王无臣法"的绝去依傍、我用我法而实现,也可以通过见贤思齐、取法乎上,借鉴他山之石,攻我山之玉而实现。从潘天寿个人的实践,当然是坚守传统、古为今用而没有走中西融合、洋为中用的道路,所以,其"拉开距离"的理论观点,诠释为拒绝中西融合当然完全合情合理。但作为一个不走中西融合道路而古为今用的实践者,在理论上赞同中西融合而洋为中用的道路,尤其显示出他的包容大度。

中国画的传统也好,中国文化的传统也好,三千多年来之所以能持续发展,即使遇到严重的挫折也没有中断,根本上是因为它"周虽旧邦,其命维新"(《诗·大雅》),坚持"吐故纳新"(《庄子》)而生生不息,一方面坚守"故""旧"的传统精神同时摒弃糟粕,一方面不断地吸纳"新"的营养,这个

"新",不仅是传统自身中所固有的自我更新,更是传统自身中所没有,而是传统之外异质文明中所有而被拿来为我所用,为我所有。而且,相比于坚守传统,"纳新"对于传统的发展意义更为重要,所谓"日新其德"(《易·大畜》)、"苟日新,日日新,又日新"(《礼记》)。从战国时赵武灵王的胡服骑射到汉唐时与西域文明的大规模交流,传统对于异质的外来文明从来没有持排斥的态度,而是积极地借鉴、吸收、融合。张彦远《历代名画记》中多记有外国的画家,其画风虽与传统"夷夏体殊",却一点不作恶评,包括张僧繇、吴道子等大画家,更主动地学习取鉴,最终不仅没有使中国画成为西域画,反而使西域画壮健了中国画,使中国画的传统达到"古今之能事毕矣"的巅峰。对外来佛教文化的融合更能说明问题,对它的狂热,虽一度造成传统文化的危机,但最终却不仅没有使传统文化沦为佛教文化,反而使佛教文化变成了传统文化。但不知什么原因,从晚明以降,传统文明对西洋文明开始了只取其科学而排斥其文化艺术的态度,"中学为体",就是坚守传统文化,排斥外来文化尤其是西洋文化,"西学为用",就是学习西洋的科学技术。"周虽旧邦,其命维新"变为"周既旧邦,其命维旧","吐故纳新"变为"守故拒新"。平心而论,郎世宁也好,追效郎世宁的清廷画家也好,他们的"中西融合"确实不成功,但这并不能说明"中西融合"是不可取的。就像坚守传统,也有沦于陈陈相因的,并不能证明坚守传统是不可取的是同样的道理。直到"五四"之后,以掀翻屋顶的"反传统"口号达到了为传统的铁屋开启门窗,"周既旧邦,其命维旧""守故拒新"的传统重新回到"周虽旧邦,其命维新""吐故纳新"的传统,传统文化再次进入到高峰期,涌现出一大批国学大师。而且,这批国学大师,新文化人的比率和贡献远甚于"国粹派"的耆宿。如闻一多、鲁迅、陈寅恪、沈尹默、白蕉等,反之,"国粹派"中的冒广生等则仅功在传承而未能创新。最典型的例子,便是由商务印书馆所开创的"汉译西方名著"工程,包括今天的一大批中老年学人,几乎没有不受其影响的。

反之，除日本之外的各种异质文明，尤其是西方文明，对自身和自身之外其他文明的态度，则持唯我独尊而滴水不进的态度。弱肉强食，适者生存，争而趋同，不是我征服、消灭你，便是我被你征服、消灭。所以，古印度、古巴比伦、古埃及、古希腊、古罗马文明强盛一时，最终都中断了。包括近代以来，中国为西方国家所关注，但在西方，从来没有过如中国"汉译西方名著"工程那样的"法译、德译、英译中国名著"工程。在西方，即便有所谓的"汉学"，但是，一，它的目的并不在学习中国文化，而在了解、掌握、获取关于中国的情报；二，它的影响非常小，并没有进入到主流的文化圈；三，包括今天由华人在西方国家开设的各种"孔子学院"，事实上，也受到西方世界设置的种种阻力。

明乎此，用"中西文化"的本质根本不同，所以中国画的创新只能是传统的自我更新，而应坚决排斥"中西融合"的观点来诠释潘天寿的"拉开距离"说固然是正确的。但"中西文化"本质根本不同在哪里呢？正在于中国文化对于包括西方文化在内的各种异质文化始终是持主动融合态度的，而西方文化对于包括中国文化在内的各种异质文化始终是持坚决排斥态度的。则用"中国画的创新在坚守传统自我更新"的同时，不妨以"中西融合"的观点来诠释潘天寿的"拉开距离"说，应该也不是谬误。

我们尽可能完整地来看潘天寿关于中国画对待西洋画的观点，愈知"中西绘画要拉开距离"说既包含有"中国画应该坚守传统的自我更新，而抵制中西融合"的思想，这是晚明以降、"五四"之前包括"五四"之后国粹派的传统观；但同时也包含有"中国画不妨融合西方以吐故纳新"的思想，这是晚明以前尤其是三代至唐宋和"五四"之后的传统观。在潘天寿，"拉开距离"根本不在要不要融合，而在怎样融合、怎样融合好的问题。他对当时融合得不好的现象有所批评、指责，但批评、指责的是"不好"，而不是"融合"本身。

"中土为古文明之国，一切文化，均独自萌芽，独自滋长，与域外无相关系。稍后,以文化、武力、商业、交通、进展等诸原因,渐渐发生域外与中土交互之事实。换言之,文化、武力、商业、交通等愈进展,交互之事实,亦愈错综,而文学艺术之互相影响变化,亦愈甚,此为人群进化之自然现象。"在他看来,传统文化的发生,在初始阶段,虽然是"独自萌芽,独自滋长,与域外无相关系"的,但伴随着"稍后"的种种原因,"互相影响变化"的"交互之事实","为人群进化之自然现象"。只要不咬文嚼字,"融合"一词实为"互相影响变化""交互"的同义。

"历史上最活跃的时代,就是混交时代。因其间外来文化的渗入,与固有特殊的民族精神互相作微妙的结合,产生异样的光彩。""南北朝时的艺术,得外来思潮与民族固有精神的调护滋养,而得充分的发育。唐宋时的艺术,秉承南北朝强有力的素质,达到了优异的自己完成的领域。""混交""结合""调护滋养"等名词,亦为融合的意思。

"牛奶是营养的,但中国人吃了不要就变成外国人,中国人的形体不能失了。要重视民族传统,'洋为中用',这是很正确的。""洋为中用",当然只有通过融合而完成,不融合就谈不上"为中用"。至于喝牛奶,鲁迅先生之论"拿来主义"也有过一个很好的比喻:人喝了牛奶,可以滋长人的肌体,而绝不会变成牛的。

"得中土文化的精髓,则常有基也;感天地时势之化易,则变有起也。不学,无以悟常,不受,无以悟变。然此中关纽,还在心胸耳。"而西洋文化、西洋画的传入中土,正是当时"天地时势之化易"的一大事实,潘天寿当然不主张"不受"的,而如何"受",既包含了拒绝它,也包含了接纳它。

"学术固须接受传统,以为发展之动力。然外来之传统,亦须细心吸收,丰富营养,使学术之进步,更为快速,更为茁壮也。"有"吸收"然后才有消化,吸收消化同样还是融合的意思。

综上可知,潘天寿其实并不排斥中国画在坚守传统的同时融合西洋画之长为中所用。但他的着重点,是在中国画的民族精神、民族特色。这一精神和特色，固然可以通过拒绝融合西洋画而保持它的纯正性，这是潘天寿个人努力的方向。但也可以通过融合西洋画而增强它的生命力，这是林风眠、徐悲鸿等探索的方向。但正如拒绝西洋画以保持传统纯正性也有可能导致陈陈相因、泥古不化；融合西洋画以增强它的生命力更有可能导致不中不西、不伦不类甚至完全丧失传统的精神和特色。因此，对于中西融合，潘天寿的着重点又不在要不要融合，而在如何融合，使融合的结果不是丧失传统的精神和特色，而是增强传统的精神和特色。

"近十年来，西学东渐的潮流，日长一日，艺术上，也开始容纳外来思想与外来情调。揆诸历史的变迁原理，应有所启发。然而民族精神不加振作，外来思想，实也无补。因民族精神为国民艺术的血肉，外来思想是国民艺术的滋补品。倘单恃滋补，而不加自己的锻炼，是不可能成功的事。"显然，潘天寿并不反对"容纳外来思想与外来情调"的"滋补"，而是反对"不加自己的锻炼"而"单恃滋补"。

"原来东方绘画的基础，在哲理；西方绘画的基础，在科学。根本相反之方向，而各有极则。……若徒眩中西折中以为新奇，或西方之倾向东方，东方之倾向西方，以为荣幸，均足以损害双方之特点与艺术之本意，未识现时研究此问题者以为然否？"由于西方文化对于包括中国文化在内的异质文化是滴水不进的，所以在西方绘画史上，从来不讨论诸如"中西融合"的问题，而中国文化对于包括西方文化在内的异质文化则是包容接纳的，所以在中国绘画史上，就需要考虑"夷夏体殊"的问题。根本上要有益于中国文化的"特点与艺术的本意"。拒绝外来绘画固可，接纳外来绘画也可；而有害于中国文化的"特点与艺术之本意"，接纳外来绘画固非，拒绝外来绘画亦非。

"东西两大统系的绘画，各有自己的最高成就。就如两大高峰，对峙于欧亚两大陆之间，使全世界仰之弥高。这两者之间，尽可互取所长，以为两峰增加高度和阔度，这是十分必要的。然而，决不能随随便便地吸取,不问所吸收的成分,是否适合彼此的需要,是否与各自民族历史上所形成的民族风格相协调。在吸收之时,必须加以研究和试验。否则,非但不能增加两峰的高度和阔度,反而可能减去自己的高阔,将两峰拉平,失去了各自的独特风格。中国绘画应该有中国独特的民族风格,中国绘画如果画得同西洋绘画差不多,实无异于中国绘画的自我取消。"这里所讲的,只要不执着于"互取所长""吸收"与"融合"的字面分歧,肯定没有拒绝中西融合的意思,而它的要点,当然还是在如何做好融合的问题。至于"我向来不赞成中国画'西化'的道路。中国画要发展自己的独特成就,要以特长取胜",同样不是不赞成中国画通过"吸收"、融合西洋画之长以"增加高度和阔度",而是不赞成中国画通过"吸收"、融合西洋画"减去自己的高阔",失去自己的"独特风格"。换言之,就是认认真真地吸取,考虑所吸收的成分必须适合中国画的需要,与自己的民族历史所形成的民族风格相协调。而这样的"吸取"、融合,"必须加以研究和试验"。即使在试验中出现失败如郎世宁,也不应该因此而放弃"研究和试验"。就像佛教文化与中国传统文化的融合,经过几百年的"研究和试验"才成功地转化为中国的传统文化,绘画上的中西融合,同样需要一定的时间才能取得试验的成功。

"中国的艺术风格与世界任何各国不同,极其丰富、灿烂。代表我们民族的绘画……对外来的东西,也必须研究、吸收,但不能作为基础。只有在自己民族的优秀传统的基础上,才能更好地吸收外来的东西。如果把基础放在外国的形式风格上,那是本末倒置,就会割断历史。"这里所强调的是,中西融合不应以外国为基础,而必须以自己民族的传统为基础。明确了基础,则中西融合自然就可以增加传统的高度和阔度;不明确基础,即使不吸取西洋画,也可能"近亲繁衍",一代不如一代,甚至龙种变为跳蚤。而这个基础,当然指文化的基础,而不是简单的技术基础。有了文化的基础,技术上以书法为基础可,以素描为基础亦可;没有文化的基础,技术上以素描为基础非,以书法为基础亦非。

"线条和明暗是东方、西方绘画各自的风格和特点,故在互相吸收学习时,就须慎重。倘若将西方绘画的明暗技法照搬到中国绘画上,势必会掩盖中国绘画特有的线条美,就会使中国绘画失去灵活、明确、概括的传统风格,而变为西方的风格。倘若采取线条和明暗兼而用之的办法,则会变成中西折衷的形式,就会减弱民族风格的独特性与鲜明性。这是一件可以进一步研究的事。"这是就具体的明暗法在中国画中如何取用的问题而论。而中国画对西洋画的取用当然不限于明暗法,但即使对于素描明暗法的取用,潘天寿也并未说不可,而是认为不可"照搬"、不可"兼而用之",那么,以线条为主而以明暗为辅,如曾鲸的"波臣派"呢?潘天寿并没有表态,但他明确表示"这是一件可以进一步研究的事",而没有说"这是一件决不可行的事"。

"有人提出把西洋画的东西加在中国画里头。现在有些人主张加,有些人主张不加。对这个问题,我看一方面要平心静气地研究,另一方面还要试验。所谓研究,就是从艺术的基本原则去衡量、解决,看看与本民族的艺术特点是否协调一致,如果对艺术特点有提高,那就可以加;如果艺术特点降低了,那就不要加。假使不妨碍艺术性,还可以使艺术性提高增强,那就可以加;反之就要考虑了。这条原则要抓住;要虚心研究体会;要懂得中国古代的绘画理论,全面了解国画的表现技法,知道它有什么长处;要研究文化传统、民族性格、生活方式和欣赏习惯等等。同时,还要去摸索西洋画的特点。再一个,还要试验,不要很轻易下断语,以免出偏差。以自己晓得的东西排斥自己不晓得的东西,这不是学者的态度。要沉着、仔细、虚心地来解决问题。'百花齐放,百家争鸣'的艺术方针,完全是对的。"加不加,就是要不要融合的意思,而所加的"西洋画的东西",不仅包括素描明暗法,还包括其他。那么,要不要加呢?"有些人主张加""有些人主张不加",潘天寿则认为"不要轻易地下断语",而应该"研究""试验",

根本在是否有利于艺术性的提高增强。"百花齐放""百家争鸣"的艺术方针，要求我们不要"以自己晓得的东西排斥自己不晓得的东西"，则中国画传统的创新，不加西洋画而固守传统，包括固守明清文人画的传统和唐宋画家画的传统；加进西洋画而变革传统，包括加进写实主义的西洋画和现代主义的西洋画，应该齐放、争鸣，而不应用某一元去否定其他诸元。而根据提高增加艺术特点的"原则"，不仅加进西洋画需要"虚心研究体会"，不加西洋画同样需要"虚心研究体会"。因为加进西洋画固然有许多画得不好而降低艺术特点的，不加西洋画同样也有许多画得不好而降低艺术特点的。所以，决不能因此而认为，在潘天寿的心目中，如何融合中西是一个需要研究、试验才能避免失败的问题，不融合西方而固守传统则不需要研究、试验就一定可以取得成功。

"如果在民族风格的基础上，把传统技法与西画的某些长处结合起来，产生一种新的国画风味，这也是一种新形式新方法。这种形式是可以探讨发展的。现在由于旧技法和新技法结合得不成熟，所以看起来还不舒服，质量不太高，有的画是不中不西的。但只要今后努力提高，熟练传统技法，研究民族风格，同时吸收西洋技法，也可能成为一种很高的绘画。"这就更明确地表明了对中西"结合"的赞同而绝不是排斥。而"笔墨加素描"的新浙派人物画，便正是在他的指导下获得成功的。

综合上述的引文，我个人觉得潘天寿的"中西绘画拉开距离"说，不仅仅是与徐悲鸿、林风眠等的"中西融合"论针锋相对的反调，同时也是与徐悲鸿、林风眠等的"中西融合"论相呼应的同调。如徐悲鸿在《中国画改良之方法》中所论："古法之佳者守之，垂绝者继之，不佳者改之，未足者增之，西方画之可采入者融之。"与潘天寿立足于提升中国画的民族特点以吸收西洋画之长的观点，不正是同声相应吗？至于在如何融合的技术基础问题上，二人有所分歧，则完全是另一个问题。

中国有一句俗话："仁者见仁，智者见智。"类同于西方的谚语："有一千个读者,就有一千个哈姆雷特。"对同一个事物,撇开违反国家法纪、社会公序和基本常识,不同的人有不同的看法完全是正常的。从相对真理而言,这些不同的看法都是正确的,可以执己之是,但不宜斥人为非;从绝对真理而言,每一个看法都是不完全正确的,都是瞎子摸象的一得。没有一个人是无知的,无非知多知少、知此知彼的分别;又没有一个人是有知的,因为以无涯为分母,任何一个分子,多也好,少也好,此也好,彼也好,其实都是零。不可以五十步笑一百步,当然也不可以知一百斥知五十。所谓"人人都可以是艺术家",就是这个道理。常有朋友参观画展,对展品不屑一顾,认为:"画得太差了,简直不懂画,没有入门。"我对他说:"不可以这样讲,每一幅作品都画得非常好。如果你认为某个画家不好,我可以肯定,你的作品在这个画家眼中一定也是不好的。你以自己为标准,判定他不好,但以潘天寿为标准,你的画又好不好呢?则你对他的指责,岂不是五十步笑一百步?"所以说,人人都是艺术家,包括你认为不好的画家;人人又称不上艺术家,包括自以为画得很好的你自己。就相对真理而言,我认为别人都是懂的、好的、对的;就绝对真理而言,我认为自己实在是不懂的、差的、错的。那岂不是没有是非了呢?有的,那是在身后,所谓"盖棺论定",而不是在生前,在生前永远是争不明白的。

对潘天寿也好,对潘天寿的"拉开距离"说也好,我们也可以说"有一千个研究者,就有一千个潘天寿,一千个拉开距离说"。"不识庐山真面目,只缘身在此山中"是真理,但不可执此而斥"不入虎穴,焉得虎子"为谬误;"隔行如隔山"是真理,但不可执此而斥"旁观者清,当局者迷"为谬误。在科学上,不同的科学家对不同圆的研究,得出的圆周率只有一个结论;而在人文中,不同的艺术家对同一个圆的研究,得出的"圆周率"却可以有千千万万个。好几年前,于丹在中央电视台讲《论语》,红遍全国。有一位经学家不屑地在多种场合表示:"于丹根本不懂《论语》。"我向他表示:真正懂《论语》的自古至今没有一个,《孟子正义》中便讲到,孔子的弟子得到老师的耳提面命,也只能"各以其性而得其一偏",何况千百年后的我们?不能以我之所懂斥于丹之所懂为不懂。欧阳修与梅尧臣是知己好友,梅诗之高妙,欧阳修以自己为天下最懂,梅尧臣本人也认为天下真懂我诗者仅欧阳一人。但结果,欧阳修认为最佳的梅诗梅本人却认为不太佳;梅尧臣认为自己最佳的诗句欧阳又认为不太佳。于是而发"得者各以其意""未必得秉笔人之本意也"(《唐薛稷书》)。恰好当年的高考语文卷,有一道题是在世某作家的一段文字,要求考生概括出它的中心思想,供选择的答案有A、B、C三个。有好事者请作者本人作答,他所选择的是A,而标准答案却是C!这里还可以举一个例子。《金刚经》是佛教的最重要典籍之一,大概举十部佛学的代表经典,此经一定居于前五。那么,"金刚"二字为何义呢?千百年来,多少高僧大德研究此经,最权威的诠释,是佛法可断灭金刚那样坚硬的东西,金刚尚且可断,则一切魔障无不可摧。在这里,金刚比喻为魔障中的最坚,是佛法所要断灭的对象。而最通俗的认识,则是佛法如金刚那样坚硬,那样无坚不摧,故一切魔障皆可用金刚去断灭。在这里,金刚又成了断灭魔障的利器!两种诠释,截然相反如此!苏轼在《题西林壁》中认为,对一个事物真相的认识,置身其中就会陷于"不识庐山真面目";但在《石钟山记》中却认为,对一个事物真相的认识,不深入其中必隔靴搔痒"莫能知"。

所以,回到对潘天寿"中西绘画拉开距离"说的诠释,众所公认的"拒绝中西融合",从相对真理的立场,我完全赞同它的正确性;而本文所认为的"赞同中西融合",从绝对真理的立场,我深知它是完全错误的。所以,此文的目的,绝不是反对"拒绝中西融合"的诠释,恰恰是提请大家不要接受"赞同中西融合"的诠释。不仅"拒绝中西融合"的诠释是正确的,甚至坚持"拒绝中西融合"是唯一正确的诠释,其他任何诠释都是谬误的观点,也是正确的。因为人性的本质是自私的,具体表现为贪欲、惰性、自以为是和文过饰非。但人性使然,又有几个人能有潘天寿那样的人格,做到不

"以自己晓得的东西排斥自己不晓得的东西"呢?所以,作为"有一千个研究者,就有一千个中西拉开距离说",不仅"拒绝中西融合"是其中正确的一说,以"拒绝中西融合"为唯一正确的诠释而其他诠释都是谬误的观点同样也是其中正确的一说。当然,"赞同中西融合"亦是其中的一说,我只是不希望此一说发展成为以"赞同中西融合"为唯一正确的诠释而其他诠释都是谬误的观点。任何人,乃至整个人类对于任何问题的认识,永远都只能是偏见,认识到自己是偏见而包容别人的偏见,世界就"和";认为自己的不是偏见而是唯一正确,别人的则不是偏见而是绝对错误,偏见一定引起争执,争执一定引起灾难,世界因此而变得不太平。看到西方人的一篇文章《这个世界被知识分子弄得一团糟》,其中的"知识分子"专指人文知识分子。所谓"秀才遇到兵,有理讲不清",秀才遇到秀才,世界更一团糟。中国画的历史,从上古而唐宋,在不争执中不断地登上高峰,从明清而至今,在无休止的争执中变得歧途亡羊,有以哉!

与"拉开距离"相关的,不仅有如何看待"中西融合"的问题,也有如何看待传统的问题。中国画的传统,一分为二,一正一奇,潘天寿则分为一平一奇,平与正同义。他说:"画事以奇取胜易,以平取胜难。然以奇取胜,须先有奇异之禀赋,奇异之怀抱,奇异之学养,奇异之环境,然后能启发其奇异而成其奇异。如张璪、王墨、牧溪僧、青藤道士、八大山人是也,世岂易得哉!"奇的画派,以明清文人画尤其是野逸派写意画为代表,"往往天资强于功力,以其着意于奇,每忽于规矩法则,故易",天资指天赋,"忽于规矩法则"指不重以形写神的"画之本法","着意于奇"则赖诗、书、印的"画外功夫"。平的画派,以唐宋画家画为代表,包括工人画和士人画,"往往天资并齐于功力,不着意于奇"而严于规矩法则,"天资并齐于功力",是指士人画;工人画则往往"天资弱于功力","不着意于奇"而严于以形写神的"画之本法"。1968年,潘先生还曾给他的学生苏东天写过一封信,刊发于2005年8月27日的《美术报》。信中说到,中国画的传统既有

"科班"而重"规矩法则"的,当然指平的一派而言,又有"票友"而"忽于规矩法则""从外而内的",当然指奇的一派而言。众所周知,潘先生本人的方向,是在奇的方向,故重"画外功夫",包括道德人品和文化修养,而"忽于规矩法则",如他自己所言:"我过去是搞传统绘画中文人画的系统的""而非科班出身"。而研究者则往往据此认为,潘先生眼中的传统,只有文人写意一路,并进而排斥画家画。事实上,潘先生从来没有"以自己所晓得的,排斥自己所不晓得的""以自己所搞的,排斥自己所不搞的"。对中西融合的认识如此,对传统的认识亦如此。20世纪五六十年代,他执掌浙江美院的教学工作,便因自己和吴茀之、诸乐三等教授都是搞大写意的,使中国画传统的教学不免偏于一端,因此多次写信邀陈佩秋先生到美院执教严于"规矩法则"的工整一路。后来陈先生因故未能前去,便改邀了陆抑非先生。

综上所述,认为潘先生的"中西绘画拉开距离"说是主张拒绝融合西方、坚守传统自新是正确的,排斥工整、独倡写意是正确的;但认为他"不薄中西融合而爱传统自新"也是正确的,认为他"不薄工整平正而爱写意奇崛"也是正确的。习近平总书记2014年在文艺座谈会上的讲话中指出:"传承中华文化,绝不是简单复古,也不是盲目排外,而是古为今用、洋为中用,辩证取舍,推陈出新,摒弃消极因素,继承积极思想","以古人之规矩,开自己之生面","实现中华文化的创造性转化和创新性发展"。传统中国画的弘扬,"以中西绘画拉开距离"为目标,既需要传统自新的"古为今用",也需要中西融合的"洋为中用",而它的根本,则在"中华文化的创造性转化和创新性传承"。

至于传统在今天的"衰落",首先,是不是真的"衰落"了?我一直感到迷惘。因为持"衰落"论者大多是当今的"百杰""十大家""大师"之类,则何来"衰落"之说,或有论者会说:"虽然我们的传统画画得非常好了,但只有百十个啊!还有成千上万甚至几十万的中国画家,传统画画得非常差啊!"但任何一个时代,杰出的画家总是极少,大多数都是画得很差的,元代只有四到六家,明代只有八到十家,清代只有二十来家,潘天寿的时代更只有"四家",为什么不说元代、明代、清代、潘天寿的时代传统"衰落"了呢?我们这个时代的杰出画家之多,可远远超出历代啊!其次,持"衰落"论者大多坚守传统而否定"中西融合",并把传统的"衰落"归咎于"中西融合"。试把中国画比作球类竞技,把"坚守传统"比作足球,"中西融合"比作乒乓球,中国的足球没有踢好,难道可以归咎于王楠打乒乓球吗?

最后,我们来看看张大千关于中西绘画关系的认识。在《画说》中,他反复讲到:"在我的观点来说,作画根本无中西之分,初学时是如此,到最高境界时也是如此。当然,它们也有不同之处,但那是地域的、风俗的、习惯的、工具的不同,因此而表现在画面上,才起了分别。"这种不同,即使同为中国画,唐代的和宋代的,北方的和江南的,沈周的和唐寅的,也是必然存在的,要做到没有分别反而不可能。又说:"一个人若能将西画的长处融化到中国画里面来,要看起来完全是中国画的神韵,不留丝毫西画的外观,这是需要有绝顶聪明的天才,再加上非常刻苦的功夫,才能有此成就。否则,稍一不慎,就会变成不中不西、不伦不类,等于走火入魔了。""融化"也就是"融合"的意思,没有"融合"就不可能有"融化"。但"融合"并不一定"融化","不中不西,不伦不类"就是"融合"而未能"融化"。可见他并不反对"融合",只是反对不好的"融合"。结论:"中西绘画不应有太大的距离。"

我的认识:潘先生的"中西绘画拉开距离"说与张大千的"中西绘画不应有太大距离"说,是对立的,但也是统一的。就像"旁观者清,当局者迷"与"隔行如隔山","身在此山中,不识真面目"与"不入虎穴焉得虎子","士可杀不可辱"与"忍辱负重",都是既对立又统一的。因为潘先生本人的方向是传统的自新而拒绝"中西融合",因此而认为他反对"中西融合";因为潘先生本人的方向是文人画而不是画家画,因此而认为他否定画家画,专家学者们对"潘天寿"的这一认识,我完全赞同。但认为他不反对"中西融合",不否定画家画,作为对"潘天寿"的认识,也不妨作为"一千个潘天寿"中的一个。就像我们据苏轼的《题西林壁》,认定苏轼关于认识事物真相的方式是远离这个事物而反对深入这个事物;但苏轼的《石钟山记》关于认识事物真相的方法恰恰是深入这个事物而反对近离、遑论远离这个事物!"瞎子摸象",认为大象像墙壁,大象像柱子,都不错,执墙壁者斥柱子,执柱子者斥墙壁,也都没有错。但在我,却绝不简单地斥墙壁、斥柱子,而是认为自己的认识只是对"潘天寿"的一个偏见,而远不是对"潘天寿"的真实还原。希望大家不要同意我的。

  无论如何,由于我们这一代中,有大批的中国画家自觉地抵制以徐悲鸿为代表的"中西融合",而坚定地守护潘天寿反对"中西融合"的传统自强,尤其是文人写意画的传统自强,使中国画的传统在今天达到了一个空前的高潮,涌现出至少不下于3 000位的"大师""十大家""百杰",他们的作品,广受欢迎,市场价位之高,可以媲美甚至超出传统而未中断、未衰落时屈指可数的几位大师的价格,这是值得庆幸的。这也充分证明,"中西融合"导致传统中断、衰落的说法没有事实的依据。反之,如果认为"中西融合"确实导致了传统的中断、衰落,撇开足球踢不好归咎于王楠打乒乓不论,岂不推翻了今天的传统中国画有3 000位"大师""十大家""百杰"的众所公认和己所自认连带他们作品的天价?

(2007年)

附二：
潘天寿学派和浙东学派

清人刘廷献尝谓："传奇小说，今世之六经也。虽圣人复起，不能舍此为治。"对这句话，我深有同感，并认为："翰墨丹青，近世之学派也。虽圣贤复起，不能舍此为教。"

盖六经者，治世之大纲也。自晚明以降，儒学淡泊，士风丕变，斯文扫地，而天下兴亡，无与于精英，竟责之于匹夫。所谓"缙绅而能不易其志者，四海之大，有几人欤？而编伍之间，素不闻诗书之训，激昂大义，蹈死不顾，亦曷故哉？"俗话则云："仗义每存屠狗辈，负心多是读书人。"是六经忠义，弃之于性灵风雅而存诸闾间卑鄙，赖何得以存？传奇小说是也。而学派者，教化之根本也。今天，我们学习、贯彻党的十九大精神，其核心，就是习近平新时代中国特色社会主义思想。新时代中国特色社会主义思想的内涵十分丰富，其中重要的一条，就是中国特色社会主义文化。什么是中国特色社会主义文化？就是坚定文化自信，全面继承、弘扬优秀传统文化。而讲到优秀传统文化，在今天的大众认识中，第一是书画，第二是诗词，第三是《红楼》《三国》，第四是历史，第五是《论语》、老庄。至于学派，则基本上不在大多数传统拥趸的关注范围之内，而仅局限于学术界的象牙之塔。

事实上，迄止民国开始的新式教育全面实行之前，学派，始终是传统文化继承、发展的重要教育形式。从春秋战国的诸子百家，到后来的汉学、宋学、理学、朴学,等等,近代则以浙东学派和常州学派的影响最大,造就了优秀传统文化经、史、子、集各门类的多姿多彩。而自新式教育实行、旧式教育废止之后,文凭之获取,成为学子求学的第一义,过去的学派遂旗偃而鼓息,最多只是作为学术研究的对象,而失去了它传播文化的功能。所以,到了今天,讲到传统文化,人们的心目中便几乎失去了对学派的认知。但它的影响,却在社会的各种生活行为中有着潜移默化的延续,尤其是传统的书画艺术,不同的风格流派,无不形象地体认着不同学派的学术主张,有的本身也由画派变成了学派。但传奇变相六经,这是事实。而书画变相学派,则只是我的一个理想,因为真正当得起"学派"之称的书画,在今天远没有达到自觉的认识,案例更少。

众所周知,民国以降的新式教育影响到传统的书画艺术,有作为国学来认知的,也有作为美术来认识的。并不是所有的画派都与学派有密切关系,更不是所有的画派都有资格冠之以"学派"之名。当然,这里所讲的"学派",是传统教育意义上的学派,而不是西式教育意义上的"学院派"之类的学派。从这一意义上,近代的画派可以大分为三:一是与学派没有关系的画派;二是与学派有密切关系的画派;三是可以称之为学派的画派。而潘天寿先生的画学,正是堪称学派的典型之一。

近几年,我颇用力于近代常州画派与古代常州学派的渊源。所以,卢炘先生提出"潘天寿学派"的概念,我立即深表认同,并着眼于寻绎它与古代浙东学派的国学渊源。

浙东学派和常州学派,是明清以来学界两大最重要的学派体系,两者均以高度自觉的文化自信,影响了近四百年中国的学术文化甚巨。这两大学派的共同之点,都在经世致用的义利并举,奇正相生的继承和创新并举。不以义废利,不以利废义;不以奇斥正,不以正斥奇;不以继承轻创新,不以创新轻继承。而由于水土秉性的不同,浙学更重利、重奇、重创新,而常学更重义、重正、重继承。

浙东学派可以近溯到南宋的陈亮、叶适和明代的王阳明、黄宗羲,其后则以万斯同、全祖望、章学诚为代表,而以阳明心学为标举,以今金华、绍兴、宁波一带为大本营。其精神上溯而至春秋"报仇雪恨"的刚烈雄健。常州学派则创始于清初的庄存与、刘逢禄,传而为龚自珍、魏源、康有为、钱名山,而以《春秋》学为圭臬,以今常州、无锡一带为大本营。其精神上溯而至春秋"季子让国"的温柔敦厚。

同样是志道弘毅的任重道远,在浙东学派表现为"登峰造极"的非常,甚至把吃饭睡觉也发愤为卧薪尝胆。如陈亮《上孝宗皇帝书》所云:"有非常之人,然后可以建非常之功。求非常之功而用常才、出常计、举常事以应之者,不待智者而后知其不济也。"潘天寿先生"以奇取胜""一味霸悍""强其骨"的画学风范,正是浙学精神的形象例证。而在常州学派则表现为普普通通的平常,如钱名山论《春秋》义例,以《孟子》的"王迹息而《诗》亡,《诗》亡而《春秋》作"而归诸"思无邪"的各安本分、"行无事"的各尽本职,无论"铁肩担道义"还是"妙手著文章",都应"拼命到自然""只如吃饭睡觉"。

以义利关系而论,浙东学派的影响所至,晚清民国的浙商以虞洽卿为代表,多为"买办资本家";而常州学派的影响所至,则苏商如盛宣怀、荣德生、刘国钧等多为"民族资本家"。在政治经济方面,黄宗羲倡为"天下之大害者,君而已矣""民富先于国富""夫富在编伍,不在国家",所谓"小河有水大河满"。所以,秋瑾、黄宾虹等志士多为热心于投入破坏旧社会的革命派。常州学派则严守"尊君"的统绪,"大一统,尊王室","正名分,警僭窃,重人伦,诛弑逆","内中国而外诸夏,内诸夏而外夷狄",严明君臣、华夷的纲纪,且以"国富先于民富",所谓"大河有水小河满"。所以,康有为等志士,多为改革旧社会的改良派乃至走上保皇派之路。包括民国时的瞿秋白、史良等,其革命性也是相对温和的。而钱名山寄园中出来的弟子,更没有独立于政府职能部门之外的,程沧波任国民政府时期宣传部副部长、行政院秘书长、《中央日报》社社长,吴作屏任总统府秘书,谢稚柳任国民政府时期行政院秘书、《中央日报》编辑;谢玉岑以体弱多病,不克任职政府部门,但他以词、书、画有名于世,本可做一个自由职业的艺术家鬻艺为生,却不此之旨,而是历任中山大学、南洋中学的国文教席以传授道统。

虽然,潘天寿先生在民国、新中国时期先后执掌过国立艺专、浙江美院,但他与政府要员的关系,相比于徐悲鸿,显然要疏远得多。这正是缘于浙学、常学对个人与政府关系不同的应对态度。

以四民关系论,士为四民之首这是浙学、常学所共同的认识。但浙东学派坚决反对以农为本、工商为末的观点,尤其是黄宗羲,力主"工商皆本"。书画艺术,正属于"工"的范畴,所以,潘天寿的画学,不仅与浙东学派之"本"有着不可或分的关系,而且它本身,也作为"本"而成为民国之后形象的浙东学派。而常州学派则恪守"学优则仕"、以农为本的思想,即使溢而为工、为商,也重在"民族"而不取"买办"。所以,常州画学,固然与常州学派之"本"有着不可或分的关系,但它本身,却未能作为"本"而成为形象的常州学派。谢稚柳先生就经常说:"画画只是我的业余,我的职业是国家政府部门的工作,是博物馆的工作。"

如果说,潘天寿的画学之能够成为学派,是因为本来不属于"本"的绘画,在他成了"本",所以是"志于艺,依于仁,据于德,进于道"。那么,常州的画学之所以不能称作学派,至多只能称作画派,则是因为绘画在他们,始终没有被作为"本",所以还是传统的"志于道,据于德,依于仁,游于艺"。潘天寿对于书画艺术,包括创作和教学,都是作为"进于道"的一项专职,而且是四民之"本"的专职而不是"余事",郑重其事地全身心投入的,称之为"潘天寿学派",宜矣。至于徐悲鸿,虽然也是全身心地投入绘画的创作和教育,但由于他主要是立足于美术而不是国学来认识绘画的,尽管他也受到常州学派的影响,但他的画学本身只能称作画派,而不能称作学派。

在浙东学派的影响下,虞洽卿等从商主华洋互通而不排斥民族自主,潘天寿等从艺主传统自强而不否定中西融合;在常州学派的影响下,荣德生等从商主张民族自主而不排斥华洋互通,徐悲鸿等从艺主张中西融合而不否定传统自强。貌似自异并互异,但其精神却是一致的。这就是坚定的文化自信。因为有这个自信,所以既敢于自力更生,也敢于洋为中用,庶使传统的优秀文化实现创造性转化和创新性发展。没有这个自信,"自力更生"则沦为固步自封、泥古不化,"洋为中用"则沦为数典忘祖、全盘西化。故曰,浙学和常学,义利并重则一,或更重利,或更重义则别。

浙东学派和常州学派,反映在义利上的不同侧重如此,那么,反映在奇和正、继承和创新上呢?

先来看奇正。所谓"一阴一阳之谓道",又说"奇正相生,其用无穷"。奇和正是对立统一的,但在选择上,不同的人必然有不同的侧重。潘天寿论画学,以为:"画事以奇取胜易,以平(正)取胜难。然以奇取胜,须先有奇异之禀赋、奇异之怀抱、奇异之学养、奇异之环境,然后启发其奇异而成其奇异。如张璪、王墨、牧溪僧、青藤道士、八大山人是也,世岂易得哉!""以奇取胜,往往天资强于功力,以其着意于奇,忽于规矩法则,故易。以平取胜者,往往天资并齐于功力,不着意于奇,(严于规矩法则)故难。然而奇中能见其不奇,平中能见其不平,则大家矣。"于文化的奇正,所取的倾向可以有或奇或正的不同,但所见的认识则必须并见奇正而不可偏执。但事实上,取奇的人往往只认奇而否定正,取正的人往往只认正而否定奇。潘天寿的认识,在这一点上已经高人一等。又,奇正并不是黑白分明的河井不犯,而是你中有我、我中有你的混合,尤其是"大家"的奇和正,如太极图阴阳鱼的鱼头,一定是黑中有白眼,白中有黑眼;只有小家的奇和正,如太极图阴阳鱼的鱼尾,才是单纯的白尖和黑尖。潘天寿的认识在这一点上又高人一等。

浙江的水土所涵养,浙学的人文所化育的,多特立独行的奇异之士,于画学亦然。潘天寿所提到所谓青藤道士徐渭,作为中国画史上"以奇取胜"且开宗立派的大手笔,便正是浙江绍兴人。其画派被称作"水墨大写意",衍而为后世的"野逸派"。潘天寿本人,所走的当然也是由徐渭、八大、吴昌硕一路而来的奇异传统。

而常州的水土、学派,影响而及于常州的画学,从倪云林的平淡天真,恽南田的写生正宗,一直到民国以降的贺天健、钱松喦、谢稚柳等,所奉行的"正宗大道"则是明清的正统派和唐宋的"六法皆备"。包括徐悲鸿的中西融合,其基本的精神也是"存形莫善于画"的以形写神,形神兼备,而不是遗形取神的不求形似。尽管常州画学中也有谢玉岑,"文人画天下第一";刘海粟,糅合石涛和凡高而为"艺术叛徒",似乎与潘天寿的"以奇取胜"是同途的,但实质上却是殊归的。反是常州画学中的"正宗大道",与潘天寿的"以奇取胜"是殊途同归的。

殊归在什么地方呢?一是潘天寿把"以奇取胜"转化为"奇中能见其不奇",亦即"意笔工写",惨淡经营,严重恪勤,这是此前的水墨大写意画派中所不曾有过的。而谢玉岑、刘海粟均仅止于"奇中见奇"的"意笔意写",游戏翰墨,无意于佳而佳。二,潘天寿的奇异画学便从而被上升到了学派,而谢、刘的奇异画学仅止于个人风格的意义,还够不上作为文化意义上的学派。

同归又在什么地方呢?在潘天寿,是将文人画"画外功夫"的"三绝四全",由作为虚的文化修养的软实力,落实到作为"变其音节"的画法的硬道理,从而使文人画的"无法而法""我用我法"上升到法度森严。而在徐悲鸿、谢稚柳,则是将画家画"画之本法"的"真功实能",由作为实的技法的硬道理,转化为作为"术业专攻"的修养的软实力,从而使画家画由周密不苟、刻画严谨转化气格松灵。换言之,潘天寿加强了文人画的技术性,而徐悲鸿、谢稚柳则加强了画家画的文化性。尤其是文人画本为绘画门类的"余事",潘天寿却把它变为"本事";画家画本为绘画门类的"本事",谢稚柳却把它变成了"余事"。一者以奇为正,一者以正为奇,故曰"殊途同归"。

世间万事,包括画事亦然,"以奇取胜"虽有惊世骇俗的效应,但极易走火入魔。李贽的"异端邪说"可谓振聋发聩,徐渭的书风画迹可谓出奇制胜,但后来其人皆沦于心理失衡,其说、其艺及于后学,也颇多"好处学不到,反中了他的病,把他的习气染到自己身上",成为文人无行、荒谬绝伦、不复可问矣!包括潘天寿早年的画学,一味地"以奇取胜",便引起了吴昌硕对他的告诫。而潘天寿的过人之处,正在于以高度的理性,控制了高度感性的奇的临界点,化草草率笔为严重以肃、恪勤以周,创造出"有至大、至刚、至中、至正之气"而达到"登峰造极"的奇峰高耸,如里程碑式地标程百代。这个至大、至刚之气,是潘天寿先天的禀赋、怀抱及客观的水土环境所养成,而至中、至正之气则是后天的学养所修炼的结果,属于"奇中之不奇",而非"平中之中正"。他曾论中国画的构图,以一块砖的摆放为例,平放着四平八稳,正则正矣,却平平无奇;以一角支地,奇则奇矣,但放手即倒;要在找到重心的支点,以一角支地放手仍不倒,是谓"奇中有正",也即"意笔工写"。"工笔工写",这是明清以降直至民国的"画家画"家心目中的所谓"工笔画",刻板僵化,了无生气;民国时,张大千、溥儒、谢稚柳等从唐宋的真迹,重新发现了"画家画"包括工匠画和士人画的要义是在"工笔意写",形工而神写。而将"文人画"的写意,将徐渭等的"意笔意写"锤炼为"意笔工写",则是潘天寿的首创。这一首创,不仅仅是技法意义上,更是文化意义上的。

浙东学派要在以超常之奇矫反常之奇,重在治反常之行。常州学派要在以正常之平惧反常之奇,重在诛反常之心。治、齐、治、平,用力之不同如此。

再来看继承和创新。前引陈亮《上孝宗皇帝书》论"非常之人""非常之功",紧接着"不待智而后知其不济也"之后还有一段话:"前史有言:非常之原,黎民惧焉。古之英豪,岂乐于惊世骇俗哉!盖不有以新天下之耳目,易斯民之志虑,则吾之所求亦泛泛焉而已耳。"可为浙东学派的"志道弘毅"更侧重于"我之为我,自有我在"、蹊径独辟、"陈言务去"的创新方向下一注脚。而钱名山先生力主"大一统,重人伦,警僭窃,正名分,诛弑逆,外夷狄",又论书学,曰:"行其所无事。""行其所无事"者,"是画还他平,是竖还他直,是口还他方,是田还他四孔均匀,是林还他两木齐整,川、三还他两夹清明,齐、灵还他左右轻重如一,长的还他长,短的还他短,扁的还他扁""奇形怪状,一切皆是野狐禅……一入歧途,永无出路。故曰中庸不可能也。不偏之谓中,不易之谓庸"则代表了常州学派的"志道弘毅"更侧重于"述而不作""见贤思齐""踵役常途,盗窃陈编"的继承方向下一注脚。当然,创新不是不要继承,而是讲在继承的方面,无论广度还是深度,用力都不如常学之大;而继承也不是不要创新,而是讲在创新的方面,无论高度还是向度,用力都不如浙学之大。潘天寿曾致信学生苏东天,自述"因为古画看得少,各名家名派的技术方面,未曾好好加以摸索,对于古名家的成就、缺点,亦即高、低、上、下,往往如入汪洋大海,无从分析,只凭个人的爱好,或抄袭前人的成说,随便地写去,可以说自己'没有真知灼见'……故我的入手法,由于学习途径所限,是从外向内的。实在只在表面上搞些学习工作,没有进一步的深入。是一个票友的戏剧工作者,而非科班出身"。这当然是老一辈谦虚的风范,但也正说明了他的画学,在学派上是与浙东学派更注重创新的精神相一致的。

过去,梅兰芳先生论京剧的继承和创新,倡为"移步不换形"之说。"移步"就是创新,而不是邯郸学步;"不换形"要在继承,而不是偏离本源。但事实上,在具体的实践中,总有人或侧重于创新的"移步",或侧重于继承的"不换形",两者之间,不可能有一个"科学"的配方比率。说起来,"以平取胜"的画,本来就重在继承,但有继承无创新便成了故步自封的平平无奇;"以奇取胜"的画,本来就重在创新,但有创新无继承又成了"荒谬绝伦"的标新立异。

潘天寿先生的画学,从徐渭、八大、石涛、吴昌硕一路而来,尤其于八大,继承的关系更为清晰。但他的继承"师其意不在迹象间""师心不蹈迹""十分学七要抛三",甚至学三而抛七。而正是这样的继承,为他的创新保障了更大的开拓空间,做到大跨度的"移步"而精神上"不换形"。虽然,他多次对人讲过:"画不过八大。"这是从继承的一面而言;而从创新的一面,构图也好,笔墨也好,立意也好,境界也好,相比于八大,可谓面貌大异,开出了八大以来,乃至整个文人写意画以来的个性气象,博大而恢宏,高华而雄杰!更具有了一种世界眼光下的中国画乃至中国文化的新气象。所以,有学者研究新中国时期的"新中国画",以方增先等的"新浙派"为"新人物画"的标志,傅抱石、钱松嵒等的"新金陵派"为"新山水画"的标志,而以潘天寿的"新浙派"为"新花鸟画"的标志。我始终是不敢苟同的。因为,潘天寿画学的意义,已不是局限于画派,而是升华成了学派;不是地方性的"新浙派",而是全国性的而且自立于世界文化之林的学派;不是配合新中国文艺政策而造就的"新花鸟画派",而是传统文化自信的学派。

而常州的画学,从恽南田、钱松嵒到贺天健、谢稚柳,其创新则侧重在全面继承唐宋元明清以来"以平取胜"的传统。谢稚柳的画,初看景物灿烂,但细细寻绎其笔墨,却可以分明看出这一幅是郭熙的,那一幅是王蒙的。技法上"不换形",但精神上则有了明显的"移步"。包括张大千也是如此,他早年师从曾熙、李瑞清,对传统的继承仅局限于石涛,青年后与常州学派关系密切,于是把继承的眼光拓展到晋唐宋元明清的全部传统,吞吐变化,血战古人。以致传说毕加索曾调侃从他的画展中,所看到的全部是古人而没有他自己。至于后来的泼墨泼彩,石破天惊,则是他晚年的事情了。

所以,同样是"移步不换形"在继承的基础上创新,侧重于创新和侧重于继承的不同如此。而追根溯源,正在于浙学志在开创一个新世界,而常学旨在改良一个旧世界的文化自信之分别。今天的学术界,研究浙东学派,必以"开拓创新"以经世致用为它的第一特色,并不是说它不重视传统的继承,而是讲它对继承的意义之认识,更在"得前人所未发"的创新。而研究常州学派,必以"延续统绪"以经世致用为它的第一特色,并不是讲它不重视创新,而是讲它对创新的认识更归诸优秀传统的继承、发扬。

虽然,对继承和创新的侧重有所不同,但对"兼容并蓄"的认识则是浙、常二学的共同态度。而这一态度,也正是三代以来中国优秀文化的一个根本传统,也即"和而不同",既坚定自信,又包容不同。"移步"的跨度可以有所不同,"不换形"的根本则正在"和而不同"。而没有自信,既表现为否定自己,也表现为排斥不同。

黄宗羲认为,对"一偏之说""相反之论",应取包容并存,而不宜水火不容。因为不同的论说,相对于全部的客观对象,都不过沧海一粟,而不可能囊括三千弱水;相对于个别的客观对象,又不过仁智之见,而不可能有如数学解题般唯一的标准答案。彼之所论,是基于彼之时间、空间、条件、对象,我之所见,是基于我之时间、空间、条件、对象。观点的相异,根本不在观点本身的对错,而在观点所适应范畴的不同。佛门以清规戒律而素食,自是不容酒肉;但若据此而斥世俗肉食,岂不荒谬?所以,力气上、科学上的高下、胜负、对错,是不需要口气的争论的,完全凭事实来结论。而口气上、人文上的高下、胜负、对错,百花齐放、百家争鸣并不是要得出一个统一的认识,而是并存不同的认识。

这一兼容并蓄的精神,同样也反映在浙东和常州的画学中。潘天寿的画学,走的是"以奇取胜"的道路,但他并不否定"以平取胜"。在他执掌浙江美院国画系时,因他本人和吴弗之、诸乐三等先生都是画大写意的,所以从上海聘请陆抑非、陆俨少等画风规整的名家来杭任教。本来还要聘请陈佩秋,因陈未能赴杭,遂安排青年教师专门到上海拜陈为师学习。

他所倡导的是传统自强的方向,而不是"中西融合"的方向,但他并不否定、排斥"中西融合"的探索。他反复地讲过:"外来文化的渗入,与固有特殊的民族精神互相作微妙的结合",能使传统文化注入新的活力,"产生异样的光彩"。所以,对"中西融合",不可"以自己晓得的东西,排斥自己不晓得的东西"。并指导方增先等年轻画家,在"笔墨加素描"的方向上,做出了有益的探索和成功的创造。这个不"以自己晓得的东西,排斥自己不晓得的东西",包括不以自己主张的东西,排斥自己不主张的东西,不以自己践行的东西,排斥自己不践行的东西,正是包括浙学和常学所共同遵循的优秀文化传统。"生也有涯,知也无涯",所以,不同的知,应该"和而不同"而不可"党同伐异"。

同样,走"中西融合"道路的徐悲鸿,对传统自强的画风也采取包容的态度。齐白石是民国时期传承并创新了明清文人画"以奇取胜"而"忽于规矩法则"传统的代表,当时国画界恪守"正统"思想的势力视作不登大雅的野狐禅,徐悲鸿不仅带头订购了他的作品,并把他延请到自己执掌的美院做兼职教授,而且安排专车接送。张大千、谢稚柳等是民国时期复兴唐宋画家画"以平取胜"而"严于规矩法则"传统的代表,当时国画界恪守文人画思想的耆宿视作"工匠的水陆画",徐悲鸿则把二人延聘为自己执掌的艺术系的兼职教授,而且在南京时,让从上海过来的谢稚柳住到自己的家里。

今天,我们强调坚定文化自信。什么是文化自信?根本就是发展、壮大优秀传统的民族精神、民族特色。用潘天寿的话说,就是立足于"自己民族的优秀的传统基础上","增加自己的高度和阔度",与习近平总书记在文艺座谈会的讲话中所说的"实现优秀传统文化的创造性转化和创新性发展"正是相一致的。不明乎此,唯洋是从、唯洋是尊、全盘西化、去中国化是没有文化自信,简单复古、盲目排外、故步自封、泥古不化同样是没有文化自信。明乎此,则古为今用、自力更生、抵制洋货、"民族资本家"可以是文化自信;洋为中用、吐故纳新、中西融合、"买办资本家"也可以是文化自信。这也是为什么浙东学派,影响于经济,表现为虞洽卿等的华洋互通,为近代中国的经济繁荣作出了积极的贡献;影响于艺术,表现为潘天寿的传统自强,同样为近代中国的艺术繁荣作出了积极的贡献。而常州学派,影响于经济,表现为荣德生等的抵制洋货,为近代中国的经济繁荣作出了积极的贡献;影响于艺术,表现为徐悲鸿的中西融合,同样为近代中国的艺术繁荣作出了积极的贡献。所谓殊途同归,简单地用自己所晓得、所倡导、所践行的,否定、排斥自己所不晓得、不倡导、不践行的,"这不是学者的态度",也便不成为学派而成了帮派。

潘天寿的画品,以"强其骨""一味霸悍"的奇崛森严著称。这也正是他的人品。而这一品格,与陈亮、方孝孺、王阳明等浙东学派的代表性人物一脉相承。陈亮《自赞》:"其服甚野,其貌亦古,倚天而号,提剑而舞。惟禀性之至愚,故与人而多忤……且说当今之世,孰是人中之龙,文中之虎!"移之以赞潘天寿,可谓形神毕肖,如见一人!

最后,谈一谈学派和画派的关系。中外皆有学派、画派,如西方的雅典学派、威尼斯画派等。而从历史的发展来看,由读书而读图,早先的时候有学派而无画派,渐次而学派、画派并有,近代以后则学派衰而画派盛。这也是中外皆然的。大体而言,画派者,主要是绘画艺术的技法风格上的流派,重在创作,即使与教育发生关联,无论旧式的教育还是新式的教育,教育的目标也在培养流派风格的创作人才;学派者,主要是文化思想的学说观点上的流派,重在教育,主要是旧式的教育而不是新式的教育,即使与创作(著述)发生关联,也是作为教育的"备课"以推广其学说观点。过去的正史,对文化人的纪传,有"儒林传""文苑传"之别,大体而言,儒林更倾向于学派,而文苑更类似于画派。画派可以从属于学派,小中见大,形象地体现某一学派的文化思想,但只要它重在技法风格的创作,而不是学说观点的教育,便不能成为以大观小的学派。近代西方,像雅典学派那样文化领域的学派辉煌不再,但在艺术领域,却出现了瓦尔堡学派等著名的学派,使艺术由重在创作、重在风格转化为重在教育、重在思想。近代中国,像浙东学派、常州学派那样文化领域的学派亦辉煌不再,但在艺术领域,却出现了潘天寿学派的高峰标举,使艺术由重在创作、重在风格转化为重在教育、重在思想。从这一意义上,用学派而不只是画派的视野来认识潘天寿,我们才能真正理解其坚定文化自信的精神。尤其在新式的教育体制中,能把作为传统优秀文化的教育形式创造性地转化并创新性发展成为新时代的学派,更值得我们深刻地反思,不仅反思新式的美术教育,更需要反思新式的整个人文教育。专以今天美术学的学科建设而论,从学士论文到硕士论文、博士论文以及副教授、教授的职称论文,潘天寿的《听天阁画谈随笔》、钱松嵒的《砚边点滴》等作为我们的研究对象,它们本身有可能通得过今天的学术评审吗?如果不能,而必须以瓦尔堡学派等的西方学术为"规范",则谈何文化自信?谈何继承、发展传统优秀文化的学派?

并不是说,只要是研究唐诗宋词、中国画就是在继承、弘扬优秀文化传统,就是文化自信。同样,今天中国学界普遍流行的用西式学术规范来进行的传统研究,其根本的性质,也不是继承、弘扬优秀文化传统、坚定文化自信。当然,这也是需要的,所谓洋为中用,经过一定时间的探索,它最终可以成为中国的学派,如佛教从东汉传入,入唐以后便变成了中国的佛教。但用佛教来颠覆儒道,用西式规范来颠覆传统学派,这显然是不利于坚定文化自信的。所以,今天中国美术学科的建设,面对西方学派的全面侵蚀,我们需要有自己的传统学派影响下的美术。回想当年徐悲鸿的中西融合派,也是在常州学派的影响下建设起来的,今天的传统自强派,却不见传统学派的影响而只见西方学派的影响,这不是一件奇怪的事吗?包括潘天寿的画学本身,无论作为画派还是学派,我们都只能用瓦尔堡、维也纳等西方的学派规范作为其研究对象来认识,而不是从浙东学派等传统学派的实践方向来认识,究竟有多少意义呢?

  我们既需要接轨国际地走向世界,更需要文化自信地走向世界。则面对近四十年来学界唯洋为尊、唯洋是从、去中国化的学术规范,从潘天寿学派开始,重建中国自己学派的新时代应该正式到来了。

(2015 年)

07 第七讲
风流俦傥——张大千艺术论

张大千(1899—1983)，四川内江人，原名正权，又名蝯、爰、季爰，字大千，别号大千居士，画室名"大风堂"。工诗词，精鉴赏，富收藏。擅画山水、花鸟、人物，兼能书法、篆刻，对画史、画论亦有一定研究。曾任南京中央大学艺术系国画教授，不久辞去。20世纪40年代末寓居海外。

一

在艺术史，尤其是中国艺术史上，艺术上的成功，似乎总是与艺术家在现实社会中的失败相联系。所谓"文章憎命达"（杜甫语）、"诗必穷后工"（欧阳修语），证明了苦痛比欢乐更能产生艺术，证明了好的艺术品主要是不愉快、不顺利、烦恼或穷愁的表现和发泄。司马迁在《报任少卿书》和《史记·太史公自序》中历数古来的大著作，有的是坐了牢写的，有的是贬了官写的，有的是落了难写的，有的是身体残疾后写的……一句话，都是遭贫困、疾病，以至刑罚折磨的倒霉人的产物，"大抵圣贤发愤之所为作也"。钟嵘在《诗品》里把李陵列为"上品"，评曰："生命不谐，声颓身丧，使陵不遭辛苦，其文亦何能至此！"一部中国绘画史，从宋代的苏轼、元代的四家、明代的徐渭、陈洪绶、清代的四僧，直到当代的林风眠等，无不备受了他们那个时代、那个社会的冷落或虐待，然后以泪和墨，自写胸中盘郁，才留下了那有限的铭心绝品。画出好画,必须经历卑屈、乱离等愁事、恨事,失意一辈子,换来得意笔一支,这代价并不是每个画画的人能乐意付出的。

当然,所谓"苦痛比欢乐更能产生艺术,好的艺术品主要是不愉快、不顺利、烦恼或穷愁的表现和发泄",这样的提法只能是相对的而不能是绝对的。例如,韩愈就曾在《荆潭唱和诗序》里恭维两位写诗的大官僚,作为"王公贵人"而能与"憔悴之士较其毫厘分寸";并提出在诗歌的创作中,除"愁思之声""穷苦之言"之外还有"和平之音""欢愉之辞",只是在总体的数量和质量上,"和平之音淡薄,而愁思之声要眇;欢愉之辞难工,而穷苦之言易好也"。有了这个补笔,就题无剩义了;回过头来评析张大千的生平和艺术,也就不至于使人有太多的突然之感。

确实,张大千的生平遭际是与悲苦无缘的,他的艺术风格也是与悲苦无缘的。但是,问题并不在于此,与悲苦无缘的画家并非绝无仅有;问题更在于,一般与悲苦无缘的画家,其遭际充其量不过小康而已,其艺术充其量也不出韩愈所说的"淡薄""难工",能够不落俗气,已经相当不容易了。然而,张大千的生平遭际之欢愉,可以说完全达到了登峰造极的境界,绝非世俗中人所能梦想、所敢奢望;他的艺术风格之辉煌,也决不是一般意义上的"和平之音""欢愉之辞",而完全足以与最高境界的"愁思之声""穷苦之言"千秋并峙。这,无论在当代画坛还是整个中国绘画史,乃至整个中国艺术史上,都是绝无仅有的千古一人。

明末的张煌言曾指出:"甚矣哉!'欢愉之词难工,而愁苦之音易好也'!盖诗言志,欢愉则其情散越,散越则思致不能深入;愁苦则其情沉着,沉着则舒籁发声,动与天会。"(《张苍水集》卷一《曹云霖诗序》)清初的陈兆仑说得更为简括:"'欢娱之词难工,愁苦之词易好。'此语闻之熟矣,而莫识其所由然也。盖乐主散,一发而无余;忧主留,辗转而不尽,意味之深浅别矣。"(《紫竹山房集》卷四《消寒八咏序》)这种说法,对诗歌"难工"

和"易好"的缘故其实并未解释得透彻,然而对欢愉和穷愁的情味却颇能体贴入微。此外,陈继儒曾比较屈原和庄周:"哀者毗于阴,故《离骚》孤沉而深往;乐者毗于阳,故《南华》奔放而飘飞。"(《晚香堂小品》卷九《郭注庄小序》)要而言之,欢乐趋向于扩张、发散、昂扬、飘飞、奔放;忧愁趋向于收紧、凝聚、滞重、深往、孤沉。在当代中国画坛,林风眠的人品和画品,属于对后一种性格的超越;而张大千的人品和画品,则属于对前一种性格的超越。

综观张大千的一生,他的生活始终是充满了光明的,他的性格始终也是豁达开朗、热情奔放的。即便偶有不如意事,往往也很快顺利解决,决不致成为其生活和性格中的重大障碍。他蓄美髯,衣美服,居美居,食美食,几乎享尽了人间生活的一切福分;虽然没有一官半职,但交游遍天下,出则家眷、弟子、门生、友朋冠盖相从,名流、豪绅、达官、显宦车马相迎,风流倜傥,俨然神仙中人。有人称之为"富可敌国,贫无立锥",有人比之为李太白,无非都是形容其一掷千金的豪概。关于这方面的轶事不胜枚举,有些还颇有传奇的色彩,对于我们了解张大千的人品和画品极具启发的意义。

以其敦煌之行而论,据张心智《张大千敦煌行》一文,系起因于国民党中央政府监察院驻甘宁青监察使严敬斋的介绍,遂于1941年春末,携杨宛君、长子张心智,由成都乘飞机先抵兰州,然后等待在重庆中央大学任教的孙宗慰同往。经过武威时,又结识了当时甘肃省参议会副议长、著名书画家范振绪,又偕同乘汽车向安西进发。至安西后,当地已准备好大车、骡马、干粮、蔬菜、干柴以及用大葫芦盛的饮水,一行数人,分乘几辆大车、十余匹骡马,浩浩荡荡地离开安西直奔敦煌而去。一路上晓行夜宿,自不在话下,而张大千则谈笑风生,无论书画、诗词、戏剧、体育、历史及各地风土人情、方言、烹调等等,天南海北,一谈就是几个小时,遂使大家在这茫茫戈壁滩上并没有感到寂寞。到达距敦煌县城三四华里的时候,正是晚上八点多钟,前方早已有数十人站立在大路两旁,原来是县长、县商会会长、驻军团长等率众等候多时。当晚由巨商刘鼎臣大摆宴席盛情款待。次日,张大千一行由章县长、马团长等陪同分别乘轿车或骑马游览了月牙泉,至返回住所,早已有好几十人等着,敦煌全城的名流都已光临,吃饭请帖一一送来。张大千性直,首先向来者表示感谢,并决定在县城留下三天,专为诸位写字作画,将方方面面的关系,应付得十分周到。然后由章县长等陪同前往莫高窟,马团长还派来士兵加以保护。在莫高窟工作期间,张大千每当感觉疲劳时,便打开留声机听几段京剧唱片,有时学唱一段余叔岩的《打棍出箱》,或给同行讲一段故事,生活虽然艰苦,但乐趣一点不减。

转眼寒冬即将来临,张大千虽不停地对石窟进行编号,但距完成这项工作,还需相当一段时间。经过周密思考后,决定让杨宛君先回成都,将夫人和侄子张比德也接来敦煌;同时分别致函谢稚柳、刘力上、肖建初,邀请他们同来参加壁画的整理和临摹工作。年底又只身到西宁,准备聘请藏族画师协助临摹,受到当地政府要员赵守钰的隆重接待,连马步芳也参加了洗尘宴会,席后并派人送来黑紫羔皮筒、干蘑菇等土特产品。张大千离青海去敦煌前,又由马步芳举办宴会饯行,紧接着是马的下属人员接二连三地宴请。张大千理解他们的心情,总是在忙中抽时间给他们作画,以表示答谢。一切准备就绪后,在西宁包了一辆卡车,次日到达武威,受到河西驻军军长马步青的欢迎接待;接着到达酒泉,又受到马步青的女婿、骑兵第五军第五师师长马呈祥的欢迎接待;等到距敦煌县城三四华里的时候,又是晚上八点左右,敦煌县的各界人士在新任陈县长的带领下早已拿着电筒、点着灯笼等候路旁,并将他们重进莫高窟所需用的柴米油盐一一准备齐全。刘鼎臣更每隔三四天即送去一大车生活用品,帮助张大千解决后顾之忧,以便集中精力工作。

不久,张大千的夫人、杨宛君、侄子和谢稚柳、肖建初、刘力上等分别从重庆、成都抵达莫高窟。由于人手增加,工作安排比较有序,无论编号还是临摹,都进展得相当顺利。在这期间,张大千始终以其豪爽、开朗的性格,给沉寂的石窟带来热烈的氛围。除画人物的五官时精力集中、屏息不语外,一般情况下,总是喜欢和周围的人摆"龙门阵",海阔天空,无所不谈,有时还把留声机带到石窟,等到去石窟外休息的时候,边晒太阳,边听唱片。他考虑到派来的士兵多是天水、秦安一带的人,特意给他们放几张陕西易俗社秦腔演员的唱片,让大家高兴高兴,轻松一下。当县城里的朋友来看他时,也是在石窟里边看他临摹壁画,边摆"龙门阵",直到"下班"用餐才带着客人回到住处。

1943年初夏,离别莫高窟前,敦煌各界又纷纷为之设筵送行,张大千一一答应下来,但提出要求说,为了不耽误为朋友作画,就把宴会设在刘鼎臣家里,大家一起吃几天"大锅饭",岂不更加热闹?于是,接连几天,觥筹交错,笔飞墨舞,摆"龙门阵",侃"山海经",每天要到深夜,大家还要吃一顿夜餐才散去。临行,刘鼎臣安排了两名向导和三四十峰骆驼队,敦煌驻军派遣了十多名护送士兵,各界人士不断送来罐头、白糖、茶叶以及糕点和大饼,供张大千一行在路上食用。不久抵达兰州,八月中旬,"张大千临模敦煌壁画展览"和"张大千画展"同时在兰州三青团礼堂开幕,国民党军政委员朱绍良、谷正伦、高一涵、鲁大昌和张维等出席并主持了开幕仪式,敦煌之行遂告圆满结束。

敦煌之行,无疑是张大千生活经历中最为艰苦的一段时期。但是,即使是在这样的时期,他的表现依然是如此风流倜傥、意气风发,阔绰的排场,豪爽的谈吐,方方面面种种复杂关系的应付裕如,似乎幸运之神一直在冥冥之中关照着他、呵护着他,不让他受到社会险恶势力的一点点伤害。他的这种人生遭际,所达到的欢愉的光辉顶点,在当代中国画坛,乃至在整个中国绘画史、整个中国艺术史上,都令人难作第二人想。

以其寓居海外的晚年生活而论,据冯幼衡《大千世界》一文,1951年,张大千携妻小从印度转到香港暂居,然后搭轮船经日本往南美打天下,那时他方值壮年,正豪情万丈。1952 年,先抵阿根廷,继而往巴西一游,发现圣保罗附近摩吉山城的风景酷似四川的成都平原,遂以重金买下这片土地,耗资 200 万美金开辟了人工湖——五亭湖,建造了一个有笔冢、竹林、梅林、松林、荷塘、唤鱼石、下棋石的纯粹中国格式的"八德园",在这里度过了十七年的岁月。1972 年,张大千移居美国,精心构筑"环筚庵";四年后返居中国台湾,在台北市外双溪找到了"摩耶精舍"的现址。

摆"龙门阵"、品茗、逛花园、作画,依然是张大千每天生活的基调。他雅好美食,兴致来时,会亲自下厨,动手做几道"大风堂"的名菜。在一切都讲求快速的现代社会,一般家庭对"吃"虽不至于仅以果腹为目的,但是力求简化却是大势所趋。像张大千那样把"吃"当作艺术般爱好和追求的,可谓少之又少。每天早晨七时许,他在护士小姐的搀扶下先进早餐。一些大风堂的熟客、有早起习惯的友人,或者有事想与老人单独相商的,往往也一大早赶来,和他共进早餐。他常吃的餐点有:油条烧饼、蒸饺、小笼包、雪菜火腿面、红油抄手、红油饺子、臊子面、蛋炒饭、皮蛋稀饭、葱油饼、红豆松糕、黄鱼面、咖喱饺、萝卜丝饼等,每一样都非常的精致、考究,而且一定要佐以好茶。在四壁书画的环绕下,主客尽情地谈笑。到了吃下午茶的时候,客人们又从画室穿过天井,移驾饭厅,再一次享用大风堂的好茶美点。张大千喝茶,为怕灰尘,冲茶的第一道水是倒掉的;平日用扁平的紫砂壶泡茶,喝茶则用陶土制的棕色茶托、竹绿色小茶碗。至于喝清茶时,就用白色的茶杯,才能显出淡绿的茶色。这些规矩都不能造次,若是有谁用大玻璃杯冲茶给他喝,那就扫了他的茶兴了。

午饭时,除了熟客,桌上坐的多是自家人;晚膳时则喜欢留客,如果圆桌上坐满了十二个人,他就真正的开心,饭桌上气氛一热闹,他的胃口大开,谈兴也就高了。他深知"独乐乐不如众乐乐"的道理,仿佛任何美味都要和朋友共享后才有真正的意义。如果说,大多数艺术家是遁世的、遗世的,要在出世的孤寂心境中,才能幻化出高逸的艺术作品来,那么,张大千是十分入世的,他不是不曾有过隐遁之思,但在绝大多数的时候,他生活的基调都是那样地热爱生命,热爱尘世间的欢乐,并且兴致勃勃地享受生活中的点点滴滴。大风堂的晚餐与中餐一样,平时是四菜一汤,有客时增为六菜,菜端上时是大盘海碗,座上食客再海量也可吃个痛快。家常菜以川菜为主,其他菜为辅,如蒜泥白肉、凉拌茄子、荷叶粉蒸排骨、皮蛋拌豆腐、干煎明虾、油爆虾、鱼香烘蛋、蚝油豆腐、炝白菜、蟹黄白菜、棒棒鸡、宫保鸡丁、豆豉蒸鱼、辣子黄鱼等。张大千尤嗜吃肉,看到青菜便皱眉头,有很长一段时期,他是无大肉不欢,必得东坡肉、樱桃肉、腐乳肉、梅干菜扣肉、粉蒸肉、红烧肉等上了桌,他才开怀,八十岁以后,才兼好清淡的菜肴。大风堂宴客时,又另有一套菜单,每每由张大千自拟,其中的名菜有入口即化且不油腻的狮子头,有以花雕酒蒸的酒蒸鸭,以及水脯牛肉、鱼面、六一丝、烩七珍、煨排翅、鲍鱼等,令人回味无穷。大风堂的厨房,多聘名师掌勺,如在日本扬名立身、拥有多家四川饭店连锁店的陈建民,以怪脾气知名的娄海云等。到中国台湾后,又着意训练名厨,并以"悟性"作为鉴定名厨的一条重要标准,可见其完全艺术化地对待"吃"的生活态度。

除"吃"的艺术外,大风堂的林园之胜也堪称一绝。从摩耶精舍入门,就有一方池塘,池塘的一边有丝丝杨柳垂拂其上,另一边前后竖立着几块巨木、石头,池中有许多色泽鲜丽的鱼儿游戏争逐。绕池塘进入四合院中央,是一个天井,内有两个相连的池塘和一条小小的沟渠,沟渠中有水草、野花,沟旁还有数株梅花,冬日里便有暗香疏影的幽致。池边堆有几盆名贵的黄山松,或盘曲、或倒立、或斜出,颇有石涛、渐江画意。从天井穿出,则是摩耶精舍的后园,张大千在这里大兴土木,先后建筑了烤棚、亭子、长廊。烤棚之建,是为了重温在北平大啖十几碗烤肉的旧梦,其豪兴自不难窥见。由烤棚的绿地极目望去,蜿蜒的白石铺成的小路旁,遍植浓密的梅花、山茶和紫薇,另一头则有七八缸荷花。路的尽头是一个竹棚,棚下摆着一个大理石方桌和几个天然形状的石凳。缘竹棚而上即到双连亭,是摩耶精舍最胜处,青山四合,溪水环抱,登临其上,令人顿兴临流舒啸之想。过双连亭是一条傍溪而建的长廊,是以茅草、棕皮盖成的,漫步其中,听风听雨,诗兴与豪情俱生。

摩耶精舍中的许多草木盆石,都是从海外购运而来,有的是从巴西运往美国,再由美国运往中国台湾。如著名的"梅丘",系一块形状酷似台湾地形的巨大石碑,便是在美国西海峰的滨石乡社附近发现而购运回来的。这笔运费令人咋舌,但和张大千历年来在他所好的盆石上耗费的巨资相比,似乎又算不了什么。加上他永远不以既有的为满足,不断地继续购求,往往一掷千金,无所顾惜,只求拥有心之所爱。

每天午睡起来,大概四点左右,是张大千会客的时间,每当此时,高敞无比的大画室内总是高朋满座,宾主尽欢,而张大千的精神也正健旺,谈兴最高昂,天南海北地摆起"龙门阵"来,从国剧名伶的动态、从前看过的四大名旦、金少山、郝寿臣、小翠花的绝活、艺坛近事、古人轶闻,到中国历代画家的生平和绘事成就,莫不如数家珍。这一方面固然是因为张大千年轻时积累起来的渊博学识使然,另一方面大概也是因为出入大风堂的客人从王公卿相、菊坛名伶、文人雅士到世界各地来访的旧识新交,各阶层的人士都有,人多嘴杂,使得他在耳听八方之余,消息特别的灵通,所谓"秀才不出门,能知天下事"。

从生理学的角度,一个人的老年时期内心往往最容易走向孤寂的内心世界的,尤其像张大千这样既有着强烈的家国意识而又由于种种不得已的原因不得不离乡背井的老人,更是如此。但是,即使在这样的时期,他的表现依然是如此风流倜傥,意气风发。

也许,张大千有生之年最大的遗憾、最大的不如意事,便是没有能够实现叶落归根的愿望。他是一位具有强烈家国意识的人,虽远游海外,但乡思弥切。这种老而弥笃的乡思,时时流露在他的绘画中、诗文中,萦回反复,难以释怀。画不尽的《风雨遍姑苏》《罗浮旧游图》《黄山文笔峰》《黄山始信峰》《黄山鸣弦泉》《黄山忆游图》《峨嵋三顶图》《华岳高秋图》《巫峡云帆图》《长江万里图》……一笔一墨总关情!诗如:

烂红灿白尽夭斜,皂帽辽东漫自嗟;
不是野芳解留客,故出归梦已无家。

(《无题》)

不见巴人作巴语,争教蜀客怜蜀山;
垂老可无归国日,梦中满意说乡关。

(《无题》)

与君同岁复同乡,老病摧颓只自伤;
把酒凄然天北望,故人应念我投荒。

(《赠友》)

投荒乞食十年艰,归梦青城不可攀;
村上老人应已尽,含毫和泪记乡关。

(《青城老人村·之一》)

十载投荒愿力殚,故山归计尚漫漫;
万里故乡频入梦,挂帆何日是归年?

(《青城老人村·之二》)

海角天涯鬓已霜,挥毫蘸泪写沧桑;
五洲行遍犹寻胜,万里归迟总恋乡。

(《怀乡》)

还乡无日恋乡深,岁岁相逢感不尽;
索我尘容尘满面,多君饥饱最关心。

(《题六十七岁自画像》)

苇窗索我尘埃貌,退笔粗疏眼更花;

那得心情着泉石,故山挂梦已无家。

(《题七十四岁自画像》)

十年流荡海西涯,结个茅堂不似家;
不是不归归自好,只愁移不得梅花。

(《题红梅图》)

锦绣裹城忆旧游,昌州香梦接嘉州;
卅年家国关忧乐,画里应嗟我白头。

(《题蜀乡画友张采芹海棠图题句》)

至于在他与亲友的书信交往中,这种乡思更是情真意挚,不能自已。这对于张大千来说当然是一个不大不小的悲剧。但是由于:一,这个悲剧并不是张大千个人的力量所能克服的;二,相对于大陆的一些画家特别如林风眠、潘天寿等而言,这个悲剧实在也算不了什么;三,相对于张大千欢愉的生活基调而言,这个悲剧充其量不过是小小的点缀,事实上并没有在他心灵上留下阴影性的障碍,更没有从根本上动摇他对于生活的自信心。如果一定要说这一悲剧性遭际对他的影响,那么,也许可以认为,正因为经历了这一悲剧,才使得他欢愉、扩张、发散、昂扬、飘飞、奔放的人品和画品,相比于以往显得更加深沉而有内涵。

二

张大千的艺术人生,大致可以分为两个时期:五十岁之前为纵横国内时期;五十岁以后为走向世界时期。而无论在国内还是在世界,也无论其为人还是其为艺,其风流倜傥、意气发扬的性格却是一以贯之的;这种性格使他时时、处处都能裕如地应付外部世界,把一切非我的力量变为自我的对象。一般人讨论张大千的艺术,大都着眼于其晚期的泼墨泼彩,认为是前无古人的创格;而对其早年传统功力极深厚的作品,则不免有所非议,认为缺乏个人的面目,甚至编造了张大千在巴黎卢浮宫开画展时,毕加索评为"我只看到中国的唐宋元明清,就没见到张先生您在哪里"的故事。确实,张大千早年的作品多因袭前人,或受前人的影响较明显,但其个性的特点事实上还是很强烈的,除少数有意识的做假之作,决不至于与任何一个古人混淆起来。比较其前后期的作品,其间的差异纯粹是形式上的、表面的,内在的性格则是完全一致的,风流倜傥、意气发扬的堂皇气象,清峻刚健、挺拔昂扬的潇洒风神,绝无萧条、寂寞、荒寒、淡泊、艰奥、苦涩的情味。正是这种独具的性格,决定了他的艺术即使没有后期的泼墨泼彩,也已经足以睥睨千古。

早在 1936 年,徐悲鸿为《张大千画集》所作的序言便以《五百年来第一人》为标题,极尽推崇赞誉之能事:

> 夫独往独来,啸傲千古之士,虽造化不足为之囿,惟古人有先得我心者,辄颠倒神往,忍俊不禁。故太白天人,而醉心谢朓,吞纳画霸,独颂赞罗郎。此其声气所通,神灵感召,有不知其所以然者。大千以天纵之才,遍览中土名山大川,其风雨晦冥,或晴开佚荡,此中樵夫隐士,长松古桧,竹篱茅舍,或崇楼杰阁,皆与大千以微解,入大千之胸。大千往还,多美人名士,居前广蓄瑶草琪花,远方禽兽。盖以三代两汉魏晋隋唐两宋元明之奇,大千浸淫其中,放浪形骸,纵情挥霍,不尽世俗所谓金钱而已,虽其天才与其健康,亦挥霍之。生于二百年后,而友八大、石涛、金农、华嵒,心与之契,不止发冬心之发,而髯新罗之髯。其登罗浮,早流苦瓜之汗,入莲塘,忍剡朱耷之心。其言谈嬉笑,手挥目送者,皆熔铸古今;荒唐与现实,仙佛与妖魔,尽晶莹洗炼,光芒而无泥滓。徒知大千善摹古人者,皆浅之乎测大千者也。壬申癸酉之际,吾应西欧诸邦之请,展览中国艺术。大千代表山水作家,其清丽雅逸之笔,实令欧人神往。故其金荷,藏于巴黎,江南

景色,藏于莫斯科诸国立博物院,为现代绘画生色。大千蜀人也,能治蜀味,兴酣高谈,往往入厨作羹饷客,夜以继日,令失所忧。与斯人往来,能忘此世为 20 世纪,上帝震怒下民酣斗厮杀之秋。呜呼!大千之画美矣!安得大千有孙悟空之法,散其髯为三千大千,或无量数大千,而疗此昏聩凶厉之末世乎?使丰衣足食者不再存杀人之想乎?噫嘻!

廿五年夏悲鸿

我们知道,徐悲鸿的艺术批评一向比较偏激,如他在 1950 年所写的《剪纸艺术家陈志农先生》一文中就曾表示:"人家往往批评我誉人太过,但是我心中却有个分寸;如一人或一物不值得赞美,我就不响。如有一人怀一艺,达到前无古人,我便喜欢加重语气赞扬他。"在这篇《张大千画集》序中,无疑也有"加重语气赞扬"的溢美之词,但是,其由衷的钦佩之情则是显而易见的。特别是对于传统中国画,徐悲鸿又一向抱有偏见,要求用西法加以"改良";然而,对于张大千的浸淫于"三代两汉魏晋隋唐两宋元明之奇""友八大、石涛、金农、华喦,心与之契",他却明确地表示:"徒知大千善摹古人者,皆浅之乎测大千者也。"这就更为难能可贵了。虽然,对于徐悲鸿的赞誉,张大千颇有"愧不敢当"的惶恐,他在 1972 年"四十年回顾展"的自序中表示:

先友徐悲鸿最爱予画,每语人曰:"张大千,五百年来第一人也。"予闻之,惶恐而对曰:"……是何言也。山水石竹,清逸绝尘,吾仰吴湖帆;柔而能健,峭而能厚,吾仰溥心畬;明丽软美,吾仰郑午昌;云瀑空灵,吾仰黄君璧;文人余事,率尔寄情,自然高洁,吾仰陈定山、谢玉岑;荷芰梅兰,吾仰郑曼青、王个簃;写景入微,不为景囿,吾仰钱瘦铁;花鸟虫鱼,吾仰于非闇、谢稚柳;人物仕女,吾仰徐燕荪;点染飞动,鸟鸣猿跃,吾仰王梦白、汪慎生;画马则我公与赵望云;若汪亚尘、王济远、吴子深、贺天健、潘天寿、孙雪泥诸君子,莫不各擅胜场。此皆并世平交,而老辈文人,行则高矣美矣!但有景慕,何敢妄赞一辞焉。五百年来第一人,毋乃太过,过则近于谑矣!"

这里所列"并世平交"的诸家,在各门各类的画种中确乎各有专长,有些甚至不让张大千,但从总体成就而论,似乎都不如张大千,所谓"吾仰""吾仰",纯为张大千的自谦之辞。至于讲到山水、人物、花鸟、走兽的无所不能,工笔、设色、水墨、写意的无所不精,更没有人能与张大千相颉颃。像他这样在多方面均有杰出成就的画家,不仅在当代画坛,就是在整个中国绘画史上,也是十分罕见的。张大千认为:"天下事一通百通,画虽小道,讵能外此?工山水者,必能花卉;善花卉者,必能人物。如谓能此而不能彼,则不足以言通,惟长此而短彼则可耳。"(转引自王智圆《缅怀吾师》1948年7月16日日记)然而,真正要想达到"一通百通",又谈何容易!这需要超凡入圣的天才,需要锲而不舍的努力,二者缺一不可。张大千指出:"有人以为画画是很艰难的,又说要生来有绘画的天才,我觉得不然。我以为只要自己有兴趣,找到一条正路,又肯用功,自然而然就会成功的。从前的人说,'三分人事七分天',这句话我却绝端反对。我以为应该反过来说,'七分人事三分天'才对,就是说任你天分如何好,不用功是不行的。世上所谓神童,大概到了成年以后就默默无闻了。这是什么缘故呢?只因大家一捧,加之父母一宠,便忘乎其形,自以为了不起,从此不再用功。不进则退,乃是自然趋势,你叫他如何得成功呢?"(《画说》)张大千的这段话,从理论上分析其实并不正确,因为它颠倒了内因与外因、依据与条件的关系,甚至完全无视内因的依据作用;但是,从实践上分析,如何在既有的内因依据的基础上,通过主观的不懈努力将潜在的可能性发挥到最大的限度,"七分人事三分天"的意见又无疑有它相对的真理性。事实上,就张大千本人来说,他岂止是"七分人事三分天",他是"绝顶的人事绝顶的天"。他的绝顶天才是生而知之的,后人当然无法仿效;但是,他的绝顶的人事、绝顶的用功,对于后人的启迪是相当深刻的,而且是可以起而仿效、借鉴的。

学习传统绘画的人事用功的途径,不外乎三条,一是读万卷书,二是临万轴画,三是行万里路。张大千对于这三条途径是循序渐进的。二十一岁时,先后拜曾熙、李瑞清为师,学习书法诗词,打下了坚实的文学功底,嗣后一直持之以恒,手不释卷,注意从各种文艺中汲取营养,丰富自己的绘画。他曾说:"作画如欲脱俗气,洗浮气,除匠气,第一是读书,第二是多读书,第三须有系统、有选择地读书。"(转引自黄苗子《张大千先生的生平和艺术》)从他平日的摆"龙门阵"中,或题画诗文中,反映出他学识的渊博,其中许多方面正是得益于他孜孜不倦的读书精神。直到晚年,他依然坚持读书,经史子集无所不包,但更偏爱于读子书,尤其爱读志异、谈怪之类能助长想象力的东西,每天晚上,不读一阵子书他是不肯就寝的。

约从二十三岁,张大千开始以书画售世,借寓上海李祖云家中苦心研习,并从师李筠庵专意临摹古画,尤好石涛、八大之画风。嗣后直到五十岁前后,是他与古人共寝食的时期,所临摹的对象,也从石涛、八大进而扩展到华嵒、梅清、石谿、渐江、陈洪绶、张大风、青藤、白阳、唐寅、沈周、王蒙、倪瓒、吴仲圭、赵孟頫、牧溪、梁楷、马远、李唐、李公麟、易元吉、郭熙、范宽、巨然、董源,四十三岁时,更西渡流沙,远赴敦煌,将传统绘画的源头一直追溯到晋唐。对于传统画如此广泛涉猎,在当代中国画坛,除张大千外,实在难作第二人想。诚如陈定山所说:"张大千是一个聪明人,他从石涛起家,又把石涛一口吞入腹中捣个稀烂,吐得出来,化作唐、宋、元、明千百作家。"(转引自薛慧山《半世纪翰墨缘》)他不仅手追,而且心摹,凡所喜爱的真迹,不惜重价,一掷千金。大风堂中收藏既富,张大千对于传统的识见亦日高。他不仅善于做假,尤其对于石涛、八大,更达到形神俱肖,虽善鉴者莫能辨;而且,更注重对于古人笔法和神韵的领悟,从清、明、元的笔墨情韵,到宋、唐、晋的气象意境,上下千年,融会贯通而自成风格。

张大千坚信,学画应循规蹈矩,按部就班,首先是临摹和观审名作,各家所长,都应采取,每人笔触各不相同,所以又不宜专学一家。不仅要学"文人画"的墨戏,更要学"画家之画",打下各方面的扎实功底,学"文人画"以取其境界、怀抱,学"画家之画"以取其写实和刚健之气。因此,他对于"临摹"的要求,也与一般的"师其意不在迹象间"或"师心不蹈迹"有所不同,既师其意、其心,也严格地师其迹、其象。为了师其迹、其象,必须以"勾勒"作为"临摹"的基本功夫。他反复强调:

> 余于学画,提倡练习勾稿者,因古人用笔常于微细处见精神,学者每不易骤得。唐人学书,采用双勾法,使学者于点画游丝微细处俱不得放过。作画亦然。吾人每见佳画,常于细勾之后,发现自己未到之处;或在观赏古人画时,目为平凡之作,勾后始悟其精妙者,是不可不知也。(转引自王智圆《缅怀吾师》1948年3月28日日记)

> 要画画首先要从勾摹古人的名迹入手,把线条练习好了,写字也是一样,要先习双勾,跟着便学习写生。(《画说》)

他不仅是这样要求学生的,而且自己也在这方面身体力行。例如他临摹敦煌壁画,就是极其严肃认真的,每临一堵壁画,都要找同一时代、同样内容的壁画互相对照参考,反复观摩、比较,然后才下笔勾线;至于赋色,则不妨由学生或喇嘛画工代劳。当时一般画家对线条勾勒大都不屑用功,认为是工匠之事;对敦煌壁画更抱有偏见,认为不过是"水陆道场"画。张大千则独具慧眼,不为"文人画"所囿,他在《临模敦煌壁画序》中这样说道:"大千流连绘事,倾摹平生,古人之迹,其播于人间者,尝窥见其什九。求所谓六朝隋唐之迹,乃类于寻梦。石室壁画,简籍所不备,往哲所未闻。丹青千壁,遁光不曜,盛衰之理,吁其极矣。今石室所存,上自元魏,下迄西夏,代有继作。实先迹之奥府,绘事之神皋。"事实证明,他以上智而作下愚的努力,反映在他的创作实践中,无论精工典丽还是粗逸奔放,也无论金碧辉煌还是水墨清淡,那种豪迈、雍容、堂皇的气度,决不是一般局限于明清笔墨中画地为牢的画家所可企及的。这种气度,当然有其个人气格上的先天性原因,但也不能不归结到他在勾勒,尤其是对于晋唐画工画的勾勒方面所投下的深厚的功力。

约从二十九岁,张大千又正式开始了他"行万里路"的艺术历程。先是随兄张善孖游黄山,率工人数名,逢山开路,遇水搭桥,披荆斩棘,开出一条上山小道。嗣后又漫游了青城、峨嵋、巫峡、夔门、剑门、华山……足迹半天下。他认为:"古人所谓读万卷书行万里路,这是什么意思呢?因为见闻广博,要从实地观察得来,不单靠书本,两者要相辅而行。名山大川,熟于心中,胸中有了丘壑,下笔自然有所依据。要经历得多才有收获,山水如此,其他花卉人物禽畜都一样。游历不但是绘画资料的源泉,并且可以窥探宇宙万物的全貌,养成广阔的心胸,所以行万里路是必须的。"(《画说》)

需要指出的是,在当代画坛,注重"行万里路"的画家并非只有张大千一人,但是,一、游踪能像他这样广泛的实在少之又少;二、一般画家,尤其是文人画家的"行万里路"主要是出于"窥探宇宙万物的全貌,养成广阔的心胸"的目的,而张大千则同时还注重将游历作为"绘画资料的源泉",可见其"画家"意识非常之强;三、即就将游历作为"绘画资料的源泉"而论,一般画家大多注重摄取对象的"神",而张大千则兼重摄取对象的"形",可见其"画家"意识的强之又强。因此,他的游历,始终是与"写生"、而且是非常严格意义上的"写生"结合在一起的,每到一处即对景作画,而绝不作走马观花式的浏览。他指出:"写生首先要了解物理,观察物态,体会物情,必须要一写再写,写到没有错误为止。"(《画说》)"写生则详审造化形态之真谛,如山水之路源,花卉之苗长,人物之动态,举凡物理人情,差之毫厘,谬以千里,故而好学深思,心知其意,下笔始无舛讹耳。"(转引自王智圆《缅怀吾师》(1948年3月28日日记)他常常教导学生说,画山水者应当观察山水真景在晴雨朝暮和烟云变幻中的种种奇妙变化,且要眼观心记,心领神会,方能得其灵秀之气;画人物要懂得解剖、比例和相法,衣服要穿得上、脱得下;画花卉要仔细观察各种花卉的结构,并用解剖法弄清花瓣、花蕊的构成,辨别各种花卉的异同,研究各种花木枝叶的生长规律、筋脉结构和外形特点,在表现上注意正反欹侧变化和前后层次关系。

张大千曾三上黄山,一去数月,必登临绝顶,后来还刻了一方"三到黄山绝顶人"的闲章以为纪念。1931年春赴黄山的那一次,还携带了一架三脚座式照相机和一架折叠式手照机,亲自拍摄了黄山风景照片300多张,冲印放大后反复精心挑选,拣出其中最为中意之作12幅,到上海专门制成珂罗版,这种严格忠实于自然对象的写生态度,在当时的中国画坛是绝无仅有的。正是基于这种态度,张大千认为,黄山风景,移步换形,变化最多,当为天下名山第一;别的名山都只有四五景可取,黄山前后海数百里方圆,无一步不佳。但黄山之险,亦非他处可及,一失足就有粉身碎骨的可能。张大千上黄山的次数并不算太多,但是,在他后来的艺术生涯中,黄山成了他一生中画不完的母题,正因为他每一次上山都是伴之以严格踏实、深刻入微的写生精神,以上智而作下愚的努力,看黄山能深入其骨髓。他又曾撰《花卉画及没骨法》一文,阐述自己在花卉写生方面的体会:

研习花卉,首先要参考一部旧时的书,名为《广群芳谱》,全书只是文字,没有一张图画,但把各种花卉的形态和特性,说得非常清楚。知道花形容易,知道花的性情就困难,所以这本书是画花卉应备为参考的要籍。花卉有木本、草本两种,这要先弄清楚。花卉当然要推宋人为第一,画的花卉境界最高,他们的双勾功夫,不是后人所赶得上的。到了元人才擅长写意,宋末偶亦有之。到明清,渐至潦草,物理、物情、物态,三者都失掉了;独有八大山人崛起,超凡入圣,能掩盖前代古人。花卉并不是每一种都能够入画,也须选择;画家也不是每一位都擅长画各种画,能深深地明了几种花木的特性,已经是不容易的事了。体会物理,看某一种花,要由苗萌抽芽,到发叶吐花,这些过程中,经我们的印象,能一一传出。更严格地说,要能从发叶子的时候,一看便可以辨出花开出来的颜色,要这样才能算是深入里层,算是花的知己,称得画师了。能够栽种的或能播于盆盎的,应该搜罗一些,放在身边,使我们能够与其朝夕相处而更好观察它们,从而为它们写生。冶姿娇态,和生长的意味,都要完正。用笔要活泼,活泼并不是草率,是要活力和自然。墨色务要明朗,不可模糊不清。选古人的名迹,吸收他们的精粹,这样不会不成功的。至于花干,也有一点必须注意,它是整个花的主体,木本要画得挺拔而秀发,又不可以太僵直,草本要有柔脆婀娜的姿态。

这就把读书、临古与写生三者有机地结合了起来。张大千的写生,之所以既严格写实,不悖于客观对象的"物理、物情、物态",同时又能不落"空陈形似,乏其气韵"的匠气,原因正在于此。特别对于临古与写生的关系,他是有着十分清醒的认识的。他反复强调,临古与写生二者不可偏废,先临古,而且是极其严格的临古;次写生,而且是极其严格的写生;最后才是自出机杼的创意。通过临古,从古人、古画中汲取艺术营养,既学到历代的笔墨技法,更注重领会古人如何师法造化来立意创境的表达方法,这是在临古中已打下了写生的伏笔。通过写生,从实景中观察自然对象,进而与古人的笔墨加以印证,这是在写生中时时、处处与临古相呼应。进而从临古、从写生中超越上去,自然便不为古人所缚,不为客观物象所缚。"一个成功的画家,画的技能已达到化境,也就没有固定的画法能够拘束他、限制他。所谓'俯拾万物''从心所欲',画得熟练了,何必墨守成规呢？但初学的人，仍以循规蹈矩，按部就班为是。"(《画说》)张大千这种对于临古、写生与创意之间的有机性的理解，与董其昌关于"画家先以古人为师，后以造物为师"(《画禅室随笔》)的观点，以及贡布里希关于"图式—修正"(《艺术与错觉》)的观点，实有一脉相通之处。

三

张大千后期的绘画，当以泼墨泼彩的风格最能代表他的创造性贡献。这一时期，他基本上不再临摹古人，也不再对景写生，而是从古人、从造化中彻底超越了上去，诚如其永别人世前，抱病画《庐山图》时题诗所云："不师董巨不荆关，泼墨翻盆自笑顽；欲起坡翁横侧看，信知胸次有庐山。"然而，早期深厚的传统功力和写生功力毕竟在他的作品中还是有迹可寻的。换言之，其后期的成就决不是相对于前期成就的另起炉灶，而正是在前期既有成就基础上的更上一层楼。例如，在他的泼墨泼彩画中，我们常可看到石涛笔法的点景人物，长江、黄山的水色树影等等，便足以说明问题。

1972年，张大千在"四十年回顾展"自序中说："老子云：'得其环中，超以象外。'此境良不易到，恍兮惚兮，其中有象，其庶几乎？"说明他这一时期对于绘画的理解，完全已经逸出了任何规矩准绳之外，而进入了"道"的层次，所以能够"俯拾万物""从心所欲"。其画风显而易见有几个特点：一、由细笔变为粗笔；二、甚至只见墨晕、色晕而不见笔迹；三、脱略形似，注重神韵意境；四、虽是具象，已近抽象；五、极度发挥水与墨、色的功能。大片大片浓黑的墨韵，与极其鲜明晶莹的石青和石绿彩斑交相辉映，笔耶非笔，墨耶非墨，色耶非色，虚兮若实，实兮若虚，诡谲偶傥，变化无方，非能与造物游者，安得笼天地于形内、挫万物于笔端！诚如《老子》所云："道之为物，惟恍惟惚。惚兮恍兮，其中有象。恍兮惚兮，其中有物；窈兮冥兮，其中有精。其精甚真，其中有信。自古及今，其名不去，以阅众甫。"在这种即道即艺的境界中，张大千认为：

画家自身便认为是上帝,有创造万物的特权本领。画中要它下雨就可以下雨,要出太阳就可以出太阳;造化在我手里,不为万物所驱使;这里缺少一个山峰,便加上一个山峰,那里该删去一堆乱石,就删去一堆乱石,心中有个神仙境界,就可以画出一个神仙境界。这就是科学家所谓的改造自然,也就是古人所说的"笔补造化天无功"。总之,画家可以在画中创造另一个天地,要如何去画,就如何去画,有时要表现现实,有时也不能太顾现实,这种取舍,全凭自己思想。何以如此,简略地说,画一种东西,不应当求太像,也不应当故意求不像。求它像,当然不如摄影,如求它不像,那又何必画它呢?所以一定要在像和不像之间,得到造物的天趣,方算是艺术。正是古人所谓遗貌取神,又等于说我笔底下所创造的新天地,叫识者一看自然会辨认得出来;我看到真美的就画下来,不美的就抛弃了它。谈到真美,当然不单指物的形态,是要悟到物的神韵。这可引证王摩诘的两句话:"画中有诗,诗中有画。""画是无声的诗,诗是有声的画。"怎样能达到这个境界呢?就是说要意在笔先,心灵一触,就能跟着笔墨表露在纸上。所以说"形成于未画之先""神留于既画之后"。近代有极多物事,为古代所没有,并非都不能入画,只要用你的灵感与思想,不变更原理而得其神态,画的含有古意而又不落俗套,这就算艺术了。(《画说》)

这段话有多方面值得我们加以注意,首先是艺术与造化的关系,"一定要在像和不像之间""不变更原理而得其神态",这和黄宾虹所说的"绝似又绝不似物象者"、齐白石所说的"妙在似与不似之间"是同样的意思,意味着对写生的超越;其次是艺术与传统的关系,"近代有极多物事,为古代所没有,并非都不能入画",重要的是"画的含有古意而又不落俗套",这和石涛所说的"借古以开今"是同样的意思,意味着对临古的超越;再次是在这种超越中,必须要有画家自己的"灵感与思想",才能真正成为拥有

"创造万物的特权本领"的"上帝"。

张大千后期的泼墨泼彩画,既有深邃的传统心理感受的内涵,同时又有崭新的现代视觉构成的形式。因此,长期以来,颇有人对之持"西化"的观点。但张大千本人,对此是矢口否认的,他曾多次向人表示,并不是他发明了什么新画法,而是古人用过的画法,后来大家都不用了,他再加以发掘出来而已。他所说的"古人",主要是指王洽、米芾的破墨、泼墨而言。如他在一九七六年所作的一幅泼墨泼彩山水上自题:"自王洽创为破墨,米老承之,以为云山,后有作者,墨守成规,不离矩步,不知风气既移,不容不变,似者不是,不似者乃是耳。"又于1979年所作的一幅泼墨泼彩山水上自题:"以泼墨飞白合写之,于老米落茄法又别具一副手眼。"因此,无论在意境神韵上,还是在用笔用墨的基本法则上,不管张大千在艺事上如何精进,在表现上如何创新,毕竟还是依然保持着浓厚的中国传统精神。特别是那种风流倜傥、意气扬扬的堂皇气象,更与其早期的作品渊源有自,系无旁出。

不过,这样说,并不意味着西方的艺术,尤其是现代艺术对他的变法创新没有丝毫影响。事实上,置身于他乡,晚年的张大千完全是用一种世界眼光来看待绘画的。他认为:

> 在我的想象中,作画根本无中西之分,初学时如此,到最后达到最高境界也是如此。虽然可能有点不同的地方,那是地域的、风俗习惯的以及工具的不同,在画面上才有了分别。
>
> 还有,用色的观点,西画是色与光不可分开来用的,色来衬光,光来显色,为表达物体的深度与立体,更用阴影来衬托。中国画是光与色分开来用的,需要光时就用光,不需用时便撇了不用,至于阴阳向背全靠线条的起伏转折来表现,而水墨和写意,又为我国独特的画法,不画阴影。中国古代的艺术家,早认为阴影有妨画面的美,所以

中国画的传统,除以线条的起伏转折表现阴阳向背,又以色来衬托。这也好像近代的人像艺术摄影中的高白调,没有阴影,但也自然有立体与美的感觉,理论是一样的。近代西画趋向抽象,马蒂斯、毕加索自己都说是受了中国的影响而改变的。我亲见了毕氏用毛笔水墨练习的中国画五册之多,每册约三四十页,且承他赠了一幅所画的西班牙牧神。所以我说中国画与西洋画不应有太大的距离。一个人能将西画的长处溶化到中国画里面来,看起来完全是国画的神韵,不留丝毫西画的外貌,这除了天才而外,主要靠非常艰苦的用功,才能有此成就。(《画说》)

张大千晚年对于西方艺术是深有研究的,他曾在 1975 年为"毕加索晚期创作展"所写的序言中提到:"(余)专赴罗马,观摩文艺复兴之杰达文西、拉斐尔、米开朗基罗之壁画、雕塑,于西方传统艺术实地研考,先作了解,深感艺术为人类共通语言,表现方法或殊,而讲求意境、功力、技巧则一。"同文中还提到毕加索之作,"见于画肆者,与传统西画有异。而其思想内容,实亦基于西方"。同理,张大千的后期之作,虽与传统国画有异,而其思想内容,实亦基于中国。

传统中国画的审美境界,不外乎物境美、心境美、笔墨美三者,而于最直接地影响于视知觉的构成美,尤其是色彩构成美,则显得先天不足。我们知道,注重构成美,正是西方艺术,尤其是西方现代艺术的大势所趋。张大千的泼墨泼彩法之所以能获得成功,正在于他不是丢开了传统的物境美、心境美、笔墨美而单纯地去赶构成美的时髦,而是巧妙地以传统的物境美、心境美、笔墨美为"体",以西方的构成美为"用",使二者水乳交融。结果,虽然融会了西画的长处,但"看起来完全是中国画的神韵,不留丝毫西画的外貌"。就像是摩耶精舍中的山石花草,虽然来自美国、巴西,但依然不失其作为中国园林的独有神韵。

08 第八讲
欲辩忘言——林风眠艺术论

林风眠(1900—1991),广东梅县人。1918年参加勤工俭学,到法国和德国进修绘画。画风糅合中西,擅长花鸟、山水、人物,对艺术理论也有一定研究,并曾致力于美术教学,为中国当代美术教育创始人之一。曾任国立北平艺术专科学校校长、国立杭州艺术学院院长、中国美术家协会上海分会主席。80年代初寓居海外。

一

结庐在人境,而无车马喧。
问君何能尔?心远地自偏。
采菊东篱下,悠然见南山。
山气日夕佳,飞鸟相与还。
此中有真意,欲辩已忘言。

这是陶渊明的《饮酒》诗之一,也是我们观赏林风眠的绘画时所得到的一种审美感受。林风眠曾自述,他对大自然中的一草一木、最平淡的景色:"平原上几株树,几间小屋,一条河……永远不会感到厌倦。"(转引自《林风眠论》,苏天赐《回首仰望高峰》)这一艺术精神,与陶渊明的超旷心境冥符巧合。因此,对于他的绘画所描绘的大自然中的一草一木、最平淡的景色:"平原上几株树,几间小屋,一条河……"我们也永远不会感到厌倦。社会制造喧闹,大自然制造宁静;宁静给人们带来更多对宇宙人生的哲理思考。林风眠的绘画正是体现了这样的回复自然之道。

作为社会存在的人格具有双重性。一方面,它必须遵守、服从社会所制造的喧闹,即各种文化的规则和秩序;另一方面,它又必须回复到大自然所制造的宁静,即率真、本真的性灵之中。在一般的情况下,这两种要求是互相冲突的。你要想服从文化的秩序,就不得不扭曲本真的性灵;你要想回复本真的性灵,又不得不破坏文化的秩序。于是,人,尤其是作为知识阶层的文人,便永远在一种心灵的僵局中折磨自己。有没有办法既置身于社会的文化秩序之中,同时又构成对这种秩序的超脱、回复到本真的自然之道呢?有。那便是中国传统的山水、花鸟艺术,其中包括山水画、花鸟画艺术。宋代的郭熙曾在《林泉高致》中论山水画的功能,说是:

> 君子之所以爱夫山水者,其旨安在?丘园养素,所常处也;泉石啸傲,所常乐也;渔樵隐逸,所常适也;猿鹤飞鸣,所常观也;尘嚣缰锁,此人情所常厌也;烟霞仙圣,此人情所常愿而不得见也。直以太平盛日,君亲之心两隆,苟洁一身出处,节义斯系,岂仁人高蹈远引,为离世绝俗之行,而心与箕颍坼素黄绮同芳哉!白驹之诗,紫芝之咏,皆不得已而长往者也。然则林泉之志,烟霞之侣,梦寐在焉,耳目断绝。今得妙手,郁然出之,不下堂筵,坐穷泉壑,猿声鸟啼,依约在耳,山光水色,滉漾夺目,此岂不快人意,实获我心哉!此世之所以贵夫画山水之本意也。不此之主,而轻心临之,岂不芜杂神观、溷浊清风也哉!

而花鸟画作为山水自然中某些特殊对象的放大或特写,其陶冶性灵的功能亦与山水画无异。至于人物画,则视具体的处理手法而异,也未尝不可作为陶冶性灵的感发对象,尤其是古装的人物画、仕女画,更是如此。读林风眠的画,无论山水、花鸟、人物,所给人最深刻的印象,正是这种对于性灵的陶冶,它使我们既置身于社会的文化秩序之中,同时又构成对这种秩序的超脱,回复到本真的自然之道。《樱花小鸟》《春晴》《白鹭》《猫头鹰》《荷塘》《秋鹜》《晨曲》《双鹭》《绣球花》《浓艳的大理花》《菖兰》《向日葵》《鸡冠花》《瓶菊》《早春》《秋艳》《江南》《江畔》《山涧》《渡口》《野泊》《堤柳》《渔舟》《夏暮》《村前》《农舍》《池畔春色》《丛林》《山麓》《郊外》《层峦叠嶂》《松林暮色》《琴韵》《端坐》《凝思》……所展现在我们面前的,虽然只是普普通通的几只鸟,一瓶花,两抹山影,半泓水色,或者是无声的喟叹,无聊的思绪,但是那深静凄清如梦似幻般的意境,却是显得那样安详宁谐,作为画家寂寞独孤的灵魂自白,又具有某种广大的暗示性,令人收视返听,把自己的注意力转向内在的生命意识,从而使自己的灵魂也得到慰藉、安抚和净化。

近年来,我一直在思考这样一个问题:即被某些人断言为已经"穷途末路"的中国画,主要是文人的山水、花鸟画和古装人物、仕女画,作为小农经济历史条件下的产物,在今天工业、商品经济迅速增长的形势下,是否还有继续发展的可能性和必要性?是否还有光明的前途?看了林风眠的画,我的回答是肯定的。当然,林风眠的绘画已经不是传统意义上的中国画,尤其是文人画,关于这个问题,将留待后文另作讨论。但是,重要的并不在于它的形式,而在于它的精神内涵,又确乎是与传统中国画,尤其是文人画的美学价值一脉相通的,这就已经足以说明问题。事实上,今天工业、商品经济的社会,正在制造着远比小农经济的社会所能制造的喧闹更加嘈杂的喧闹:运动的变幻,斗争的残酷,环境的污染,以及乘车难、住房难,等等。生活在这样的社会里,人们对于回复到大自然的宁静也即本真的性灵之中的渴望变得更加焦灼而且迫切。八小时的劳累之后,悠然地给窗台上的那盆春兰洒上几滴水,嗅一嗅它那淡雅的馨香;大清早起来,逗弄一下笼中的那对相思鸟,清脆啁啾的鸣啭足以压倒工厂机车的隆隆噪音——罗丹说得好:"对于他们没有狭小的空间,因为他们在观赏一枝花、一棵草时精神飞腾上了天。"(《罗丹艺术论》)更何况心闲意静,濡墨挥毫,幻出四时不谢之花、大音希声之鸟,以及梦中的山、梦中的水、梦中的人?恽南田所谓:

> 深秋池馆,昼梦徘徊,风月一交,心魂再荡,抚桐盘桓,悠然把菊,抽毫点色,将与寒暑卧游一室,如南华真人化蝶时也。(《瓯香馆画跋》)

  那种宁静而致远的风雅,对于精神的洗涤作用,无疑又在莳花养鸟之上了。陶渊明"结庐在人境,而无车马喧",乃是因为他"心远地自偏"的缘故;而心灵则需要宁静淡泊才能致远。在小农经济时代,返朴归真的遗世独处固然是宁静致远的一个最佳选择,但也并不是人人都可以做得到的,所以而有"第二自然"的山水、花鸟画救其弊,使置身于尘宦的人们得以"不下堂筵,坐穷泉壑"。至于现代文明中的我辈,受社会文化秩序的制约,作为车马人境中宁静致远的中介,更非得之丰姿澹忘的半枝黄花香、数点飞鸟影莫属,就像林风眠的《秋鹜》,不管层云密布,也不管芦风萧瑟,只是本能地飞翔,也不知飞向何方,然而却因此而在水天苍茫中开辟出一片精神的灵境,这一片灵境,正是作为精神上的原初力量的安顿之处。现代文明越是发达,社会文化秩序的制约越是严峻,我们也就越是需要回复到这种正在日益失落的精神上的原初力量之中。否则的话,我们就有可能成为自己所创造的物质财富和精神财富的奴隶。例如,当代中国画的发展曾一度沦为极"左"政治的附庸,今天,更在大规模地沦为廉价的商品,便是这方面的一个危险信号。

  这里,牵涉到评判艺术的价值标准问题。中国画,尤其是中国的文人画,在本质上是因为它们合乎人的内在本性的需要,就像生命需要阳光、空气和水一样。因此,衡量其价值的标尺,就应该是超功利的"逸"或"自然",而并不取决于它们在政治斗争或商品贸易中的功利价值。在政治斗争中,它们显然比不上具有明确的"助教化,成人伦"的宣传目的的主题人物画；在商品贸易中，它们又显然竞争不过油画、漆画和装潢工艺，等等。至于在今天的国际艺术品拍卖行中，包括林风眠在内的不少中国画家的作品，其价格正扶摇直上，那并非画家本人的艺术追求，而是牵涉到主体创作情境之外的其他种种因素，自另当别论，具体不在本文中展开。需要说明的倒是，这种功利价值上的失落，其实并不足以说明其全部价值的低下。阳光、空气和水，与彩电、空调和录像机的价格孰高孰低呢？然则，我们的生活中可以没有彩电、空调和录像机，我们的生命中又怎么可以没有阳光、空气和水呢？换言之，二者在价格上的落差，根本不足以说明其价值的高下。明乎此，我们也就不难明白，为什么林风眠在最受误解、最受排挤、生活上最艰苦的时候，还是要不停地作画、作画、再作画，既不是为了参加展览，也不是为了出售？为什么林风眠在移居海外之后，物质生活条件已经十分充裕，但是他的房间里依然还是只有一张简陋的画桌而没有其他豪华的陈设？正是基于这种以超功利的价值观念为支持的创作情境，使得我们在万家繁兴、追名逐利的喧喧嚷嚷中欣赏到一种纯粹的清淡之美，也就是不与时流合辙、不仰赖尘世的财富、权力和荣誉，却在内心有一种超于时间和社会地位的最高价值之感。

林风眠的绘画，从形式上来看与传统绘画大相径庭，以致一度有人把他推为"新潮美术"又称"前卫美术"的祖师爷。然而，从精神实质来看，林风眠的绘画恰恰是与"前卫美术"背道而驰，而与传统绘画同气连枝的。传统绘画的最高品格是逸格，作为一种纯粹的审美人格，其基本的精神内涵便是简静的回复自然之道。因此，在传统的画论中，诸如"澄怀观道，静以求之""意贵乎远，不静不远也""盖世聪明，惊彩绝艳，离却静净二语，便堕短长纵横习气"（均《瓯香馆画跋》）等等的隽语玄谈，俯拾皆是，不胜枚举。相比之下，前卫美术对传统的破坏精神则以狂肆为特点。狂肆和静逸，都是人与社会、自然相矛盾的产物，都是一种自由的人生经验。不同的只是，狂肆的人格是在人与社会相冲突中所刺激出来的一种人在社会中的自由,一种功利的价值。而静逸的人格则是在人与自然的亲和关系中所孕育起来的一种人在自然中的自由,一种超功利的价值。静逸的人格逍遥自在,在审美的过程中对社会不关心,对世俗道德不屑一顾,专心一意地在人与自然或"第二自然"的理想世界的交流浸淫中进行怡然自足的艺术创造活动。然而,这并不意味着对功利的否定,而是表现为对功利的超越,所谓"岂仁人高蹈远引,为离世绝俗之行,而心与箕颍坶素黄绮同芳哉"。基于这样的认识,再来看林风眠的绘画,究竟是"前卫"的呢还是传统的呢?问题也就变得更加明朗化了:从形式上看,尽管相对于传统的保守它显得十分"前卫";但从精神内涵上看,相对于"前卫"的激进它又显得异常"保守","保守"到真正切入了传统的深髓。

就作为传统精髓的逸品画格而论,当以倪云林和恽南田二人的见解最为深刻。倪云林云:

> 仆之所谓画者,不过逸笔草草,不求形似,聊以自娱耳。近迂游偶来城邑,索画者必欲依彼所指授,又欲应时而得,鄙辱怒骂,无所不有。冤矣乎!(《清闷阁全集》卷十《答张藻仲书》)

> 余之竹聊以写胸中逸气耳,岂复较其似与非,叶之繁与疏,枝之斜与直哉!或涂抹久之,他人视以为麻为芦,仆亦不能强辩为竹,真没奈览者何。(《清闷阁全集》卷九《跋画竹》)

恽南田则云:

> 高逸一种,不必以笔墨繁简论。如于越之六千君子,田横之五百人,东汉之顾厨俊及,岂厌其多?如披裘公人,不知其姓名,夷叔独行西山,维摩诘卧毗耶,惟设一榻,岂厌其少?双凫乘雁之集河滨,不可以笔墨繁简论也。然其命意,大谛如应曜隐淮上,与四皓同征而不出,挚峻在汧山,司马迁以书招之不从,魏邵入牛牢,立志不与光武交,正所谓没踪迹处,潜身于此,想其高逸,庶几得之。

> 天外之天,水中之水,笔中之笔,墨外之墨,非高人逸品,不能得之,不能知之。(均《瓯香馆画跋》)

长期以来,林风眠的绘画被斥为"颓废派""形式主义"等等而备受排挤,其所受到的"鄙辱怒骂",其心境的独孤寂寞,或与倪、恽相近。"文化大革命"后期,老画家们的处境相对有所改善,有一次,上海中国画院邀请林风眠为院中的年轻画家们作示范表演,他默默地提笔画了一幅花鸟,当即有人责问他所画的是什么鸟,他只能表示:"这是一只鸟。"而无法表明:"这是一只什么鸟。"于是而引起了责问者批判"形式主义"的一通"再教育";于是,他不再说话,只是默默地"接受"批判,欲辩无言。晚年移居香港后,他的画作已经身价百倍,然而,他依然不愿多说话,只是默默地"接受"赞誉,欲辩无言。据说,有一次中国艺术研究院的一个人曾专程前去拜访,他默默地将之拒之门外。凡此种种,足以说明,林风眠完全进入了另一个世界,也就是他自己的心灵的世界。这种心灵的世界,是一种"寂寞无可奈何之境,最宜入想,亟宜着笔,所谓天际真人,非鹿鹿尘埃泥淬中人所可与言也""自在化工之外一种灵气,惟其品若天际冥鸿,故出笔便如哀弦急管,声情并集,非大地欢乐场中可得而拟议者也"(恽南田《瓯香馆画跋》)。对现实的世界,林风眠已经没有什么话可说,无论这个世界所给予他的是荣也好、辱也好;然而,对心灵的世界,他却需要不断地对话,用他的笔,用他的色彩;作为他的心声,这些无声的语言比之有声的语言,显然更加"声情并集""如哀弦急管"。当然,它只可为知者道而难以与俗人言,无论这些俗人所给予他的是批判也好、赞誉也好。

读林风眠的画,总觉得有一种凄寂的情思,明灭于水晕墨章或五彩骈俪之中。在绿荫中发亮的樱花,一如金色的炬光燃在绿色的夜间;掠水低飞的水鸟和迎风倒伏的芦苇,在观者的心弦拨响了一声"悲哉!秋之为气也"的轻轻喟叹;挺拔壮实的枫林,阳光从叶间洒落,使树叶染上各种透明的色泽;荷塘的一角,水是那样的污浊,睡莲花却又开得那样的皎洁……所有的一切都是显得那样单纯而又丰富、宁静而又气韵生动,就像王维的诗句:"人闲桂花落,夜静春山空;月出惊山鸟,时鸣幽涧中。""木末芙蓉花,山中发红萼;涧户寂无人,纷纷开且落。"只是信赖,花瓣纷纷而下,叶落在叶上,雨打在雨上,鸟鸣山更幽。诚如美国哲人史乃德在《大地家族》中所说:

> 什么东西都是活生生的,树木、花草、惠风与我同舞,与我交谈,我能了解鸟语。这是邈古的经验,并不如后人所说属于宗教的情操,而是对于美的一种纯然的感觉。现象世界在某一个突出的经验情境中是完全活生生的,令人兴奋,妙不可言,它使我们心中充满着颤动的敬畏、感激和谦卑。

当然,这种通天尽人的高旷心境,非得之于精神寂寞之表不可,而决不是皇皇鹿鹿、终日跤跤马走中人所可理解的。

说起来,林风眠各方面的修养,都与传统的文人大相径庭。他曾自述:"现在的我,已经活到我祖父当年的岁数了。……我的这双手和手中的一支笔,恰也像祖父的手和他手中的凿子一样,成天是闲不住的。不过祖父是在沉重的、粗硬的石头上消磨了一生,而我却是在轻薄的、光滑的画纸上消磨了一生。"(1963年《回忆与怀念》)他出生于一个石匠的家庭,从小并没有受过太多的古典文化的熏陶;相反,倒是更多地接受了西方文化的滋养。尽管他在后来的艺术生涯中也不断地注意汲取传统的营养,但更多地也是着眼于民间美术如漆画、瓷画的形式构成,对于诗文、书法、篆刻之类作为传统文人画家最重要的画外修养,则基本上没有投下过什么精力。然而,他的性格,他的精神,却有着最典型、最地道的传统文人的内涵,既优美,又悲惋,所以也崇高。这里面,就有许多值得我们加以思索的问题:他的性格,他的精神,究竟是怎样养成的?如果不是身处于中国的文化环境中,他是否也会形成如此的性格和精神?……

二

林风眠是一位遁世者。他的绘画完全是作为遁世者欲辩无言的心灵独白,然而,这并不是他人生追求的初衷,他人生追求的初衷恰恰是入世的,而且是非常积极地入世的,充满了激情,甚至有些幼稚的天真冲动。

1925年,林风眠归国伊始,便热情地投身于中国艺术的复兴运动,直至抗日战争全面爆发前的十多年中,他致力于艺术运动的充沛精力和昂扬激情,始终是走在最"前卫"的。

他曾相继发表了《致全国艺术界书》(1927年)、《艺术的艺术与社会的艺术》(1927年)、《我们要注意》(1928年)、《徒唤奈何是不成的》(1928年)、《重新估定中国绘画底价值》(1929年)等论文,赞颂艺术的陶冶功能和教化功能,分析中国的艺术现状,提倡美育,提倡美学研究和艺术批评,比较东西方艺术之长,提出艺术革新的主张,要求还艺术以它在人类精神生活中应有的崇高地位……以"入地狱的精神"和"为中国艺术界打开一条血路"的决心,为"建设东方新兴艺术"而奔走、呐喊。

然而,在中国这片古老的土地上,封建的残渣已经积得太厚。近百年又屡遭磨难,已经给糟蹋得不成样子,人们的精神已经麻木,艺术也早已成为生活中可有可无的东西。正是在这样的形势下,林风眠痛心疾首地呼吁:

> 中国现代的艺术,已失其在社会上相当的能力,中国人的生活,精神上,亦反其寻常的态度,而成为一种变态的生活。人与人之间,既失去人类原有的同情心,冷酷残忍及自私的行为,变为多数人的习惯,社会前途的危险之爆发,将愈趋险恶而不可收拾!(《致全国艺术界书》《林风眠——画论、作品、生平》,下引林风眠语录凡不注出处者

同此）

他热切地期望能通过艺术界同行的努力和团结,在中国实现以艺术为主体的文艺复兴,他认为:

> 艺术家是比任何人都加倍地疾恶如仇的,同时在艺术界,真亦难免有被人误会的所在;但无论如何,这到底是小而又小的小事,值不得我们如此战斗的。——我们所应疾的恶,是人类整个儿的大恶,我们所应战的敌人,是致全国或全人类于水火的大敌,不是人间的小疵!

由此,我们不难体会到林风眠对于艺术事业的一种神圣的感奋。他真诚地相信,"研究艺术的人,应负相当的人类情绪上的向上的引导"作用,而"至于我个人,我是始终要以艺术运动为标志的"。

今天来看,林风眠的这些想法都未免太幼稚了一点、太冲动了一点,显得也那样不合世情、不合国情,所以也是注定了其最终的结果必然是宿命的、而且是充满了悲剧的宿命的:现实的世界并不会因为他的理想而改变,反而是他的理想将在现实的世界中幻灭。但是,在当时,他不仅是这样想的,这样说的,而且是身体力行地这样做的。这就如鲁迅在《呐喊·自序》中所说:

> 假如一间铁屋子,是绝无窗户而万难破毁的,里面有许多熟睡的人们,不久都要闷死了,然而是从昏睡入死灭,并不感到就死的悲哀。现在你大嚷起来,惊起了较为清醒的几个人,使这不幸的少数者来受无可挽救的临终的苦楚,你倒以为对得起他们么?
>
> 然而几个人既然起来,你不能说决没有毁坏这铁屋的希望。

当然,这种"众人皆醉我独醒"的呐喊,其意义并不在于创造了"毁坏这铁屋的希望",而在于这种呐喊本身;借用流行的说法,重要的不在结果,而在过程。

林风眠为了实行——更确切地说应是推行自己的艺术理想,曾先后出任北平艺术专科学校校长、国立杭州艺术学院院长,南北奔波,不遗余力。

北平艺专是袁世凯时期开办的,最早的校长是郑锦,蔡元培教授美学。当时学校里不断地闹风潮,在章士钊任教育总长时,曾派余绍宋做校长,竟连校门也未能进去。林风眠任校长是得到了国民党和共产党组织的同意的,当时正是国共合作时期。他办学主张多开展览会,让艺术接近大众,面向大众;主张整理传统艺术,引进西方艺术。在艺专内部,国画系为一些保守的画家所把持,他们团结得很紧密,只要辞掉一个就全体不干,单独地成立起一个系统。这使林风眠的教学思想很难得到贯彻。

艺专曾举行过一次"艺术大会",也就是一次大型的画展,林风眠在这次展览中的作品都是在巴黎时期画的。这次大会,正是艺术大众化的具体表现。据林风眠自述:"艺术大众化的主张是与鲁迅的《语丝》相接近的,并和孙伏园所办的报纸在一起。我曾为《世界日报》编过画报。一向主张艺术大众化、重视民间艺术的还有刘天华,刘半农也是接近《语丝》派的。我的作品《北京街头》(又名《民间》)是当时的代表作,我已经走向街头描绘劳动人民。与艺术大众化相对立的是现代评论派,他们是反对艺术大众化的。"(李树声《访问林风眠的笔记》)

但是,后来张作霖进入北平,认为艺专是共产党的集中地,并指派当时的教育部长刘哲找林谈话,形成一种审讯的样子。从这次谈话之后,内外交困的林风眠只好悄然离开北平,到南京投靠蔡元培,嗣后又到杭州创办国立艺术学院。

1928年开始在杭州办学,是在一个破庙里面,尼姑庵的旁边,条件十分艰苦,为了办学还得自己捐钱。"虽然困难,但当时是想一定要办好学校,教育出一些人才来。"(同上)为此苦心经营,一往情深。

在此期间，林风眠还创作了不少直面惨淡人生、反映现实生活的油画巨幅。较早的一幅是1927年的《人道》，当时正值"白色恐怖"笼罩全国，林风眠从北平跑到南京，所听到的和看到的经常是杀人的消息，作为二十六七岁的青年，面对这一惨酷的社会现实，所想到的首先是"中国应该怎么办？"于是以满腔的悲愤倾泻到血淋淋的画面之上，对不人道的法西斯暴行提出了无畏的控诉！1929年又创作了《痛苦》一画，这个题材的由来是因为留学法国的一位同学在中山大学被广东当局杀害而激发起来的，画面展现了残杀人类的情景，面对这样的情景，确实是每一个有良知的人不能不为之感到深深的痛苦的。此外还有《斗争》《悲哀》等，反映了人类反抗黑暗、向往光明的精神追求。

由于《痛苦》一画，杭州艺专差一点关了门。这张画陈列在西湖博览会上，戴季陶看了之后说："杭州艺专画的画在人的心灵方面杀人放火，引人到十八层地狱，是十分可怕的。"戴季陶是在国民党市党部演讲的，这番话刊登在《东南日报》上。在这之后，政治环境已经急剧恶化，林风眠也不得不把精力逐渐地转向办学方面。

逮至抗战全面爆发，林风眠进一步离开了自己带头掀起的美术运动，放下了他热情倡导过的"十字街头的艺术"（1927年艺术大会宣言），甚至连教职也卸任了，在四川陷入独孤的寂寞之境。大量方幅的纸本彩墨画，以花鸟、山水、仙女为题材的，大体肇始于这个时期。此后的艺术生涯，用他自己的说法，"美其名曰：象牙之塔"。

从"十字街头"到"象牙之塔"，这是一个多么强烈的反差！它与传统文人从"达则兼济天下"到"穷则独善其身"的人生价值取向的转轨，殊途同归，不谋而合！目前，还没有足够的资料可以证明，促使林风眠产生这一精神转轨的动机究竟是什么？但是，毫无疑问，在这种转轨中包含了怎样的辛酸和悲哀、无可奈何和大彻大悟。"被人误会"也好，"人类整个儿的大恶"也好，事实上都不是单凭艺术家的一颗赤子之心所可以战胜的。

在把真话当作假话、假话当作真话的现实世界中,最好的办法便是不说话。于是,从此他欲辩无言,而只管自己默默地作画、作画、再作画,与小鸟对话,与鲜花对话,与高山对话,与流水对话,与梦幻中的古代仕女对话……实质也就是与自己的灵魂对话。就像东晋的和尚生公,单靠自己的直观体验悟到了佛性的真谛,但他发现同时代人并不能接受他的这种看法,于是只好对着荒野中的石头谈论这个题目。

今天,对于林风眠的赞誉已经成为时髦,就像当年对于林风眠的批判之为时髦一样;甚至连当年直接或间接地批判过林风眠、给林风眠制造过这样那样的小麻烦的人,今天也在热情地赞誉着林风眠。赞誉他的勤恳、正派、赞誉他对于艺术的忠诚,赞誉他的虽然遭际坎坷却能安于境况、不受任何影响……这一切都不足为怪,也是可以理解的。因为人类对于任何事物包括对于林风眠的艺术的认识总是不断发展的,由无知而有知,由知之甚少而知之较多;而人类对于自己所曾做过的事情又总是比较健忘的,何况任何人又没有这样的能力,制止当年所加予林风眠的种种不公正待遇。但是,无论如何,在今天众口一词地高度赞誉林风眠的时候,对于当年所加予林风眠的种种不公正待遇,是不能轻描淡写地用"误解"或"遗憾"等字眼一笔带过的;尽管林风眠本人对此欲辩无言、"不受任何影响"。

此外,在当前对于林风眠的赞誉中,有一种观点认为,林风眠早期的性格、精神与其后期的性格、精神是相一致的。从笼统的观点,当然不妨这样说,例如鲁迅就曾说过:"希望之为虚妄,正与绝望相同。"但是,如果因此而无视希望与绝望之间的界限,那么,人的性格、精神岂不太近于儿戏了吗?任何一个艺术家的成长,主要是其性格、精神的完形,除了其个人的天赋条件外,社会是起着重要的作用的。要么是精心的培植、扶持,要么是全力地排斥、摧残;而社会又不是一个抽象的概念,它总是由一些很具体的人来实施其扶植或摧残的功能的。我们决不能想象,一个满腔热情地投身于"十字街头"面向大众大声呐喊的艺术运动的领导者,其性格、精神是与寂寞独孤地置身于"象牙之塔"深闭心扉欲辩无言的"艺术运动"的被教育者是相一致的。这里面,正是由于社会的、人的原因在起着作用。林风眠对社会投之以满腔的热忱,社会却报之以令人难堪的冷漠,于是,他也只能报之社会以冷漠。现在,当社会报之林风眠以热忱的时候,我们再能期待林风眠重新对社会投之以满腔热忱吗?设身处地地想一想,如果这样的遭际临到我们的头上,我们又将作出怎样的选择呢?

林风眠晚年寓居海外,曾画过多幅以基督上十字架为主题的创作。基督为拯救世人而到处奔波,可是不受拯救的世人反而把他钉上了十字架;尽管后来世人又把基督作为偶像顶礼膜拜,然而,基督的命运无论如何是悲剧的命运。无疑,基督的形象,正是林风眠的自我写照,标志着其晚期的思想进入了又一个新的境界,一种大悲悯、大关怀的境界。不过,这一境界已经不只是属于中国的、而且是属于全人类的了。

三

关于林风眠的绘画究竟算不算"中国画"?这是一个颇有争议的问题。就艺术的本体而论,这一问题在中国绘画史上的意义,比之其他一切问题都更具有当代的意义。除林风眠的绘画外,徐悲鸿的彩墨画也具有这样的意义,尽管二人的风格特征、美学内蕴决然不同,具体不在这里展开。

所谓"中国画",是一个特殊的文化现象。它不像油画、版画那样明确标示自己的特性,人们一眼就能明了它是什么画种,而不大会引起误解。中国画不仅是以工具、材料来命名的画种,而且是以国度来命名的画种,这类画种很少见,除了中国画,就只有日本画了。其他如荷兰画、法国画、美国画之类,都不是画种的概念,而是同一画种的不同地区性风格。这种双重界定的命名方式,一方面限制了它必须运用特殊的工具、材料即毛笔、宣纸、水墨等来作画,另一方面又限制了它必须涵有中国这一国度所独有的文化内蕴,二者缺一,就不能被认为是中国画,至少不能被认为是纯正、地道的中国画。由于特殊的文化背景,中国画并不习惯于对事物作认识论的命名,因而除了"文人画""画工画""工笔画""写意画""水墨画""山水画""花鸟画""人物画"等从风格流派或科目分类的意义上作过某些规定外,并没有赋予这种绘画以整体上的规定性。中国画这个名称,产生于西画东渐以后,为了与之相区别,才匆匆定下来。由于以国度亦即民族性和地域性来命名,这就为其自身设置了一个难题。它一方面要作为地区性绘画的代名词,另一方面又要作为绘画品种的专用名,于是其外延和内涵就成了不断振荡、游移着的双重图像。当着眼于前者时,非中国画的其他画种便有随意渗入的可能性;当着眼于后者时,中国画的形式更新又会故步自封。为稳妥起见,人们自然倾向于把中国画的形态标准理解为前人或当代人一致认可的这样一种形态,要以这个框架来看是不是中国画。例如黄宾虹、齐白石、潘天寿、张大千、吴湖帆等,便是可以毫无困难地套进这个框架的;而像林风眠、徐悲鸿等人,要想套进这个框架便有所困难。

不过,事实上,翻开一部中国绘画史,且不论原始的岩画,诸如汉魏、南北朝、隋唐的墓室壁画、寺庙壁画、砖石画像,无不占有赫然的篇幅;狭义上的"中国画"亦即卷轴画,其真正的兴盛是在宋代以后。虽然,论者并没有将前者也一概地称之为"中国画",但是,似乎也并没有硬要在二者之间制造一道不可逾越的界限,恰恰相反,人们更多地看到的倒是二者之间一脉相承的传统渊源关系。那么,当代中国画画地为牢的自我封闭,究竟对于自身的发展演变又有多少意义呢?诚如石涛所说:"古人未立法之先,不知古人法何法?古人既立法之后,便不容今人出古法,千百年来,遂使今人不能出一头地也。"(《大涤子题画诗跋》)

除工具、材料的变易外,所谓"中国这一国度所独有的文化内蕴",反映在中国传统绘画中,事实上也是不断地发生着变易的。汉唐之前的绘画且不论,即以宋代以后蔚然勃兴的卷轴画而论,文人画与宫廷画、南宗与北宗等,其所包含的文化内蕴,显然也不可同日而语。更确切地说,狭义上的"中国画"不只指称一般的卷轴画而言,实质上是指称文人的卷轴画而言。不过,这二者之间的界限当然更微乎其微了。

要之,无论从工具材料的角度还是文化内蕴的角度,所谓"中国画"的概念都是极其不稳定的。这就不像其他画种,如油画就是从工具材料的角度加以命名,不论它涵有怎样的文化内蕴,是哪一个国度的画家所画,只要是运用扁平的油画笔,以快干油调和颜料画在布、木板或厚纸板上,都可以称之为油画;又如连环画就是从构成方式的角度加以命名,不论它运用怎样的工具材料,也不论它是哪一个国度的画家所画,只要是以多幅画面连续叙述一个故事或事件的发展过程,都可以称之为连环画。而问题的症结在于,越是稳定的画种,越是具有不可变易性,因而也就越是用不着为自己的形态归属花费太多的精力;越是不稳定的画种,越是具有可变易性,因而也就越是要为自己的形态归属焦灼不安。这种焦灼不安的心情当然是可以理解的,但是,我在这里却不得不令人失望地指出,这种焦灼不安是并没有任何意义的。除非我们能够给定中国画的命名以一个单一的固定角度;否则的话,只要两个角度并存,这种焦灼不安将是永远不可能有什么结果的。在这方面,林风眠的选择显然是明智的,值得我们称道的。他似乎并无要求成为一名"中国画"画家,也没有明确宣布过自己的画就是"中国画"。事实上,每一个有成就的中国画家包括黄宾虹、齐白石、潘天寿等,都不会将自己的精力无谓地浪费在这种纠缠不清的问题上。重要的是画的价值学标准即"为什么",而不是画的形态学标准即"是什么"。不同的只是,由于文化素养的差异,林风眠的绘画在形态学方面更倾向于中西调和;而黄宾虹、齐白石、潘天寿等的绘画在形态学方面更倾向于中国画自身的固有传统而已。

所谓林风眠的绘画究竟算不算中国画的问题,主要是针对其始于退出艺术运动、陷于独孤之境以后的纸本彩墨画而言;至于他早期的《人道》《痛苦》《悲哀》《斗争》等油画作品,其画种的归属当然是不发生问题的。而根据我的感受,他的纸本彩墨画无论就工具材料而言,还是文化内蕴而言,重要的并不在于它们能不能算是中国画,而在于它们确确实实是可以而且只能被我们作为中国画来加以研究的。他的这类画也许会成为将来人们比较容易接受从而有可能获得推广发展的一种绘画品种,很多人去学它,很多理论家也去研究它,把它说成一种具有民族特征的东西,这样的话,就将被归入中国画的范畴。假如说中国画还是严守着原来的边界,它自然就会被排斥在中国画之外。但即使如此,它也是同中国画发生了关系,而不是同油画或其他什么画种发生了关系。迄今为止,还没有人提出过林风眠的绘画究竟算不算油画或其他什么画种的问题,而恰恰提出了算不算中国画的问题,正说明了它的可以而且只能被作为中国画来加以研究。

  少年时代的林风眠,除了一本《芥子园画传》几乎没有接触过什么传统的东西。20世纪20年代留学巴黎,在著名教授哥罗孟画室学画,当时法国迪戎国立美术学院院长扬西斯对他说:"中国的艺术那样的辉煌灿烂,为何跑到巴黎来学习?你是一个中国人,你可知道,你们中国的艺术有多么宝贵的、优秀的传统啊!你怎么不去好好学习呢?去吧,走出学院大门,到东方博物馆、陶瓷博物馆去,到那丰饶的宝藏中去挖掘吧!"自此以后,林风眠即遵照扬西斯的指点,到巴黎的有关博物馆,对中国的绘画、陶瓷等传统艺术,进行认真刻苦的观赏、临摹和研究。与此同时,也对西方的绘画作了认真的学习,特别受印象派和野兽派的画家如塞尚、马蒂斯、莫奈等的影响更深。巴黎号称世界艺术之都,它聚领着世界艺术的精华,作为一个来自社会和文化发展正好处在最低点的东方人,骤然置身其间,不免眼花缭乱。事实上,当时留学欧洲的中国学生们,随着各人的气质、修养,各自醉心于艺术的不同层次,所走的道路大不相同。林风眠的老师哥罗孟,是当时学院派的权威人物,他在莫罗死后接替其画室,曾把马蒂斯赶走。林风眠在他的画室里学习三年,之所以没有羁绊于学院主义,正是得力于他在画室学习不到一年就开始了对东方艺术的研究,这种研究又使他更多地从当时风行于巴黎的艺术革新浪潮中找到了东西方艺术的契合点。他留欧六年,吸收得很多,思考得也很多,他深思熟虑的是如何从众多的影响中寻求属于民族的、时代的也是他自己的艺术革新的出路。从其早期的作品来看,1923年作的《平静》,显出学院派的写实功底;1934年作的《构图》《静物》,具有塞尚的结构特征;1927年作的《人道》、1929年作的《痛苦》、1934年作的《悲哀》等,又可列入表现主义的范畴,其个人的风格事实上并未确立。

他清醒地认识到:"从历史方面观察,一民族文化之发达,一定是以固有文化为基础,吸取他民族的文化,造成新的时代,如此生生不已。"(1919年《中国绘画新论》)而当他回观中国的画坛:"降至现代,国画几乎到了山穷水尽,全无生路的趋势。西画方面,虽近年来,作家渐多,但充其量,也不过照样摹得西人两张风景,盗得西人一点颜色,如此而已;真正能戛戛独造者,亦正如国画一样,概不多见。"(1928年《我们要注意》)因此,他痛心疾首地指出:"我们悲愤着古代艺术之纯朴而有创造力者已经完全失传,我们哀悼着近代艺术之庞杂混乱、莫衷一是,我们尤其惋惜着目今新进作家之因未得良好基础,致使艺人的数目增多而真正的成绩却往后退!"(1928年《徒唤奈何是不成的》)所以他大声疾呼:"更坚决更有勇气更勇敢地去找出艺术的生路。"那便是:"介绍西洋艺术,整理中国艺术,调和中西艺术,创造时代艺术。"(同上)林风眠的上述观点,尤其是他对中国画的看法,虽然未免偏激;"调和中西艺术"也不应被认为是中国画革新的唯一"生路"。但是,他主要不是从形态归属的角度,而是从本体价值的角度提出问题,对于中国传统绘画如何在开放的文化环境中谋求新的变革,无疑是极具启发性的。而作为"中西调和"的"中",他更注重的则是中国民间的东西以取其"纯朴而有创造力者",而决不是文人的那一套笔法、墨法或章法,显然,这也为中国画的革新开创了一条前人未曾走过的新路。他曾自述:

> 我非常喜欢中国民间艺术,我自己的画从宋元明清画上找的东西很少,从民间东西上找的很多。我碰上花纹就很注意。我画中的线,吸收了民间的东西,也吸收了定窑和磁州窑的瓷器上的线条,古朴、流利。汉代画像石也很好,不论是战国时期楚国的漆器,还是后来的皮影,我都十分注意学习,都非常喜爱。一遇到乾隆、嘉庆御用的东西,就非常之讨厌。我不喜欢封建的场面和一些富丽堂皇的东西,我喜欢单纯和干脆。(李树声《访问林风眠的笔记》)

通常所称"中国画",主要是就宋元明清的画,尤其是文人画而言。而林风眠的画,之所以有人认为不能归之于"中国画"的范畴,主要的原因,正是他的画"从宋元明清画上找的东西很少"。确实,从外形式的各方面来看,林风眠的画与宋元明清的画,尤其是文人画显得十分生疏,然而,从内在的文化意蕴来看,那种独孤寂寞、欲辩无言的高逸情调,二者又显得何等的情亲意密!例如郑元祐曾题倪云林的画:"倪郎作画如斫冰,浊以净之而独清;溪寒沙瘦既无滓,石剥树皴能有情。珊瑚忽从铁网出,瑶草乃向斋房生;譬则饮酒不求醉,政自与物无亏成。"(《侨吴集》卷五)用冰、净、清、寒、瘦、情这六个字来形容林风眠的画品,不也显得吻合无间?这就足以说明,他"从宋元明清画上找的东西"其实并不是"很少"的,只是"师心不蹈迹""师其意不在迹象间"而已。当然,这也许只是一种不谋而合。而恰恰是这种不谋而合,比之有意识地追求,使他从传统中得了真正的最本质的东西。因此,读林风眠的绘画,总使人感到其中所包蕴着的极其丰富的内涵,而不只是形式上的出奇制胜。其中既有中国传统的因素,又有西方现代的因素;既有文人绘画的因素,又有民间美术的因素;既像中国画，又不像中国画。

首先，就装潢形式而论，中国画多作横长或直长的卷轴，在构图上没有一个固定的视觉中心，随着画卷的舒展，观者的心目也随之作左右或上下的游移；然而，林风眠的绘画则多作方幅，而且大都具有一个明确的视觉中心，它基本上不适宜于在舒展中观赏，而更适宜于摆平在镜框中作凝神静观。

其次，就画面构成而论，中国画多以诗、书、印与画面相般配，有时甚至长篇大论、喧宾夺主；林风眠则恪守欲辩无言的宗旨，摒弃绘画之外的一切因素，让绘画本身"说话"，至多只在边角不显眼处题上一个穷款。

再次，就题材而论，他对中国画中千百年来被画之不厌的梅兰竹菊之类几乎完全予以拒绝，而对西洋画中习见的瓶花、静物等则情有独钟；对于山水画，也完全不是传统的"林泉高致"式的景观，而更近于西洋写生式的印象；至于人物画，虽是传统的题材，但其造型，显然也不再是传统的面目，毋宁更近于马蒂斯或汉魏造像。

最后，就笔墨而论，除基本的线描之外，他还讲求背景的烘刷、色彩的涂抹，这也是传统中国画中很少见到的。

在这里，有必要对林风眠的线描加以特别说明。尽管有着上述种种非传统的、非中国画的因素，但是，林风眠的绘画之所以可以被作为中国画而不是作为其他画种来加以讨论，除了文化内蕴上的原因外，作为外形式上的原因，就是因为它有线描，而且，不是一般意义上的线描，而是笔墨意义上的线描。他的线描，无论细瘦的笔道还是粗阔的笔触，一律用中锋，用笔并不见多少提按顿挫，也绝不追求"笔底金刚杵"的苍浑、厚重、老辣，而是潇洒、随意、清新、流利、光洁、晶莹的，与瓷器上的彩绘线条十分相近。但是，它的韵味，却与瓷绘线条的天真朴俗相异趣，而是显得异常文静、内敛，品位极高。正是这种文静、内敛的品位，使得他的线描取得了中国画，尤其是文人画的笔墨性格，尽管在以往的中国画，尤其是文人画中,很少见过这样的线描。当然,这种性格反映在林风眠不同绘画的线描中,所呈现出来的效果并不是完全一致的。在他一些侧重于水墨或赋色比较轻淡的作品中,如花鸟、芦鹭、仕女等,其效果就比较明显,也就更容易被承认为中国画;而在一些侧重于用色、特别是用粉色浓涂厚抹的作品中,如瓶花、静物、山水等,其效果就比较隐晦,也就难以被承认为中国画。但是,正如前文所说,重要的并不在于林风眠的绘画究竟算不算中国画的形态归属问题,而在于他的绘画可以而且只能被作为中国画的问题来加以研究、讨论;同理,对于林风眠这两类不同风格的作品,重要的也并不在于给它们作出各自的画种的归属,而在于它们都可以而且只能被作为中国画的问题来加以研究、讨论。

事实上,在林风眠的心目中,中国画还是西洋画,文人画还是画工画的界限并不严格,他只是有一种强烈的意识:改革中国绘画,使之与时代合拍;而根本就不曾去顾忌究竟算不算中国画的问题。1929年,他在《中国绘画新论》一文中曾提出改革中国绘画的三条意见:一,绘画上单纯化的描写,应以自然现象为基础;二,对绘画的材料技巧和方法应有绝对的改进;三,绘画上的基本训练应纯以科学的方法进行。由此可见他对中国绘画与时代合拍的意识,始终是着眼于"中国绘画"而不是"中国画",这就使他有可能更多地借鉴西方绘画和民间美术的东西。

这种"中西调和"的"中国绘画"意识,不只反映在他个人的创作实践中,而且也反映在他的教学实践中。早在北平艺专和杭州艺专任校长期间,他就强调学习绘画都必须先学素描,三年以后再选专业,并形成了所谓"林派素描"的特色。所谓"林派素描"之不同于一般西洋素描的根本之点,我认为正在于它是"中国绘画"的素描。当时杭州艺专的动物园,就是为动物写生服务的,有鸟、羊、鹤、鹿等等;虽然最初学画可以临标本,画死的,但更进一层,必须以真本为对象;最后,直接从生活中汲取创作的源泉。中西绘画之所以可以调和,正是基于以生活为源泉的准则。他认为,

中国画的学习偏重历史,西洋画的学习偏重自然,但如果推到最初的中国画仍然是从自然中来的,所不同的仅在于对待自然的态度:

> 西方艺术是以摹仿自然为中心,结果倾向于写实一方面;东方艺术是以描写印象为主,结果倾向于写意一方面。艺术之构成,是由于人类情绪上之冲动,而需要一种相当的形式以表现之。前一种寻求表现的形式在自身之外,后一种寻求表现的形式在自身之内,方法之不同而表现在外部之形式,因趋相异,因相异而各有所长短,东西艺术之所以应沟通而调和便是这个缘故。(1926年《中西艺术之前途》)

长期以来,林风眠基本上放弃了油画的创作而拿起了中国的毛笔、水墨、宣纸;虽然是用毛笔、水墨在宣纸上作画却又不是恪守传统中国画的笔法、墨法、章法,而是大量地引进了各种非中国画的形态要素,这正是基于其自觉的"中西调和"的艺术观的坚定认识。可以想象,如果不是由于社会的原因迫使林风眠放弃了艺术运动的领导权,这种"中西调和"的艺术观必将在更广泛的层面上得到普及和认可;不过,这样一来,又很可能使他个人的创作成就有所逊色。

09 第九讲
往往醉后——傅抱石艺术论

傅抱石(1904—1965)，江西新喻县人，原名长生，改名瑞麟，号抱石斋主人。擅画山水、人物，兼工书法、篆刻，并长期致力于美术史论的研究和教学。曾任中国美术家协会副主席、中国美术家协会江苏分会主席、江苏省国画院院长。

一

"往往醉后"，是傅抱石经常钤之于得意画作上的一方闲章。傅抱石是一位好酒的画家，他的佳作大都是在醉后画成的。在他的画室中还挂有一幅黄易的对联："左壁观图，右壁观史；无酒学佛，有酒学仙。"这也正是其艺术生涯的真实写照。据熟悉傅抱石的人介绍，傅抱石每当作画前必须一瓶酒下肚，甚至画一会儿就要喝几口。1959年傅抱石与关山月为人民大会堂合作《江山如此多娇》巨幅山水画，当时因自然灾害，供应十分紧张，粮食都成问题，酒就更其困难。买不到酒，作画就没有精神，不得已，他写信给周恩来总理，周总理特地派人给他买来了好酒，他才把这幅巨作完成。

酒，与傅抱石的艺术之间有着一种微妙的不解之缘。

何处难忘酒？朱门美少年。

春分花发后，寒食月明前。

第九讲 往往醉后——傅抱石艺术论

> 小院回罗绮,深房理管弦。
> 此时无一盏,争过艳阳天?

这是唐代白居易的古诗《赋得何处难忘酒》。其实,何止花前月下、小院深房,要想深刻把握整个中国文化艺术的精神动向,都不能避开酒。综观中国艺术史的发展,从诗人、书家到画师,很少有不同酒发生关系的。且不论魏晋风度与酒,试看杜甫的《饮中八仙歌》,其中提道:"李白一斗诗百篇,长安市上酒家眠;天子呼来不上船,自称臣是酒中仙。张旭三杯草圣传,脱帽露顶王公前,挥毫落纸如云烟!"一位是"诗仙",一位是"草圣",他们的创作,在酒的刺激下是何等才气发扬、无所拘束!何等流走快速、一派飞动!郁勃着生龙活虎般腾踔的节奏,把纵情悲欢的心绪极其痛快淋漓地倾注到意象的创造之中,堪称是标举了中国艺术酒神精神的风骚极致!韩愈曾这样评价张旭的狂草:

> 往时张旭善草书,不治他技,喜怒窘穷,忧悲愉佚,怨恨思慕,酣醉无聊,不平有动于心,必于草书焉发之。观于物,见山水岩谷、鸟兽虫鱼、草木之花实,日月列星、风雨水火、雷霆霹雳、歌舞战斗、天地万物之变,可喜可愕,一寓于书。故旭之书,变动犹鬼神,不可端倪。(《送高闲上人序》)

这一评语,同样适用于李白的诗歌创作,当然也适用于傅抱石的绘画创作。

在绘画史上,可与"诗仙""草圣"相媲美的,是一大批格外不拘常法的"逸品"画家。如晚唐的张志和画山水,酒酣乘兴,击鼓吹笛,或闭目,或背面,舞笔飞墨,应节而成。同时的释皎然有诗文摹写,颇能传其神韵:"手援毫,足蹈节,披缣洒墨称丽绝;石文乱点急管催,云态徐挥慢歌发。乐纵酒酣狂更好,攒峰若雨纵横扫。尺波澶漫意无涯,片岭崚嶒势将倒。"(《奉应颜尚书真卿观玄真子置酒张乐舞破阵画洞庭三山歌》)又如王墨,《宣和画谱》称其："性嗜酒疏逸，多放傲于江湖间。每欲作图画之时，必待沈酣之后解衣盘礴，吟啸鼓跃，先以墨泼图幛之上，乃因似其形象，或为山，或为石，或为林，或为泉者，自然天成，倏若造化。已而云霞卷舒，烟雨惨淡，不见墨污之迹，非画史之笔墨所能到也。"更与傅抱石的创作若合符契。

宋代的苏轼是一位集诗人、书家、画师于一身的酒神型艺术家；尤其是他的绘画制作，除非乘酣以发真兴，是绝不轻易动笔的。黄庭坚《枯木道士赋》称其："恢诡谲怪，滑稽于秋毫之颖，尤以酒为神。故其觞次滴沥，醉余嚬呻，取诸造化之炉锤，尽用文章之斧斤。"苏轼《自题郭祥正壁》则云："枯肠得酒芒角出，肺肝槎枒生竹石；森然欲作不可留，写向君家雪色壁。"此外如择仁"性嗜酒，每醉挥墨于绡纨粉堵之上，醒乃添补，千形万状，极于奇怪。……画者皆伏其神笔"（《图画见闻志》卷四）。居宁"喜饮酒，酒酣则好为戏墨作草虫，笔力劲峻，不专于形似，每自题云：'居宁醉笔。'"（《宣和画谱》卷二十）

明代诗人、书画家唐寅、徐渭，也以纵酒狂歌著称于世。唐寅一再高唱："劝君一饮尽百斗，富贵文章我何有？空使今人羡古人，纵得浮名不如酒！"（《进酒歌》）他于酒酣之后脱略形迹，颠放诗画，落笔有神，留下了大量浓于荒诞色彩的传奇轶闻。而如徐渭所开创的水墨大写意花卉画派，则从内容到形式都洋溢着一股奇恣纵肆、狂傲不羁的激情和力量，所谓"推倒一世之智勇，开拓万古之心胸"，成为中国画坛上一位品格个性强烈的奇杰。

傅抱石曾著《明末四奇僧》，对八大山人的游戏笔墨、哭笑杯酒大加青睐，说是："贫士山僧，市人屠沽，有具酒邀之者，辄缩颈抚掌，笑声哑哑而往。往辄饮，饮辄醉。……既而大醉，每歔欷流涕。或备纸笔，牵袂捉衿索画，则墨沈淋漓，经意挥洒，忽作云山，忽写竹石，毫无所爱惜。故求山人画者，多索之醉中，且多就山僧屠沽购之。"又编《石涛上人年谱》，对石涛的"人生飘忽等闲情，且随酣畅眼纵横"；"冻龙匝地酒龙醒，意气峥嵘豪士全";"此时破雪拥万卷,手中笑谢酒半巡"等诗句颇有共鸣之感,正所谓借古人之酒杯,浇心中之块磊,可见他对酒神精神的情有独钟而且是一往情深。

13世纪波斯的什叶派哲学家纳西鲁丁·图西针对穆斯林认识论对知识的四分法,分别用四种液体作为它们的象征,第一种是科学知识,以清晰而易于吸收的水来表示;第二种是哲学知识,以营养较丰富的饮料乳汁来表示;第三种是神学知识,以营养更丰富的蜂蜜来表示;第四种知识是对超感官的形体的直接灵性感受,它不能通过发展人的外部或内部精神感受能力所形成的体力或智力而获得,它是默示、神灵的启示和神秘的梦示,这种知识便用酒来表示(参看拉赫玛杜拉《伊斯兰教中的神秘主义》《信使》1981年10—11期)。波德莱尔则云,食麻醉品,可臻神人融合之境(参看钱锺书《谈艺录·白瑞蒙论诗与严沧浪诗话》)。舍勒亦云,神秘经验者可分为两门,一为"冷静明彻宗",斋摄其心;一为"昏黑沉酣宗",陶醉其身——二者殊途同归,皆可证"圣人""真人"之境(参看钱钟书《管锥编》第525页)。如此等等,均与《庄子·达生》《列子·黄帝》论"全于酒"及《法藏碎金录》卷三称:"酒功德醉人内外两全"相为发明。

这里,牵涉到酒神艺术的精神本质——"真",即神启的、天人之际的本真、率真。

傅抱石极其推崇五代的荆浩,认为:"他举一个'真'字做基础,以为不'真'的东西,即是虚伪。那么既能真,性灵在其中了。"(《中国绘画变迁史纲》)所以,"真"的境界,是绘画的最高境界,因为它合乎"道"的原则;而在这个境界中,"画家应把自己(人)和造化(天)浑然融解,无所谓我,也无所谓造化,天人合一,物我两忘,运之于笔,这即是画。至于人物、松石、山水……俱不过是这种变动中一种不同的遗留"(《中国绘画思想之进展》)。传说傅抱石作画保守,不让人看。其实这是一种误会。他作画并不是绝对不让人看,只是大部分的画不让人看,主要因为是"往往醉后",物我两忘,有时甚至忘乎所以用嘴吸墨,形状比较狼狈;再加上有人在旁,容易分散他的注意力,难以切入到天人之际的本真境界,所以不让人看。

我们知道,每一个人天生都有本真、率真之性,只是由于社会文化的制约,逐渐地蒙蔽、扼杀了这与生俱来的本性。酒的作用,正在于刊落这种外来的蒙蔽,使人回复到自己内心的深处,同时也就是宇宙的深处,因为人的内心本身就是一个独立自足的小宇宙。所谓"酒后吐真言",醉酒之人,切断了与世俗文化秩序的感官联系,失去了知觉和理性,激扬起潜意识的直觉和灵性,这时,一种加强的锐感,一种排除一切障碍力量的自信心,一种超现实的创作思想力,好似都已被提升到比平时更高的行列。于是,说话做事喋喋不休,运笔挥毫层出不穷,随心所欲,不知所以然而然,无为而无不为。正是在这一意义上,《世说新语》记:"王光禄云:'酒正使人人自远。'""王卫军云:'酒正自引人着胜地。'"这"人人自远"的"胜地",便是神启的、天人之际的本真、率真之境,也就是"道"层次上的一种自由不伪的人格。"真""远""道"是同义的。王墨的山水画"自然天成,倏若造化",其"真"也上诉真宰,其"远"也汪洋无外;苏轼的枯木竹石虬屈无端、怪怪奇奇,其"真"也直抒方寸,其"远"也深邃无内。傅抱石的"往往醉后"之作,同样也是如此。他曾自述山水画创作的经验:

> 我认为画面的美,一种自感而又感人的美,它的细胞中心不容有投机取巧的存在,它虽然接受画家所加的一切法理,但它的最高任务,则绝非一切法理所能包办,所能完成!当含毫命素水墨淋漓的一刹那,什么是笔,什么是纸,乃至一切都会辨不清。这不是神话,《庄子》外篇记的宋画史"解衣盘礴"也不是神话。因此,我对于画面造型的美,是颇喜欢在那乱头粗服之中,并不缺少谨严精细的。乱头粗服,不能自成恬静的氛围,而谨严精细,则非放纵的笔墨所可达成,二者相和,适得其中。我画山水,是充分利用两种不同的笔墨的对比,

极力使画面"动"起来的,云峰树石,若想纵恣苍莽,那么人物屋宇,就必定精细整饰。根据中国画的传统论,我是往往喜欢山水云物用元以下的技法,而人物宫观道具,则在南宋以上。(《壬午重庆画展自序》)

追求"动",而且是狂肆纵恣的"动",正是傅抱石艺术的一个表象特征,也是历代酒神型艺术的一个表象特征。无论李白的诗也好,张旭的书也好,也无论张志和、石涛的山水也好,苏轼、徐渭的花竹也好,他们的共同之点,就是在神启的激发之下,高扬起一种对世俗的文化秩序和传统的绘画法则包括"骨法用笔""应物象形""随类赋彩""经营位置""传移模写"等等的冲决精神。傅抱石"于石涛上人妙谛,可谓癖嗜甚深,无能自己",原因正是石涛的画风"磊落抑郁,一寄之笔墨,故所为诗画,排奡纵横,真气充沛!"(《石涛上人年谱》)而他本人的绘画,那种"乱头粗服"的"抱石皴",那种"山雨欲来风满楼"的笔飞墨舞,又何尝不是"排奡纵横,真气充沛"!他曾反复引申前人的画语,力主"飞动"之论:

宋画至董元、巨然,脱尽廉纤刻画之习,皆以墨色云气,有吞吐变灭之势。(董其昌语)

北苑画,烟云变灭,草木郁葱,真骇心洞目之观。(董其昌语)

北苑画正峰,能使山气欲动,青天中风雨变化。气韵藏于笔墨,笔墨都成气韵。(恽南田语)

董巨行笔如龙,若于尺幅中雷轰电激,其势从半空掷笔而下,无迹可寻。但觉神气森然,不知其所以然也。(恽南田语,以上均《中国绘画变迁史纲》)

又说:

我认为中国画需要快快地输入温暖,使僵硬的东西先渐渐恢复它的知觉,再图变更它的一切。换句话说,中国画必须先使它"动",能"动"才会有办法。单就山水论,到了晚明——约当吴梅村所咏"画中九友"的时代——山水的发达已到了饱和点。同时,山水的衰老也开始于这时代,一种极富于生命的东西,遂慢慢消缩麻痹,结果仅留若干骸骨供人移运。中国画学上最高的原则本以"气韵生动"为第一,因为"动",所以才有价值,才是一件美术品。王羲之写字,为什么不观太湖旁的石头而观庭间的群鹅?吴道子画《地狱变》又为什么要请裴将军舞剑?这些都证明一种艺术的真正要素乃在于有生命,且丰富其生命。有了生命,时间空间都不能限制它。(《壬午重庆画展自序》)

必须指出,傅抱石以"有生命"作为艺术的"真正要素",无疑是中肯的见解。但问题是,所谓"生命"并不一定是"动"的,也可以是"静"的。从某种意义上,中国艺术、包括中国画的最高"生命"境界,并不在于"动"而在于"静",所谓"澄怀观道,静以求之",所以"平淡天真"等等,盖与前引舍勒所论"冷静明彻宗,斋摄其心"者无异。但是,在很长的一段历史时期内,对"静"的深深眷恋,造成了中国艺术、包括中国画"生命"境界的萎靡不振,这也是事实。特别在傅抱石的时代,正当中华民族从积贫积弱中重新崛起的关头,他对于"动"的大力提倡,对于亢奋民族艺术精神,无疑有矫枉过正之功。这一点,尤其可以从他在1944年所写的《中国绘画在大时代》一文中,将"依仁游艺,触目会心,现在倡导的精神总动员,中国画实是一种莫大的力量,不但画者'动',不但当时'动',即千百世之后也是'动'的"作为"中国画的精神,既是中国民族精神的最大表白,而这种精神又正是和民族国家同其荣枯共其死生的",表露得再也清楚不过。因此,他大声疾呼:

现在的一切,只要同五十年前的一切来比较,任何部门,都起了急剧的变动。处在今日,耳目所接,当非从前那种形象,甚至因了生活方式的转易,每个人的感受,也自不同。根据文化的历史,中国在这时候,需要一种适合现代的新艺术,自无问题。然而我们放眼看看,现在的中国绘画和"现代性"有关系吗?许多批评中国画不合现实的理论,姑不管它。就中国画的本身而论,它的缺陷实在太多。不过这里所谓缺陷,不是好与不好的问题,是说画的本身早已僵化了,布局、运笔、设色……等技法的动作,也成了牢不可破的定式。我们很明了,若是画家的脑子没有死守着传统的方法的话,恐怕谁都有极度的烦闷,谁都有想改革的念头。然而结果似乎太惨,虽千年来的潜势力,还整个笼罩了画家的心,束缚得使你动也不能动,中国画的不进步,说明了又没有多大稀奇。

就取材上说,文人画是"消极"的,"颓废"的,"老"的,"无"的,"隐逸"的,"悲观"的。它是中国士大夫狭义的人生观,譬如在政治上玩得腻了,看看——或者画画——这种东西刺激刺激,博一个风雅的名儿。我们想想,今日的中国,是什么时代?是什么环境?若把艺术从"伦理""道德"上看,这种制作,是否有继续发扬的必要?况且这种大理石似的公式,许多年来没有人打得破,发扬也终究是一句似是而非的空话。

中国绘画,无论如何是有改进的急迫需要。

总括一下,立此结论:

中国从南宋以后文人画大盛,但形成了"流派化",其影响直至今日还安然未动。

因为传统的势力太烈,"服从""顺应"的画家,是很难有所改革的。

民国以来,无论花鸟山水……还是因袭前期的传统,尽管有极精的作品,然不能说中国画有了进步。

与艺术教育有关的先生们乃至喜欢玩玩中国画的名流们,请不要再遏止新的创作,新的尝试,否则中国画只有向后转的。请不必过事颂扬服从或顺应传统的作品,这样等于打有志改革者的耳光。

时代是前进的,中国画呢?西洋化也好,印度化也好,日本化也好,在寻求出路的时候,不妨多方走走。只有服从顺应,才是落伍。(《民国以来国画之史的考察》)

这种不甘"服从",不甘"顺应",肆无忌惮甚至有些语无伦次地要求冲决传统的艺术追求,正是酒神精神的淋漓尽致的表现。反映在他的创作实践中,纵情挥洒,不拘成法,运笔急猛,落墨狂肆,率尔成章,每成佳构,刻意经营,便落下乘。例如他于1959年赴韶山作画,《韶山全景》一图便显得有些拘谨,而《顿石成门》《石壁清流》几幅则显得激情洋溢。根据他自己的体会,当经营《全景》时,因主题的严肃、重要,便难免遇到某些结构、形式或者技法上的矛盾,思想上比较紧张,下笔时便不免瞻前顾后,不敢越雷池一步,明明可以而且应该一笔或一次肯定的东西,却不敢断然下笔。而《顿石成门》等小幅画,就完全不同,情绪特别高涨,不管"三七念一"地便一气呵成了。正因为傅抱石的创作,得之于"往往醉后"的多,得之于理智清醒的少,得之于偶然的多,得之于必然的少,得之于无法的多,得之于有法的少,所以,当徐悲鸿从南京赴北平就任北平艺专校长时,曾告诫当时中央大学美术系的负责人:"傅抱石只宜教美术史,他的画虽好,但不宜教学。"

反映在他的为人处世中,傅抱石的性格是豪爽而又直率的,敢想敢说,无所顾忌。这又与历史上那些酒神型的艺术家如苏轼、唐寅等,以"嬉笑怒骂,皆成文章"来发泄"一肚皮不合时宜"的牢骚抑郁的方式相吻合。不过,从50年代开始,各种政治运动接连不断,每一次运动,知识分子都胆战心惊,讲话格外小心,稍有不慎,便遭飞来横祸。傅抱石开始时并不注意于此,例如他和郭沫若的关系,他大讲;他和张道藩、陈立夫的关系,他也大讲,这就不免给他带来了麻烦。后来虽因郭沫若等的关照,使他在每一次运动中得以顺利过关,但他对自己的行为,也开始有所检点,特别注意在怎样的场合说怎样的话、做怎样的事,甚至不惜违背自己率真的本性,因此而一路荣华,成为当代画坛最为春风得意的一位画家。但是,也正伴随着他的酒神精神的消退,他的艺术生命也很快地消退。我们看他后期的作品,尤其是1959年以后的作品,很少再有加钤"往往醉后"的印章,正可以窥见他在这方面自觉的收敛。

二

傅抱石的艺术当以山水画的成就最为杰出,其次是人物画。他的山水约可分为五个时期,早期以师法古人,尤其是石涛为主,入日本三年而一变,入四川八年又一变,20世纪50年代为适应新的社会形势而一变,60年代在政治上春风得意后又一变。

傅抱石十几岁时开始学画,启蒙老师是自家西邻一家裱画店的左姓画工,专门负责复制石涛的作品。傅抱石常去画店看画,引起左师傅的注意,遂带他去看一些古代真迹,而且给他作了许多讲解,于是由石涛而渐入绘画之堂奥。当时的画坛,流行"四王"末流的一路作品,柔弱萎靡,毫无生动之可言。而石涛的画则奇纵恣肆,生动郁勃,使他十分激动,从此一意于石涛,正如他后来在《石涛上人年谱》中所说:"余于石涛上人妙谛,可谓癖嗜甚深,无能自已。"因此而自号"抱石斋主人",后来干脆改名"傅抱石"。但他学习石涛,并不是恪守于石涛的技法,而是得力于石涛的精神,"师其心而不蹈其迹""师其意不在迹象间"。此外,对于梅清、程邃、董其昌、倪瓒、高克恭、米芾等,他也有所借鉴。直至1933年之前,他的作品主要是在传统中下功夫,传世作品如《秋林水阁》《松崖对饮》《竹下骑驴》《策杖携琴》(均1925年)等,侧重于用线,笔路清晰,绝不模糊;但那种迅猛而乱头粗服的形态,显示了其不为传统所囿的个性精神,与其"往往醉后"的风貌是一种内在本质上的契合。

1933年,傅抱石在徐悲鸿的帮助下得以赴日本留学,直到1935年归国,虽未正式毕业,但当时日本画的作风对他影响极大,成为他冲破传统的一个起点。尤其是横山大观、竹内栖凤、小杉放庵等画家,善于运用大片的墨色和飞动的线条,使画面显得生气勃勃,具有强烈的视觉效果。无疑,这正是后来傅抱石孜孜以求的"动"的艺术境界。他在这期间所画的作品大部分留在日本而没有携归,但他吸收日本画的方法却一直保持到他的晚年,如以大片墨色横刷纵抹,或勾线后略加乱皴、再以大片颜色覆盖,都是从日本画中得到启示,并与传统的"骨法用笔"相结合,从而形成自己的独特风格。

1939至1946年,入蜀八年,居重庆金刚坡下,是傅抱石艺术生涯中的第一个高峰时期,奠定了其个性风格的基础,其后的变化,都是在这个基础之上,只是因主客观条件的不同而稍有波动而已。因此,了解傅抱石这一时期的绘画,实际上也就基本上把握了他的整个绘画风格。他在这一阶段的绘画之所以能获得成功,除了少年时学习传统和留学日本的积累外,主要得力于两大时空背景:一是抗日战争的英勇壮烈对他的感染;二是蜀地山水的雄奇苍秀对他的熏染。

作为一位酒神型的艺术家,傅抱石的性格率真而豪放,并且特别容易激动、冲动,这一点,已经如前所述。而当日本军国主义者冒天下之大不韪,发动了旨在灭亡中国的侵华战争,使中华民族面临着最危险的时刻,全国上下,万众一心,奋起抗战,诚如《义勇军进行曲》所高唱:

> 起来!不愿做奴隶的人们,把我们的血肉,筑成我们新的长城!中华民族到了最危险的时候,每个人被迫着发出最后的吼声:起来!起来!!起来!!!我们万众一心,冒着敌人的炮火,前进!冒着敌人的炮火,前进!前进!!前进进!!!

在这样的形势下,风云际会,傅抱石当然更积极地投身抗日的行列。

1937年八月,日寇进攻上海,南京危在旦夕,就在南京大屠杀之前,傅抱石先把夫人、岳母及二子托人送回南昌,然后独自一人去安徽宣城,不久回到南昌;次年又携全家回到新喻故里。1939年夏,战争的炮火又烧到了江西,傅抱石携家出走,千里迢迢赶往重庆。当时的重庆作为"陪都",有一个由陈诚主持的政治部,下设三厅,第三厅负责宣传工作,由郭沫若组阁。傅抱石在赴重庆途中,看到了郭沫若招聘他的广告,于是单身一人先行赶到,家眷随后而至。在第三厅中,傅抱石担任秘书工作,至今,我们还能查到很多由他起草的抗日宣传材料。1940年八月,政治部三厅改组,郭沫若卸任,傅抱石也离去。这时,中央大学、国立艺术专科学校先后迁到重庆,一在沙坪坝,一在嘉陵江东岸,傅抱石往来两校之间任职,一面潜心美术史的研究,一面从事中国画的创作。

这一时期,傅抱石的著述颇丰,先后完成了《中国明末民族艺人传》《中国美术史·古代篇》《关于印人黄牧父》(均1939年),《晋顾恺之画云台山记之研究》《中国篆刻史述略》(均1940年),《读周栎园〈印人传〉》《石涛上人年谱》《中国古代山水画史的研究》(均1941年),《中国之工艺》(1943年)等一系列研究课题。需要指出的是,在当代画坛,乃至整个中国绘画史上,傅抱石对于美术史论的嗜好可谓首屈一指。这与他崇尚文人画、轻视画工画的态度是分不开的。例如,早在1929年所著的《中国绘画变迁史纲》中,他就开宗明义地提出,著述此书的目的在于"提倡南宗",并反复申说:"我以为,'人品''学问''天才'三项,可以概括。这就是造成中国绘画基本思想的三大要素。这就是研究中国绘画的三大要素。""几千年来,士人之画,其价值远过作家的一切,这个道理,是非常简单的。""我所希望的研究者,当然不愿意造成一个画工,画而为工,还有画吗?"如此等等,不一而足。因此,终其一生,傅抱石始终在美术史论方面孜孜矻矻。当然,无可否认,黄宾虹、林风眠、潘天寿等,在美术史论方面也是颇有研究的,但是,相比于傅抱石,就用功之勤、用力之深、涉及面之广而论,毕竟有所不逮。此外,傅抱石对于美术史论的研究还有一个很突出的特点,就是始终密切紧跟形势,而不是为学术而学术,这一点,也是与黄、林、潘诸家有所不同的。需要指出的是,这样比较,并不意味着傅抱石在美术史论方面的建树要超出其他诸家,而主要是就治学的方式、方法而言。

傅抱石著《明末民族艺人传》,完全是配合抗战的宣传需要,发抒家国之痛,标榜民族气节。如论八大:"山人出自宗室之裔,痛遭社稷颠覆,国土沦亡之变,悲愤慷慨,汩浮郁结,而无发泄之地,于是佯而为哑,为狂,游戏笔墨,哭笑杯酒,以消磨劫后生涯,其意亦可哀矣。"论普明头陀:"高士豪放奇逸,颇好饮,醉辄哭歌,旁若无人。诗文书画,掩有众长,所著《万古愁》一曲,宏肆瑰丽,论者谓足与《离骚》《天问》颉颃。盖假事于古,诋当时所谓之圣主贤相,自泄沧桑之际、痛哭流涕之意者也。"等等,明显可以看出是借古人酒杯,浇今人块磊。

在1940年所著《中国绘画"山水""写意""水墨"之史的考察》中,特别地提到:

> 如上所述,从"画体"和"画法"来研究南宋的迁变,已知"山水""写意""水墨"的进展各方面都获得了决定的优势。但这种优势,不是如无根之草,凭空一现,是有其社会的背景的。1127年是异族开始大举侵略中国的一年,到1276年,南宋最后的生命即被斩于中国最南部的厓山。在这百余年中,中国是处于求战求和皆不可能的艰险环境,这种环境的反应,在"画学"上自然有它的归趋所在。你想!国家到了风雨飘摇的时候,北望胡骑驰驱,谁还有心去作"五日一山,十日一水"的工作,谁还需要"繁缛美丽金碧辉煌"的画面?在此意识之下,画学上不禁起了两种清晰的波纹。一种是"写实"的"形似"的根本打倒;一种是画家"人品"修养的强调。

接着是元朝的蒙古人统治:

整个的国家已为异族主宰,精神上的一切设施,当然被严密地封锁和摧残!只要看宋亡以后,死难忠义之多,可以惊天地而动鬼神!如此非常的遭际,敏感的民族的画家们,焉能不受感动呢?譬如前已提及的郑思肖,他仅精画兰,似乎没有什么可以表现的了,但他的兰是和"诗"与"画"结成一环的。他是一位民族诗人兼画家,亡国之后,就退隐起来,坐卧从不北向,自号"所南"。他题画的诗,迄今还是给予我们以非常新鲜的回忆,受着千千万万中华儿女的崇拜和敬仰。

又接着是明朝的灭亡:

这是汉族政权第二次遭逢亡国的厄运,较1277年的蒙古人入主中原,还受过更深刻的悲痛。和宋末经历差不多的明末画家,在此大悲运中所表现的则不亚于南宋。因为画家的民族思想已比宋元普遍为高,画家的数量也比宋元为多,民族意识的觉醒,经过宋元诸家的倡导,也更是深入每个作者的内心。所以明亡以后,画家的一山一水,一草一木和反抗异族的精神,织成一幅壮烈无比的画面。直至十八世纪,我们还可以接触到这种精神的光辉。不少的画家,将绘画上的主张,扩展这种精神而应用在行动上——如起义,殉国——较之仅视绘画为精神桃源的元代诸家,又更有富于意义的发展。这种发展,完全是一种忠于民族国家的表现。清朝找不到赵子昂那样的人物,不是足以证明么?……如萧尺木、石谿、石涛的谨严幽邃,张大风、八大山人的兀傲峭拔,渐江、龚半千的淋漓冲远乃至陈老莲钢铁般线条所构成的上古衣冠,无一不充沛着民族的精神,足垂后世以大法。因为他们都是身经亡国之痛的画家,所谓山水而外,别无兴趣,诗酒之外,别无寄托,田叟野老之外,别无知契,人品既高,笔墨当然造其绝境。但他们的深意,是在笔墨之外的。

此外,在1940年发表于《时事新报》副刊上的《从中国美术的精神上

来看抗战必胜》、1944年发表于《时事新报》上的《中国绘画在大时代》等文章中，傅抱石更是大声疾呼将中国美术"最伟大的精神""扩展到全面的民族抗战上，便是胜利的因素"；"在这长期抗战以求民族国家的自由独立的大时代，更值得加紧发扬中国绘画的精神，不惟自感，而且感人"。并极力主张，绘画应该含有一种"紧张"感、"动"感。这种"紧张"感、"动"感，在他这一时期的创作实践中，反映得再也清楚不过，具体留待后文另作分析。

  傅抱石在重庆时寓居"金刚坡下山斋"，据其《壬午重庆画展自序》，门房采用稀疏竹篱隔作两间，每间不过方丈大，高约丈三四尺，全靠几块亮瓦透点微弱的光线进来，写一封信，已够不便，哪里还能作画？不得已，只有当早饭之后，把仅有的一张方桌抬靠大门放着，利用门外来的光作画，画完，又抬回原处吃饭，或作别的用。这样，必须天天收拾残局两次，拾废纸，洗笔砚，扫地抹桌。当他作画时，妻子儿女便被请到屋外竹林里，消磨五六小时或八九小时。作画的实际环境虽然如此，但若站在金刚坡山腰俯瞰，则这间仅堪堆稻草的茅庐，倒是不可多得：左倚金刚坡，泉水自山隙奔放，当门和右边，全是修竹围着，背后稀稀的几株老松，杂以枯干。山川的雄奇秀丽，足以启发画家的灵感。因此，傅抱石以其切身的体会，认为"着眼于山水画的发展史，四川是最可忆念的一个地方"，当他没有入川以前，只是悬诸想象，如吴道子、李思训的壁画嘉陵江故事等；当他既入川以后，更明确地表示："画山水的在四川若没有感动，实在辜负了四川的山水。"因此，他在一幅画中题跋说：

> 蜀道山水，既使山水画发达，故唐以来诸家多依为画本。观万代所著录名迹，剑阁浅道之图特多可知也。元季而还，艺人集江淮间，平畴千里，雄奇遂自画面退走，富春虞山，清初已挥发无余，而山水亦开始僵化，胸中丘壑，究有时而穷，识者诟病，岂无因也。

  虽然，由于职务和家庭的拖累，傅抱石未能游历青城、峨嵋，无法为它们写照。但是,以金刚坡为中心的周围数十里却是他常跑的地方,确是好景说不尽、画不完。烟笼雾锁,苍茫雄奇,这境界是沉湎于东南的画家胸中所没有也是不敢有的。我们看傅抱石这一时期的绘画,大都烟雨迷茫,不同于早期师承传统时的笔路青淅,这固然是受日本画法的启发,同时更应该归因于蜀地山水的熏染之功。这并不奇怪,因为蜀池山水本来就涵有某种酒神精神的特点,如李白《蜀道难》听云:"噫吁嚱!危乎高哉!蜀道之难,难于上青天!"它既不同于北方山水的雄浑,又不同于南方山水的明媚,而是既雄奇又秀丽,这就与傅抱石酒神精神的禀性成为一种本质上的契合,何况正当抗日烽火连天之际?

正是在这样的主客观条件的感应之下,一种新的山水境界在傅抱石的胸中笔下孕育起来。1942、1943、1944三年间,他先后在重庆和成都等地举行个人画展,一举轰动画坛。综观他这一时期的作品,多写风情雨色,有飘摇之势,用笔横刷竖扫,迅猛激荡,凡此种种,既是其个性的流露,同时又是时局、地理的真实反映。

作于1941年的《云台山图》,虽是根据顾恺之的《画云台山记》创作而成,但取景皆为蜀地风物。画法已有奔驰的趋向,与早期的创作判然而异,但相比于嗣后成熟的风格,还是比较收敛的。

作于1942年的《大涤草堂图》,以两株大树支撑画面,下有草堂一椽。树干用大笔泼墨,树叶墨色交融,画法略似徐悲鸿而气势之激荡过之。画地放笔横扫,唯草堂内人物和周围丛竹用细笔画出。整体作风雄放浑朴,徐悲鸿题为:"元气淋漓,真宰上诉。"但个人的面目依然没有获得充分的显示。

至1943年作《相将谢尘埃》《萧然放艇学渔人》等,以长锋拖刷山纹,已初步形成"抱石皴"的雏形,但因层次较少,所以缺少浑厚之致,略有单薄之嫌。

1944年作《万竿烟雨》,标志着傅抱石的山水已臻成熟之境。画中隐现于烟雨之中的山峦,用"抱石皴"皴染而成,但因层次较多,所以虽然总体色调较淡,而所造成的效果却并不单薄。大片的雨点先以矾水甩出,然后以大笔蘸淡色斜刷几道,风雨的气氛异常强烈。从来描绘烟雨之景,多平淡天真、宁静致远,可是,傅抱石此图所给人的印象,却是狂风骤雨,扑面而来,一种骚动不安的氛围,很自然地使人联想起其忧国忧民、容易激动的情绪,正如前引其《中国绘画"山水""写意""水墨"之史的考察》中所说:"你想!国家到了风雨飘摇的时候,北望胡骑驰驱,谁还有心去作'五日一山,十日一水'的工作,谁还需要'繁缛美丽金碧辉煌'的画面?"

此外,如作于 1945 年的《潇潇暮雨》《听瀑图》等,所表现的同样也是这种国势飘摇的风雨之景。画家通过笔、墨、水与宣纸相碰撞时微妙的"水晕墨章"原理,制造出一种特殊的肌理效果,破而毛的笔势墨痕,有时粗,有时细,有时浓,有时淡,有时枯,有时湿,粗细、浓淡、枯湿交织成一片,模模糊糊,混混沌沌,奔放而淋漓,赋予观者以强烈的视觉感受。

1949 至 1959 年间,是傅抱石艺术生涯中的又一个高峰时期。这一时期的傅抱石,为了适应新的社会和新的时代,不得不经受思想的痛苦改造。众所周知,像傅抱石这样的性格,在当时的形势下是颇难适应的,虽因郭沫若的保护,每次运动他都得以顺利过关,但所写的"检讨书"亦已为数不少。这就不能不使他讲一些违心的话,做一些违心的事,画一些违心的画。开始时是勉强的,大约从 1959 年以后,逐渐变得习惯,从此而青云直上。1959 年以后的事容当后论,需要指出的是,当他勉强地讲违心话、做违心事、画违心画的很长一段时期内,他的酒神精神和率真的本性其实并未消退,而是被压抑在内心的深处,发泄于一些聊以自娱的创作之中。正是这一部分创作,因为得之于"往往醉后",所以没有虚伪矫饰,没有阿谀逢迎,而是其率真本性的自然流露,所以构成了其艺术生涯中的第二个高峰时期。

我们知道,傅抱石是一贯提倡文人画、贬斥画工画的。无疑,进入 50

年代以后,这一艺术观念必须从根本上加以改变。傅抱石在1953年发表于《光明日报》的《南京堂子街太平天国壁画的艺术成就及其在中国近代绘画史上的重要性》一文中,指斥明代以后"所谓'文人画家'"对绘画的垄断,"把造型艺术最主要的部门——绘画—弄得好似骸骨一般,毫无生意,造成了中国近代绘画史的腐朽和空虚",显然是配合形势而作的言不由衷的表态。观其既指斥明代以后的文人画,而又把"腐朽和空虚"的罪责落实于"中国近代绘画史",可见事实上,他对于明代以后的文人画还是有自己的保留看法的。迄止1959年之前,他这类观点的文章殊不多见,实际上正反映了他内心在说真话与说假话之间何去何从的彷徨和抉择。

与此同时,傅抱石又开始了配合政治形势的绘画创作,如作于1953年的《抢渡大渡河》、作于1954年的《四季山水》、作于1955年的《玄武湖》、作于1957年的《大军渡过黄泛区》以及大量的《毛主席诗意图》等,大多显得拘谨而修饰,可见其执笔彷徨的思想负担。

然而,在另外一些作品中,如作于1954年的《苦瓜诗意》,作于1955年的《平沙落雁》《风雨归舟》《听瀑图》,作于1956年的《龚半千诗意》《西风吹下红雨来》等,则依然是气势奔放的作风,或风狂雨骤,或天高云淡,在原有的基础上又增加了厚重、稳滞、深静的特点,境界很高。一种独孤无奈、无所适从的淡淡哀愁,荡漾在笔墨形象之间,比之前一时期风雨满头地奔走国是,在视觉效果的强烈方面或许稍有不逮,但却显然具有更丰富、更幽邃的内涵。

1957年,傅抱石奉命出访罗马尼亚、捷克等国,以传统的笔墨,写异域的风情,虽然别有情致,但格调并不是很高。不过,这一次实践,却为他嗣后大规模的写生活动开了先声。

1959年以后,是傅抱石政治生涯中最为荣耀的一段时期,对于新的政治形势,他不再是被动地适应,而是主动地紧跟。他先后发表了《俗到家时自入神》《关于中国画的传统问题》《在毛主席的故乡》《回忆片片》《笔墨当随时代》《中国绘画史的新页》《北京作画记》(均 1959 年)、《思想变了，笔墨就不能不变》《江山如此多娇》《东北写生杂忆》(均 1961 年)、《在更新的道路上前进》(1964 年)等一系列文章，提倡艺术的"人民性和现实主义精神"，号召画家"学习政治，自觉地要求改造……走出个人的小天地，到农村去，到工厂去，或者到伟大美丽的大自然中去，体验体验从来也没有接触过的新人新事，把它们一一收之画本"。并明确指出，艺术的创新"光靠笔墨，光靠传统，不解决问题""必须思想领先，政治挂帅"。至于他本人，则"初步明确了自己严肃的责任和伟大的使命"，这就是：

> 我们的艺术是为广大的人民群众服务的；是为社会主义革命和社会主义建设服务的；是为无产阶级的政治服务的。我们的作品应该具有鲜明的时代精神、现实的内容和人民喜闻乐见的民族形式。(《在更新的道路上前进》)

正是基于这样的艺术观，在当时的中国画坛，乃至整个中国美术界、艺术界，傅抱石带领江苏的国画家们，率先开始了以中国山水画反映现实生活并为现实生活服务的艺术实践。

先是 1960 年的"江苏国画工作团"之旅，以傅抱石为首，共八位画家、四个学生，三个月的时间走了河南、陕西、四川、湖北、湖南、广东六省，行程二万三千华里。从革命遗迹、遗址的瞻仰，到工业、农业的参观，再到名山大川的游览，"那时正是党提出社会主义总路线的第三年，到处看到广大人民以豪迈的步伐，冲天的干劲从事翻天覆地的建设事业和生产活动。现实的变化如此之大，我们能无动于衷么？"(同上)接着是 1961 年的东北之旅、1962 年的杭州之旅、1963 年的江西革命老根据地之旅，等等。

这一段时期，傅抱石春风得意，创作精力特别旺盛，产量极高。如作于 1959 年的《江山如此多娇》，作于 1960 年的《毛主席故居》《枣园春色》《红岩村》《黄河清》《雨花台颂》，作于 1961 年的《镜泊飞泉》《老虎滩渔港》

《镜泊湖在建设中》《镜泊湖水电站进水口》《松花湖》《松花江上》《丰满道上》《将到延边》《煤都壮观》《哈尔滨印象》《长白山冰场》,作于 1962 年的《虎踞龙盘今胜昔》,作于 1963 年的《龙井初春》《桐庐》《城隍山》,作于 1964 年的《长征第一桥》《井冈山》《芙蓉国里尽朝晖》,作于 1965 年的《中山陵》《毛主席〈沁园春·长沙〉词意》等,或写革命圣地,或写建设工地,点缀以新式楼房、大桥、工厂、卡车、游艇、红旗、工人、儿童等。在艺术处理上,四平八稳,如同水彩写生,无复传统山水结构经营和骨法用笔的特点,也无复傅抱石原有的气势奔放、满头风雨的特点,其艺术性显然是不足称道的。

对此,傅抱石本人似乎也是有所认识的,所以,在作于 1960 年的《漫游太华》《飞泉图》《待细把江山图画》,作于 1962 年的《不辨泉声抑雨声》《满身苍翠惊高风》,作于 1963 年的《听泉图》等作品中,力图回复到原有的境界中去。但毕竟"思想变了,笔墨就不能不变",这几件作品,即使在技法上更加成熟了,却无复再有原来那种打动人心的精神力量。

在这里,有一个问题必须提出来加以讨论。艺术为政治服务、为人民服务,以及生活是艺术的源泉等等,本无可非议。但是,长期以来,由于各方面的原因,许多人、包括傅抱石,对此作了完全片面的理解,致使艺术、包括中国画,尤其是山水画的发展受到了严重的阻碍,这实在是令人扼腕痛心的。我们并不是否定艺术为政治服务、为人民服务,否定生活是艺术的源泉。问题是,不同的艺术形式对于这一切问题的实践各有不同的必要性和可能性,油画不同于国画,国画中人物又不同于山水,如此等等,硬要山水画"直接"地为政治服务、为人民服务,直接地从生活中去汲取源泉,就如同要求小品散文承担长篇政论的功能一样,其结果只能是取消了小品散文、取消了山水画本身。从这一意义上,傅抱石晚期的一变导致了其艺术成就的滑坡,正在情理之中。顺着这一路线继续向前延伸,便是在枕巾、被单、茶杯、饭碗上也印满了"毛主席语录",其结果就不但取消了艺术,而且也取消了政治本身。傅抱石有幸而早逝,如果天假其年,他的艺术又将成为怎样的一种面貌,实在是不能不让人担心的。

三

傅抱石不是专门的人物画家,但其人物画的成就实际上并不在其山水之下;而且,即使从整个古代人物画的情况来看,其成就也是十分引人注目的。据我个人的偏爱,若以傅抱石的人物与其山水相比,我更倾向于其人物;若以傅抱石的人物与其他画家的人物相比,我亦倾向于傅抱石。

傅抱石的人物多取古典题材,格调极其高古;而且,终其一生,没有多大的改变,而不是像山水那样具有明显的阶段性,可以分别看出时事形势对他情绪的影响。这就十分奇怪,撇开其早期的创作不论,从 50 年代以后的情况来看,如果要谈艺术为政治服务、为人民服务,生活是艺术的源泉等等,当以人物画首当其冲,山水、花鸟画则不妨有所保留。可是,傅抱石却一反常规,他的山水画创作不遗余力地紧跟形势,他的人物画创作则依然停留在原来的思想基础之上,而与新的时代似乎"格格不入"。既不讲为政治服务,也不讲为人民服务,既不从生活中去汲取源泉,也不讲"思想变了,笔墨就不能不变"。这就说明,傅抱石的艺术观具有两面性,一方面是文人士大夫的艺术观,讲求的是"人品""学问""天才",讲求的是去伪存真、直抒胸臆——这一观念根深蒂固,并一直反映在他直到晚年的人物画创作中,只是由于社会形势的变化,不便再像三四十年代那样公开地言明。另一方面便是革命的艺术观,讲求的是为政治服务、为人民服务,讲求的是生活是艺术的源泉——这一观念,主要是经受了 50 年代风风雨雨的洗礼从 1959 年以后才正式建立起来的。上文提到,傅抱石晚期的山水成就并不是很高,原因固然是多方面的,但一个很重要的原因,也许正在于他的所谓"革命的艺术观",并不是完全出于真心诚意的,而在很大的程度上不过是文人士大夫艺术观的一种扭曲。

据《壬午重庆画展自序》，傅抱石画人物一是为研究绘画史服务，二是为山水画服务的。他说：

> 我原先不能画人物薄弱的线条，还是十年前在东京为研究中国画上"线"的变化史时开始短时期练习的。因为中国画的"线"以人物的衣纹上种类最多，自铜器之纹样，直至清代的勾勒花卉，"速度""压力""面积"都是不同的，而且都有其特殊的背景与意义。我为研究这些事情而常画人物。其次，我认为画山水的人必须具备相当的人物技术。不然，范围必越来越小，苦痛是越来越深，我常笑着说，山水上的人物，倘永远保持它的高度不超过一寸，倒无甚问题，一旦非超过这限度不可的时候，那么问题便蜂拥而来。结果只有牺牲若干宝贵题材。我为了山水上的需要，所以也偶然画画人物。

傅抱石的人物，由陈洪绶而上追六朝，形象伟岸，作风古雅。其题材以六朝和明清之际的典故最为多见。前者如《晋贤图》《兰亭图》《渊明沽酒》《东山逸致》等，后者如《石涛上人像》《半千先生像》《江东布衣》等。此外，还画有大量《九歌图》及其作者屈原像，其中尤以《二湘图》特多也画得特美。这主要是受郭沫若的影响，因为在重庆时，郭沫若正研究屈原及其《九歌》，而且编写了这方面的戏剧。再外，便是李白、杜甫、白居易的诗意等唐人题材，也是傅抱石所爱好的。傅抱石曾自述其创作题材的来源可以分为四类：一、撷取大自然的某一部分作画面的主题；二、构写前人的诗，将诗的意境移入画面；三、营制历史上若干美的故实；四、全部或部分地临摹古人之作。撇开摹古之作不论，前两类主要是其山水的取材方向，而第三类正是其人物的取材方向。这一取材方向，本身就规定了他的人物是历史主义的，而且是唯美主义的。

就傅抱石的人物而论，又以仕女的形象最为出色，如作于1944年的《丽人行》，作于1945年的《擘阮图》《阮咸拨罢意低迷》，作于1946年的

《山鬼》《二湘图》,作于 1954 年的《九歌图》,作于 1961 年的《二湘图》、作于 1965 年的《湘君涉江图》等,造型、服饰、衣着大体相同,都是来源于顾恺之的《女史箴图》和《洛神赋图》,所谓"迹简意澹而雅正",意态神韵,极其娴美;但背景的处理,或如疾风骤雨,有奔肆之致。此外,细观其线描,也与顾恺之如春蚕吐丝般的"高古游丝描"有所不同,而是笔势超忽,略有顿挫转折的变化,其基本的性格,是与山水中的"抱石皴"相一致的,显得灵动而有生意。

傅抱石的人物,虽是"营制历史上若干美的故实",实际上还是有所寓意的。郭沫若是"古为今用"的老手,他与郭沫若交谊极深,当受其影响。例如《九歌图》的创作,当国势飘摇之际,发美人香草之思,正与郭氏对《九歌》的研究宗旨相吻合。至如各种高士题材,则无疑也是傅抱石文人胸襟的自我写照。他好画石涛,画龚贤,画程邃,画崔子忠,画恽南田,画倪云林……说是因为他们"都是一代艺人,他们不仅以笔墨传的"(《壬午重庆画展自序》),这就颇能说明问题。从原则上说,"历史上美的故实",正是心目中的理想境界,而不是现实生活中所可以找到其源泉的。这就必须借助于酒的力量切断与日常生活的联系。早在 1944 年,他就对《醉僧图》的创作颇感兴趣,并引怀素的诗云:"人人送酒不须沽,终日松间系一壶;草圣欲成狂便发,真堪画入醉僧图。"而如前所述,从 1959 年以后,傅抱石的山水画上很少再有加钤"往往醉后"印章的,然而,在他的人物画上却依然还可见到这方印章,如作于 1963 年的《李太白像》、作于 1965 年的《湘君涉江图》等,这又颇能说明问题。

10 第十讲
积学致远——李可染艺术论

李可染(1907—1989),江苏徐州人,画室名"师牛堂"。擅画山水、人物、水牛,兼工书法,并长期致力于中国画教学,对国画理论也有一定研究。曾任中国美术家协会副主席、中国画研究院院长。

一

中国画,尤其是山水、花鸟画的创作,大体上可以分为两派:一派注重"顿悟",即"南宗",又称"利家";另一派注重"渐修",即"北宗",又称"行家"。明代董其昌在《画禅室随笔》中指出:

> 李昭道一派,传为赵伯驹、伯骕,精工之极,又有士气。后人仿之者,得其工不能得其雅。若元之丁野夫、钱舜举是已。盖五百年而有仇实父,在昔文太史亟相推服。太史于此一家画,不能不逊仇氏。故非以赏誉增价也。实父作画时,耳不闻鼓吹阗骈之声,如隔壁钗钏,顾其术亦近苦矣。行年五十,方知此一派画殊不可习。譬之禅定,积劫方成菩萨,非如董、巨、米三家,可一超直入如来地也。

又云:

> 画之道,所谓宇宙在乎手者,眼前无非生机,故其人往往多寿。至如刻画细谨,为造物役者,乃能损寿,盖无生机也。黄子久、沈石田、文徵仲皆大耋,仇英短命,赵吴兴止六十余。仇与赵虽品格不同,

皆习者之流,非以画为寄,以画为乐者也。寄乐于画,自黄公望始开此门庭耳。

撇开"品格"的不同不论,就创作风格和学习方式而言,"南宗"的"顿悟"盖在于"寄乐于画",因此,所讲求的是人品的修养,所谓"人品既已高矣,气韵不得不高,生动不得不至"(郭若虚《图画见闻志》);而"北宗"的"渐修"盖在于"刻画细谨",因此,所讲求的是绘画本身的功力锤炼,所谓"耳不闻鼓吹阗骈之声,如隔壁钗钏,顾其术亦近苦矣"。董其昌明确宣布:"北宗""一派画殊不可习";又说是:"非吾曹所当学也。"从此以后,"寄乐于画"的"南宗"作风便风靡画坛。虽然,董氏同时还曾提出:南北"两家法门如鸟双翼",能为"穷工极妍",然后能为泼墨云山,"乃足关画师之口,而供赏音之耳目也"——以防止"护短者窜入其中"。但是,事实上,对这样的要求,"护短者"始终是只当秋风吹马耳的,这就不免使中国画的发展,逐渐地流于空疏草率,而且动辄美其名曰"写意"!这期间,并不是没有画家致力于"合南北二宗为一手"的努力,如王翚就是一个典型的例子,但总难免"匠气"之讥。这也难怪,首先,厌苦喜乐,人之常情,所以画家的舍北趋南,自在情理之中;其次,南文北匠,也是事实,所以画家的舍北趋南,更在情理之中。

苦苦地作画,只能落得一个"匠气"的恶评;快乐地作画,却能博得一个"逸品"的美誉,这便是明清以来对于中国画,尤其是山水、花鸟画创作的一般认识。问题是,快乐地作画,又不免使"逸品"沦为丑怪荒率,如陈衡恪在《中国文人画之研究》中所说:"夫文人画,又岂仅以丑怪荒率为事邪?旷观古今文人之画,其格局何等谨严,意向何等精密,下笔何等矜慎,立论何等幽微,学养何等深醇,岂粗心浮气轻妄之辈,所能望其肩背哉?"这就需要以苦苦坚持作画的精神救其弊,在格局、意向、下笔、立论、学养诸方面狠下功夫。不过,陈氏紧接着又说:"文人画首重精神,不贵形式,故形式有所欠缺,而精神优美者,仍不失为文人画。"这又不啻是自相矛盾,说明他对于苦苦坚持作画精神的提倡,还不是十分坚决、十分彻底的。

李可染的意义正在于,他是明清以来第一位坚决而又彻底地提倡苦苦坚持作画精神、并付诸自己的创作实践取得了杰出成就的画家。他在多种场合明确宣布,自己的画派为"苦学派",不是依靠"顿悟",不是依靠"天才",而是依靠一步一个脚印地"渐修",依靠勤勤恳恳地作画、踏踏实实地作画、严肃认真地作画。他不是一般意义上的"合南北二宗为一手",而是以"北宗"的创作精神追求"南宗"的品格和意境。

当然,话又需要说回来,举凡有成就的画家无一不是"苦学派",古今中外,概莫能外,即使他们口头上自我标榜是"寄乐于画",实质上还是投下了艰苦卓绝的锤炼功夫的。即以当代画坛而论,黄宾虹、林风眠、张大千、潘天寿、吴湖帆、傅抱石等等,哪一个不是经过了数十年锲而不舍、持之以恒的孜孜矻矻?但是,一、他们在苦学的同时往往承认有天才的作用,如张大千有"七分人事三分天"之论(《画说》);傅抱石更明确表示:"没有'天才'的画人,越画越坏,只有开倒车!"(《中国绘画变迁史纲》)二、他们的苦学更多的往往是在画外修养上狠下功夫,绘画本身的功力锤炼则被摆在次位,至少在理论上是如此,如傅抱石以"人品""学问""天才"三项作为"中国绘画基本思想的三大要素"(同上);黄宾虹、张大千、吴湖帆等均在诗文、鉴藏诸方面造诣精深,等等。然而,李可染的苦学则与他们判然殊途。如果说傅抱石是"三分人事七分天"论者,张大千是"七分人事三分天"论者,那么,李可染则是"十分人事不问天"论者,他根本就不承认有天才的存在,尽管实际上他是一位天才;他始终把绘画本身的功力锤炼摆在第一位,对画外的修养则较少涉猎,除兼工书法外,对诗文、鉴藏等基本上不予染诣。他的这种苦学性质,与齐白石最为相近。不过,齐白石的苦学是不自觉的,非理性的,而李可染的苦学则是高度自觉、高度理性的。

李可染经常向人讲述京剧武生尚和玉和鲁迅的两段话:

> 我们在台上演戏,观众看来很轻松愉快。但是,人们并不知道,我们在台下流过多少汗水。为了给观众以最大的艺术上的享受和精神上的满足,实际上我像半个出家人,许多娱乐和休息都放弃了。(尚和玉)
>
> 我坐在桌子前写作是工作,坐在藤椅上看书是休息。哪里有天才,我是把别人喝咖啡的工夫都用在工作上了。(鲁迅,均引自《李可染画论》)

的确,李可染的作画是十分勤苦的,为了作画,他把一般人常有的某些娱乐和嗜好都放弃了。他的生活极为简朴,不嗜酒,不吸烟,对文玩杂物诸器俱无所好,画室中除了书籍、画册、文房用品和书画作品外,再别无长物。又不善交际,不知者以为迂阔,实际上其性格宽厚,唯其精力全部投入于作画,外界事难能再为分神了。他常说,自己别无所求,只希望把画画得稍好一些就满足了。

1942年,李可染与徐悲鸿相识;1946年,又经徐悲鸿的介绍,先后拜识了齐白石和黄宾虹,执弟子礼甚谨。当时李可染画名未显,而徐、齐、黄则名动天下。他向他们学习,完全不是从图式上作皮毛袭取,而是根据自己的理解,学习他们的苦学精神。如徐悲鸿作画勤奋,常以"拳不离手,曲不离口"这两句话勉励青年;齐白石有一方印章,文曰:"痴思长绳系日。"意思是为了不让时光流逝,恨不得用绳子把太阳拴住;又有一方印章,文曰:"天道酬勤。"以此为座右铭,勤奋自勉;九十岁以后,每天平均至少画五张画,多时达八九张;除了生病,从未间断;黄宾虹一生勤奋,呕心沥血,苦练功夫,在患严重白内障时,伸手不辨五指,仍坚持作画不息;逝世前一年的夏天,一个晚上一口气勾了八张山水画的轮廓……正是在这种精神的感召下,李可染深感"前辈老师之勤苦,实非我等后辈可及"(《李可染画论》,以下引李可染语录出处同此,不另注)。不言而喻,徐悲鸿、齐白石、黄宾虹的成功,具有多方面的主客观因素,苦学当然是其中的一个重要因素,但决不是唯一因素,甚至不是主要因素。特别如齐白石的"痴思长绳系日",完全是一种儿童式的天真烂漫之想,决不能以理性的苦学精神去加以诠释;至于黄宾虹的苦学,更多的也是在画外,而不是在画画本身,即使他的作画很勤奋,支配其创作的动机主要也决不是理性的苦学精神,而是意冥玄化的心手两忘。因此,作为对齐白石、黄宾虹的艺术评价,李可染简单地归结于"勤苦"地"作画",无疑是有欠妥当的。然而,作为对自己的勉励,李可染对齐、黄作出这样的认识,并无可非议。因为,苦学、而且是绘画本身的功力尤其是基本功的苦学,已经深深地支配了李可染的艺术观念,成为他最坚定的艺术信条,以至于对其他方面也就视而不见了。或者换言之,苦学的观念作为其思维定势之"网",它只能接受苦学或者可以被认为是苦学的因素,而其他因素则一律透过其"网眼"而被筛洗掉了。正是这种"攻其一点,不及其余"的战略战术,使李可染在既定的"天分"条件之下,得以将"人事"发挥到了极限,从而攻克了艺术史上的又一座高峰。

李可染十分重视"基本功"的勤学苦练,他反复申说:"学艺重要的一条,要在正确的方向指引下,有坚强的毅力,艰苦的磨炼,深厚的功夫。……坚毅不拔,做基本功,说来容易,真正做到很难,要一辈子做到就更难了。"

所谓"基本功"的训练,就是绘画的基础训练。他认为:这关系到一个艺术家将来艺术成就的高低,基本功好比树木的根底,建筑物的基础,根不深长不成参天大树,基础不固建不成摩天高楼。他常以胡琴圣手孙佐臣和京剧大师盖叫天为例,教育年轻人"画画要练一辈子基本功"。孙早年练功,每在数九寒天,将两手插在雪堆里,等到手指冻得僵硬麻木,才拿出胡琴来练,一直练到手指灵活,手心出汗,以至在左手食指尖上留下了一条深可见骨的弦沟。盖则六十年如一日,勤学苦练,磨炼过硬的功夫,甚至在茶馆陪客喝茶时，也把脚插在八仙桌横撑里练伸筋拔骨的功夫。而在这方面，李可染本人也正是一位身体力行的楷模，尽管他本人常常自谦地认为还做得很不够。他在晚年时请人刻了两方印，一方是"七十始知己无知"，另一方是"白发学童"。意思是学无止境，画到老，学到老，自己的头发虽已白了，年岁也大了，但学习国画时还只能算是一个"小学生"。他最反对有些画家经常一月半月甚至经年累月不动笔，认为是"一日暴之，十日寒之"。

基本功同创作是什么关系？基本功不等于创作，但又概括了创作的基本需要，是创作所必需的某些最基础的规律的集中表现，又是创作"语言"的规范化。就像歌唱家练声吐字，不同于舞台上的演唱，但如果不在这方面下功夫，掌握歌唱的规律，就不能字正腔圆，在舞台上发出优美动听、声情并茂的歌声。李可染以一个笑话作比拟："有一个人肚子饿了，先吃了个烧饼，不饱；再吃一个馒头，还是不饱；又吃了一个包子，这才饱了。于是，他说：'要是早知道烧饼和馒头不顶事，开头就吃一个包子就好了。'"基本功与创作的关系，正如同烧饼、馒头、包子和"饱"的关系，必须按部就班、循序渐进，而决不可能企求"毕其功于一役"。正因为此，所以，基本功的训练必须从严格的规矩和程序入手，必须带有某种强制性："强制约束自己的脑、眼、手，熟练地掌握创作规律的能力。当我们的脑同眼、手不能配合的时候，就要强制它，约束它，使它得心应手地掌握创作规律。艺术要求越高，掌握规律的要求就越高越严，因而强制约束的要求也就越高越严。经过长期练功，我们的脑、眼、手就会日益熟练地掌握创作规律，取得准确反映客观事物的表现能力。……倘若一开始就怕约束，怕规律，想轻轻松松随随便便，就一定练不好基本功。"结果，就不免成为"剔油花"或"豆芽菜"，独根独苗，单薄幼嫩，不能成器。

基本功的苦学，进而还必须更具体地落实到专业基本功的苦练。"学可以知，能必须练。'知'可以在'能'的前面，然而知并不等于能。相对地说,得知比较容易,得能就很难。……学习这个词很确切,要学,还要练习。只学不练习,是不行的。不仅要练习,还得经常练习。……学而不练,就会落空"。至于何谓"专业的基本功"? 专业的基本功,就是对于特定表现对象以及与之相般配的特定表现技法的深入研究,掌握对于特定表现对象的精确描绘的能力。以山水画而论:

> 学画山水画的人,对自己专业的特定对象要进行深入研究和专业基本功的严格训练。一个具备一般造型能力的人,不见得就能画好山水画。画山水还要有山水画专业的基本功训练,要对山、水、树、石、云、点景人物等进行专门的研究,深入观察大自然山川的脉络和组织规律。对于这些物象的认识深度,要超过一般人的认识水平。古人讲"石分三面""下笔便有凹凸之形",都是说的山水画基本功的专业训练,要掌握这种技艺并不容易。山有脉络,岩石有纹理,千变万化,各呈姿态,要表现好就得在专业训练上下功夫。古人又讲,"树分四枝",要把树的前后左右关系画出来,也不是容易的事。如果专业功夫不到家,画得不好,就只有左右两面,就没有前后关系。

如此等等。需要指出的是,李可染毕生苦学的主攻方向,始终是放在基本功方面的;他对画论的研究,也纯为经验体会式的,作为理论的学术价值,其实并不是很高。措辞平淡,逻辑松散,累赘之辞,拖沓之笔,俯拾皆是。但是,作为其基本的艺术主张和艺术追求,毕竟在翻来覆去的语无伦次之中表述得十分清晰、十分朴实、十分真诚。他的千言万语归结到一句话,就是:

> 艺术这门学问追求起来无穷无尽,必须老老实实地学一辈子。艺术工作者为了使自己的作品、自己的艺术具有高度感人的力量,不仅在早期要踏踏实实地治学,以后还要结合创作,要求终生不息地磨炼提高。

李可染于山水之外,酷爱画水牛。曾题《五牛图》云:

> 牛也力大无穷,俯首孺子而不逞强,吃草挤奶、终生劳瘁事农而不居功。纯良温驯,时亦强犟。稳步向前,足不踏空。皮毛骨角,无不有用。形容无华,气宇轩昂。吾崇其性,爱其形,故屡屡不厌写之。

试将前文所评述的李可染的苦学精神与牛的"稳步向前,足不踏空"作一比较,当不难明了二者之间的默契。水牛精神,实在正是李可染苦学精神的一个最好表征,这也就难怪他要"崇其性,爱其形,故屡屡不厌写之"了。

二

山水画基本功的苦学苦练,其内容不外乎两点:一是上法古人,也就是临摹传统;二是外师造化,也就是摹写自然。

虽然,李可染时时提到传统,如:

> 我国历代山水画家经过长时间的探讨,积累了丰富的表现技法。……五千多年的传统,那么多人的智慧创造,那么长时间经验的积累,这样极为雄厚的遗产,不要的话,真是傻瓜。在中国深厚的绘画传统中,山水画是重要的一部分,在对客观事物的认识上以及表现技法上,山水画解决了很多问题。传统很重要,离开传统就谈不到创造。继承传统,是为了更好地创造。

> 对于学习前辈艺术家,学习艺术传统,我的体会是:以最大的功力钻进去,以最大的勇气攻出来。

其实,李可染在传统方面所投下的功力并不是十分深厚。他从十三岁开始拜师学习中国画,也曾学过"四王"的山水画;但尚未"钻进去"便已退出来,跟一位法国老师学了两年西画;嗣后自修国画,但不久抗战爆发,参加三厅工作,又开始从事宣传画、钢笔画的创作。直到20世纪40年代以后，才得以潜心中国画，但限于主客观的条件，其传统的基础始终是比较薄弱的。抗战胜利以后，李可染接到两张聘书，一张是北京的，一张是杭州的。北京是文化古城，又有故宫收藏，还有齐白石和黄宾虹两位当代大师，所以，结果选定了北京的聘书。其意图无疑是为了补上传统这一课。确实，到了北京以后，李可染在传统方面大开了眼界，古今名迹，得以饱览沃观。但是，大都停留于心摹，而没有落实到手追。因此，相比于张大千、吴湖帆等的传统功力而言，相比于李可染本人关于"开始，学谁像谁，这是很自然的，并没有什么不好，先把别人的本领学到手，再广泛吸收，加上自己的生活实践和感情体验，以及自己的个性和爱好，逐步发展到创造。这是学习创作的一般规律"而言，李可染既没有像过历史上的哪一位画家，甚至也没有像过对他进行了"直接传授"的齐白石和黄宾虹。

相比而言，李可染在生活方面所投下的功力比之传统就深厚得多，他在生活方面所获得的营养比之传统也丰富得多。事实上，在生活与传统之间，他的选择始终是更侧重于前者的。他明确表示：

> 直接经验比间接经验更为重要。亲身感受强烈，才能有创造。因为，画画的目的是表现画家的亲身感受。从美术创作来说，前人怎能尽情说出今人的感受。鲁迅先生说过，旧形式不能适应新内容，必然有所增益，有所删除，有所变革。有人专以仿古为能事，没有自己的感受，自然就陷于公式化。这不是学习和继承历史遗产的正确态度。……怎样抛弃公式化？办法就是到生活中去。自然界本身就是丰富多彩的，变幻莫测的，它可以帮助我们克服公式化。

> 传统既要尊重，又要敢于突破。前人讲各种皴、擦、点、染、线描，都是规律的总结。但是，它同丰富多彩的大自然相比，同无限丰富的现实生活相比，这些规律的发现和总结，又显得太少了。我们应当加深对客观世界的认识，不断发现新的规律，丰富前人总结的经验。

换言之,他对于传统的投入,仅仅是停留在认识论意义上的,而对于生活的投入,则真正落实到了技术性的实践论之中。特别从 50 年代以后,他的这一艺术观念与新社会、新时代的革命文艺路线一拍即合,于是开始了大规模的征途万里的写生生活。从 1954 年至 1957 年,两度经年背负画具,遍游太湖、杭州、雁荡山、绍兴、黄山、岳麓山、韶山、桂林、重庆、成都、万县、乐山、凌云山、峨嵋山、嘉陵江、岷江和栈道等地写生,不辞艰辛险阻,爬山涉水,所到之处,必观察探索自然景物风雨阴晴朝夕变幻之奇,完成了数百幅山水写生画稿,以此为标志,他的山水画以浓郁的生活气息和清新的笔墨意境独树一帜,在国内外发生了重大影响。

从表面来看,李可染的山水写生活动,与 60 年代以傅抱石为首的江苏省国画工作团的写生活动颇为相似,其实,二者之间有着本质的不同。首先,李可染的写生完全是基于他对传统山水画,尤其是宋人山水画"外师造化"精神的理解,而傅抱石等的写生则主要是出于对新社会、新时代革命文艺路线的追随;其次,李可染的写生基本上是一种个人的活动,而傅抱石等的写生则是一场"群众运动";再次,李可染的写生完全是为了提高山水画的艺术性,在当时的形势下,他虽也画过一些革命圣地、建设工地等,但毕竟以不带政治性的自然美景为主要对象,而傅抱石等的写生则主要是为了提高山水画的政治性,尽管他们偶尔也画一些不带政治性的自然美景,但毕竟以革命圣地、建设工地之类的题材最为多见。正因为二者的写生思想不同、立场不同、对象不同、出发点不同,所以,结果也就不同。对于李可染来说,写生成就了他的艺术,而对于傅抱石等来说,写生恰恰损害了他们的艺术。因此,正如师承传统本身并没有好不好的问题,重要的是看你怎样师承传统;同理,师法造化本身也没有好不好的问题,重要的是看你怎样师法造化。

中国山水画的审美境界,大体上可以一分为三:宋人山水侧重物境美,故以丘壑为胜;元人山水侧重心境美,故以人品为尚;明清山水侧重笔墨美,故以传统为宗。当代的一些山水大家,如黄宾虹、齐白石、傅抱石等,基本上不出元和明清的境界;至如张大千、吴湖帆,也是以元和明清为根基而上追宋人。李可染则对宋人山水情有独钟。前文提到,他在传统方面所投下的功力并不是十分深厚,这主要是根据他"学谁像谁""以最大的功力打进去"等观点而言,以技术性、实践性的"基本功"为标准来衡量。然而,从认识论的角度,传统,尤其是以宋人为代表的师法造化的传统毕竟对他产生了极其深刻的影响。他对范宽的作品最为钦佩,因为范宽曾学李成画法,后来觉悟到:"前人之法,未尝不近取诸物。吾与其师于人者,未若师诸物也;吾与其师于物者,未若师诸心。"于是舍其旧习,卜居终南、太华山间,每天览其烟云惨淡风月阴霁难状之景,默与神遇,一寄于笔端之间,遂为山水传神。(参看《宣和画谱》卷十一)试将前引李可染重直接经验、轻间接经验、重生活、轻传统的观点,与范宽的观点作一比照,真是何其相似乃尔! 此外,对于清代的石涛,李可染也是十分欣赏的,因为石涛坚决地"反对死摹古人,主张革新,提倡'师造化'""在他的画语录中,针对那种脱离生活的一味仿古的恶习,提出'搜尽奇峰打草稿'的艺术主张。他慷慨陈词:'古之须眉不能生在我之面目,古之肺腑不能安入我之腹肠。'他发出了'我自发我之肺腑,揭我之须眉'的大胆革新的宏论"。如此等等。需要指出的是,正如简单地将齐白石、黄宾虹的成功归因于"勤苦",作为对齐、黄的评价并不正确,但作为李可染对自我的勉励,并无可非议;同理,简单地将范宽、石涛的成功归因于"师造化",作为对范、石的评价也并不正确,但作为李可染对自我的勉励,亦无可非议。而且,事实上,他也正是通过"师造化"而建树起自己出类拔萃的艺术成就。

试来分析李可染关于"师造化"的观点,大致上可以归纳为如下几个方面:

第一,强调"生活是创作的源泉,生活是第一位的",而"写生"则是"画家奔向生活,认识生活,丰富生活感受,积累创作经验,吸取创作源泉的重要一环"。又说:"写生,是熟悉描写对象的必由之路。""是对客观事物再认识的深化过程。所以,写生是绘画基本功中最关键的一关。""写生既是对客观世界的反复认识,就要把写生作为最好的师造化的学习过程。"……表述上虽然极为拖沓,逻辑上也显得有些混乱,但其基本的思想还是十分明了的,即将"师造化""生活"与"写生"统一起来,并以"写生"统率"师造化"和"生活"。通常提到"师造化",总是局限于"生活是创作的源泉"这样的认识论水平之上,而李可染一步一个脚印的务实精神却把它最终落实到了实践论的技术性基本功之上,这在中国山水画史上,还是从来不曾有过的。

第二,强调"古人画画的笔法和墨法,无一不来源于客观世界""师造化为我国古代有创造性的画家所提倡",从而将"师造化"与"师传统"统一了起来,并以"师造化"作为"师传统"的最佳途径。说起来,这样的统一也并非李可染的发明,如早在明代董其昌的《画禅室随笔》中就曾指出:"湘江上奇云,大似郭河阳雪山;其平展沙脚,与墨沈淋漓,乃是米家父子耳。"等等。但古人关于"造化"与"传统"的这种统一观,大都是落实于十分具体的"图式—修正"的实践论之上的,而李可染则仅仅局限于"师其意不在迹象间"的认识论水平。这似乎与他务实的精神相矛盾,其实却并无矛盾。因为在他的心目中,生活始终高于传统,"师传统"决无法包容"师造化","师造化"则必然包容了"师传统",因此,他在传统方面的虚晃一枪,正是为了生活方面的更加落实。

第三,强调"忠于生活,主宰生活"的观点。写生,首先必须忠实于描写对象,这就是忠于生活。但是,自然形态的东西往往也带一些缺点,所以,写生又不能提倡自然主义,而需要主宰生活。比如"画一棵树,凡是最精彩的树枝都要全力肯定下来,尽量发挥,尽量美化,尽量表现。有缺点的部分,坚决删去,不足的部分,就要按照客观规律,用自己全部艺术经验加以补充,使之完整。这样画出来的树,就比自然的树更美,更理想,更有性格,更有感情了"。总之,对景作画,"也许十分之七根据对象,十分之三根据画的需要。脱离真实不对,完全依靠对象也不对"。李可染有一方闲章:"不与照相机争功。"说的也正是这个道理。这个道理,对于一般生活基础比较薄弱的画家,自不难理解;然而,对于李可染这样有着极其深厚的生活基础的画家,能自觉地提出:"不与照相机争功。"并成功地付诸了自己的创作实践,无疑是难能可贵的。

第四,强调在写生过程中引进西方绘画的技术因素,如素描、造型、明暗、光感、色彩,等等。这并不奇怪,因为传统绘画即使强调"师造化",但也绝不强调"写生",而至多只是出去看看,所谓"臣无粉本,并记在心"(吴道子语);即使作一些"写生",也绝不真正深入地描写对象,而至多只是记一些符号,拿回家再按自己的习惯来画。而李可染所提倡的写生,则要求面对真景认认真真地作画,显然,传统绘画因心造境的技法在这里是不能被满足的。西方绘画则不同,它有着长期对景作画的传统,并积累起了一套相应的技法,尤其是素描的造型能力,概括了绘画语言的基本法则。根据李可染的艺术观,既然写生是当代中国山水画发展的必由之路,那么,"提高一般的造型能力",当然也就成为"发展中国画艺术的首要前提"。因此,适应这一需要,我们不仅应该学习传统,还必须"研究西方绘画艺术,从中汲取有益的经验,学习他们的素描方法,以促进中国画艺术的发展"。关于怎样对待素描的问题,在当代中国画界一直颇有争议。李可染认为:"素描是研究形象的科学。素描的唯一目的,就是准确地反映客观形象。形象描绘的准确性,以及体面、明暗、光线的科学道理,对中国画的发展只有好处,绝无坏处。"说理虽然不太充分,但不失为一家之见。从李可染的创作实践来看,素描确乎起了比较积极的影响;此外,还有印象派的光、色处理,在他的作品中也有一定的借鉴。

第五,强调"在写生过程中,随着对客观世界的物象有了新的发现,就应当力求有新的艺术语言,新的表现方法,新的创作理论"。因此,写生的过程,尽管具有很强的实践性和技术性,但同时又是一个研究的过程,具有很强的理论性和思辨性。李可染是一个实践型、技术型的画家,这本来很容易沦为"匠气";然而,他并没有,这主要归功于他在实践的技术操作过程中同时还注重理论思辨——尽管他的理论思辨就"理论性"而论层次并不是很高。写生的目的,乃至一切绘画创作形式的目的,主要的并不在于"画什么",而在于"怎么画",也就是艺术语言、表现方法的创造,能够发前人之所未发。对于那种"思想内容还可以,可是意匠手段不高,表现力不足,以致不能很好地把作品的思想内容充分表现出来,甚至……只是告诉读者,这是什么,那是什么,而缺少艺术魅力,所以感染力不强"的美术作品,李可染是掉头不顾的。艺术水平的高低,艺术魅力的强弱,艺术成就的大小,归根到底,在于艺术语言、表现方法的创造,能够发前人之所未发。李可染写生的成功,乃至其全部艺术的成功,奥秘盖在于此。

他曾去四川写生,经过三峡,看到傍晚的景色极美,太阳落山,晚霞返照中的景物比较模糊,树木千万株,山和房子隐约可见。还有雾景和雨景,里面的东西也很丰富,深厚而又含蓄。这样的景物怎么表现?有时轻描淡写,也可以画出来,可是单薄得很。但如果画得清清楚楚,又失去了那种迷蒙恍惚的感觉。经过多次的尝试,他终于摸索出一个办法,先把看到的一切,原原本本地画上去,越详尽越好,以纸的明度为"0",树木、房子画到"5",显得景物很清晰;然后再以淡墨慢慢整理底色,加到"4"与"5"之比,使原有的轮廓渐渐消失,再统一调子,将消失未消失,那效果就与自然景色比较接近。他把这个意匠方法叫作"从无到有"和"从有到无",确乎是传统山水画中所未曾见到过的。如作于1955年的《万寿山谐趣园》《颐和园后湖游艇》、作于1956年的《峨嵋秋色》《夕照中的重庆山城》《拙政园》、作于1957年的《杏花春雨江南》等作品,都采用了这种方法。特别是《杏花春雨江南》一画,淡墨轻染恰到好处,水天一色,万物都浸淫在光被四表的蒙蒙细雨中,极其静寂空灵,充分表现出雨意中的江南春色。直到晚年，李可染的艺术作风转向崇高拙厚，但仍在表现漓江风景时偶一运用这种空蒙的画法，给人以水晶琉璃般的审美感受。

　　此外，他还喜欢描绘水中的倒影，这在传统山水画中也是比较少见的。有人问他为什么要画影子？他反问说："生活中如果有很多美丽的影子，为什么不可以表现？"古人没有表现过的东西很多，如果为传统所囿，那么，即使走到了生活之中也必然寸步难行。而如果以生活为艺术的源泉，那么，丰富多彩、变幻莫测的自然景观，正可以帮助画家克服陈陈相因的公式化，而创造出更多更美的富有时代气息的艺术语言和表现方法来。李可染反复申说："我们对待传统的正确态度，是尊重而不迷信。不能说中国画的艺术传统已经到了顶点。我们要在传统的基础上不断探索新的规律。深入生活，勇于实践，是有所发现、大胆创新的前提。"除倒影的例子外，又如前人的山水多近处物体清晰，颜色深重，远处物体模糊，颜色浅淡。这是一般条件下的规律。而李可染20世纪50年代出去写生，在特定条件下，发现景物前面亮而淡，后面暗而深的情况，这同一般条件下景物近深远淡的情况正好相反。他也就大胆地在自己的创作实践中予以客观的反映。又如虚实关系，近景的树如若要与后边的景物拉开，就必须留出空白；画水要显其光亮，也必须空白——这是虚中见虚，也是一个规律。但是，李可染在写生实践中发现，当走进一座密林，树隙的空间往往呈现黑色，而树色则显得虚空；林荫下的小溪，黝黑而光亮，像一串黑宝石，但同样使人感到虚空——这是实中见虚，也是一个规律，正好与前者相反。凡此种种，也都在李可染的创作实践中大胆地予以客观的反映，并取得了独创的效果。

三

　　中国画的创作情境，大体上有两大类型，一类是感性型的，另一类是理性型的。感性型的创作所强调的是即兴的发挥和"无意得之"，所谓"当其有事,已知遗去机巧,意冥玄化,而物在灵府,不在耳目。故得于心,应于手,孤姿绝状,触毫而出,气交冲膜,与神为徒。若忖短长于隘度,算妍蚩于陋目,凝觚舐墨,依违良久,乃绘物之赘疣也,宁置于齿牙间哉"(符载《观张员外画松石序》)。其最高的境界,便是逸品,所谓"格外不拘常法",完全没有一定的规矩可循。理性型的创作所强调的是惨淡的经营和"有意求之",所谓"必注精以一之""必神与俱成之""必严重以肃之""必恪勤以周之"(郭熙《林泉高致·山水训》)。其最高的境界,便是神品,必须意在笔先、按部就班、循序渐进、逐步深化。

李可染的创作是属于理性型的。他认为:

> 有人以为大画家画画,都是随随便便地抹几笔,自己也就漫不经心,以为从胡涂中就可以创造出奇迹。这是奇怪的幻想。那么,古人说的"若不经意"这句话应当怎样理解呢?我认为"若"字上边也应该打几个圈强调一下,或者更明确一点,在上面加上"经意之极"四个字,成为"经意之极,若不经意"。这如苏东坡所说"始知真放在精微"是同样的意思。
>
> 创作中潦草是最大的错误,没有比潦草的错误更大了。艺术家从事创作不是"探囊取物",要把整个生命力投进去。犹如"无鞍骑野马""赤手捉毒蛇",必须全力以赴,精神高度集中。
>
> 有些青年人,作画信笔涂抹,以奇怪为创新,这是不对的。创新是在传统的基础上,深入观察研究客观世界,从而得到新的启发,甚至发现前人没有发现的艺术规律,因而创造了与前人不尽相同的艺术风格和表现手法。这绝不会随随便便可以侥幸获得。

李可染的这种见解,用以否定感性型的创作情境,当然不足为训;但用以解释理性型的创作情境,则无疑是中肯之论。这两种情境之间,具有某种不可通约性,因此,重要的并不在于孰是孰非,而在于怎样使自身纯化并将自身的可能性发挥到最大的限度。在这方面,潘天寿是一个例子,李可染又是一个例子,他们的创作都是以"经意之极"而追求"若不经意"的境界,尽管事实上并没有最终达到这一境界。

李可染以杜甫的诗句"平生性癖耽佳句,语不惊人死不休"、贾岛的诗句"夜吟晓不休,苦吟神鬼愁。两句三年得,一吟双泪流",及其"推敲"的典故和王安石"春风又绿江南岸"的典故为例,说明理性型创作情境中艺术家刻意锤炼的精神:"我们的前辈诗人和画家,对于意境的创造和意匠的经营,一字一句,一笔一画,反复琢磨,真是呕心沥血,所下的苦心是何等惊人!"其实,李可染自己的创作之呕心沥血,一点也不在"前辈诗人和画家"之下。他自称"向纸三日""废画三千"。所谓"向纸三日",就是说创作之前要酝酿构思,设计办法,"九朽一罢",不要坐下就动笔画,而应该对纸久坐,对纸久观,对纸凝思,这张画表现什么思想,如何艺术加工,是什么情调,浓重还是淡雅,雄浑还是秀媚,热调子还是冷调子……等到所要描写的对象在脑子里和白纸上形成一张画的时候再动笔。这种方法,与宋代画家宋迪"张素败壁"的经验颇为相近,实际上也就是意在笔先的惨淡经营。所谓"废画三千",就是不要怕画坏的意思。脑中之画毕竟是虚的,落实到具体的笔墨形象中,难免出现这样那样的不足,这就需要不断地研究。创作的过程,永远是学习、研究的过程,不仅在迹不逮意的情况下要研究,有时似乎画得很好了,还是要研究:是否可以再加以改进?如果觉得精彩,就不敢再碰了,就维护,这就难于发展。传世的李可染画品,都为无懈可击的精心之作,而绝无粗制滥造的应酬之迹,正反映了其严肃的、理性的创作态度。

李可染有两句座右铭:"可贵者胆,所要者魂。"所谓"胆",也就是敢于突破传统的胆识和胆量;所谓"魂",也就是画的意境。他把画的意境看作是"客观事物精萃的集中,加上人的思想感情的陶铸,即借景抒情,经过艺术加工,达到情景交融的美的境界、诗的境界"。因此,画家的一笔一画,既是客观形象的写照,又是作者主观感情的抒发。绘画要有意境,不仅要求作者深入生活,而且更要求作者以充沛的感情进入生活。如果没有感情,光用技法来画画,虽然可以画得很准,但却是死的,没有生气,没有灵魂,充其量不过是物象的图解或地理志,不可能具有强烈的艺术感染力。李可染作画,怕人站在旁边看,他说:"我感觉有人站在旁边看,就会使我精神分散,注意力集中不起来。"结果,感情也就进入不到对象之中去。这正是理性创作的一种习惯。当然,感性型的创作往往也不欢迎有人旁观,如傅抱石就是如此,但性质是两样的,他所怕的主要不是影响注意力的集中,而是怕由于注意力的集中而旁若无人的狼狈相,给人看到了太不雅观。意境的创造,对于理性型的画家来说,不是一件轻松的事。李可染自述:

> 我画水墨山水,感觉到自己就像进入战场,身在枪林弹雨之中,因为笔墨画在宣纸上不能涂改,所以不能有一点疏忽差错。每一笔都要解决形象问题,感情问题,远近虚实问题,笔墨浓淡问题。集中全力反映客观事物的精神实质,创造出有情有景的艺术境界,这不是容易的事。正如前人所说,画画犹如"狮子搏象",一定要全力以赴。

表现意境的加工手段,李可染称之为"意匠",并认为:"意境和意匠是山水画的两个主要关键,有了意境没有意匠,意境就会落空。"

中国画的意匠手段,李可染归结为三法:剪裁、夸张、组织。剪裁是对形象的取舍,夸张是对所取形象的最重要部分特别地予以强调表现,组织也就是构图。对于李可染来说,这三者并不是互相割裂的,而是有机地联系在一起的,并最终落实于构图之上。他指出:

> 构图就是把握描绘对象的本质特征,加以重新组织,这就叫"经营位置"。为了布局和章法,加强艺术表现力和感染力,山可以更高,水可以更深,花可以更红,树可以更多,这是允许的,画家完全有此权力。

无疑,在这样的"组织"中,同时也包含了"剪裁"和"夸张"在里面。李可染对于构图极其讲究,煞费苦心。他认为,"经营位置,寸画寸金",也就是要求"大"和"多",要求在一张小小的纸上,表现出最大、最丰富的内容。复杂的事物要善于用穿插法,切忌堆砌、平铺和罗列;组织画面,往两旁、上下伸展比较容易,要透进去、往里深就难得多。李可染有一幅画描绘桂林山水,两棵大树就占满了画面,可是深入观察,景色非常丰富,这主要是在枝叶茂盛的大树之间,画了延伸进去的道路,又在画面的一角表现了江岸和渡船,经过穿插和组织,空间感就扩大了。他画瀑布,则以瀑布为主体,居于构图的第一位,亭子是第二位,树是第三位,岩石、灌木是第四位……从明暗关系来讲,瀑布最亮,亭子次之,树又次之,然后是岩石、灌木……明暗层次很清楚,既突出了主体,又有强烈的整体感。他认为:"为了把握整体感,画画时切忌一个局部画完了才画另一个局部,要整体地画,整体地加。"这有些像西方的素描,可以作为理性创作的一个特点。其实,我们知道,中国画的创作常有"一个局部画完了才画另一个局部"的成功范例的,尤其是在感性创作之中,更是如此,并不一定非"切忌"不可。李可染强调这一点,正反映了他在这方面有意识的理性控制,并尽量把它发挥到极限。

　　众所周知,传统山水画的构图是比较公式化的,"凡经营下笔,必合天地。何谓天地?谓如一尺半幅之上,上留天之位,下留地之位,中间方立意定景";"山水先理会大山,名为主峰,主峰已定,方作以次近者、远者、小者、大者";"林石先理会一大松,名为宗老,宗老已定,方作以次杂窠、小卉、女萝、碎石"(郭熙《林泉高致·画诀》)。至清代"四王",更成为一层坡、二层树、三层山的固定陈式,千篇一律,大同小异。这种千年相沿的构图陈式,自有其特殊的文化心理背景,具体不在这里分析评价。例如,黄宾虹的山水、吴湖帆的山水和张大千早期的山水,大都也不脱此种规范。但李可染是不能满足于此的,撇开意境的时代性不论,从技术的角度,他对传统的最大突破,首先正在于构图章法。或上不见天,或下不留地,或以树为主,或以山为主,或以水为主,或以亭为主,横斜竖插,萦回环抱,与传统留天留地、主峰宗老的格局迥然而异。这固然是得之于写生实践的江山之助,但更重要的则是基于其主观上的理性努力。例如,同样在写生实践方面投下了相当功力的傅抱石后期的山水画,虽然在构图方面也对传统有所突破,但却沦于照相摄影的取景,说明他在主观意识上更多地是为写生而写生,为迎合形势需要而写生,而不是为了提高艺术而写生。

除意境、意匠外,李可染还十分强调在笔墨上下功夫。他反复指出:"在世界美术中,中国画以线描和墨色为表现基础,形成了自己的艺术特色。""笔墨是形成中国画艺术特色的一个重要组成部分。""因此,笔墨的研究,就成为中国画的一个重要问题。""书法练习是锻炼笔法的基本功。字和画表面上看来并不相同,但用笔的肯定有力,刚、柔、虚、实等等基本规律却是一样。画家掌握了这些,就大大有助于发挥创作的表现力。"这些观点,当然并非李可染的发明,所以,重要的不在于这些观点本身,而在于画家在这些方面投下了怎样的努力?取得了怎样的特色?衡量一个中国画家的创作,意境的时代性、意匠的新颖性固然重要,但归根到底,还必须落实到笔墨的表现力。古代的画家,他们的创作尽管在意境、意匠方面有"公式化"之嫌,但却无不在笔墨上下过三折肱的功夫,积累了极为宝贵的经验,甚至达到出神入化的程度。即以王原祁而论,其构图章法几乎全是一层坡、二层树、三层山的形式,甚至连坡地、山峦的组织,树木、屋宇的穿插,也都是固定的那么几种结构,但是,他在笔墨的锤炼方面却投下了超凡入圣的功夫,所谓"笔底金刚杵",标志着传统山水画笔墨美的最高境界。然而,当代的中国画,尤其是20世纪50年代以后的中国画,尽管在某些方面取得了很大的进展,甚至可以说已经超过了古人,但讲到书法和笔墨功夫,还远远赶不上前代。笔墨功夫差,往往使画面软弱无力,又削弱了中国画的特色。因此,李可染大声疾呼:"我们要提高中国画的水平,也要在笔墨上下一番苦功夫,向我们的前辈认真学习。"并一针见血地指出:"要做到这一点,我看还要从思想上纠正不重视中国画的工具性能的错误做法,以为用中国笔墨在中国宣纸上画速写就算是中国画了。这种观点是错误的,有害的。"此外,"有人把纸打湿再画是不好的。中国画不像水彩,不能单纯靠烘染解决问题,要画到百分之八十才烘染。"

李可染的笔墨风格大体上可以分为两个阶段,以 20 世纪 60 年代为界,之前倾向于轻灵隽秀,之后倾向于拙重浑厚。前者可以 50 年代的写生作品为代表,笔路清晰,墨韵清新,基本上属于传统的风貌,只是由于意境、意匠变了,所以显得不落俗套。后者尤以七八十年代的作品为代表,画家的主要精力,不再投之于写生,而是直接地投之于对笔墨本身的千锤百炼,于是而最终确立起完全属于他个人的面貌,具有里程碑式的静穆感和崇高感。

所谓拙重浑厚,我们可以从几个方面来加以认识,而最重要的一方面,便是"行笔沉涩,积点成线""高山坠石,春蚕有声",也就是用笔的"慢""重""平"。李可染小时候学字写赵体,一味追求漂亮,结果产生了"流滑"的毛病,后来花了很大的苦功才加以纠正。纠正的方法就是写字尽量工整,不怕刻板,他写颜字,写魏碑,还写自己所独创的极其呆板的"酱当体",这些字体不同于赵体之处,除表面的漂亮与刻板之别外,便是用笔的流滑与慢、平、重之分。用笔画线的一条基本原则是每一笔都要送到,"如屋漏痕,处处可留",线要一点一点地控制,控制到每一个点上,这就需要"慢",也就是"行笔沉涩,积点成线"的道理。齐白石作画,常常题字"白石老人一挥",实质他的用笔极其沉着缓慢,从来就没有信笔挥洒过。他画枝干、荷梗、虾须,起笔无顿痕,收笔戛然而止,笔法中叫做"硬断"。对于那种"像骑自行车走下坡路似的直冲下去",或者"像滑冰似的滑了过去"的用笔,李可染认为:"看似痛快,实则流滑无力。"这当然只是他的一家之言,例如传统笔墨中素有"沉着痛快"之论,"沉着"并不唯与缓慢者有缘,而"痛快"也不一定必然沦为"流滑无力",但由此正可窥见李可染在这方面的个性追求,而且事实上,他在这方面的追求也是获得了相当成功的。

"慢",固然是李可染笔墨的一个"最基本原则",但光"慢"而无"力"的用笔,还是无法收到拙重浑厚的效果。所以,这就需要辅之以"重",也就是"高山坠石,春蚕有声"的道理。李可染曾问黄宾虹:作画时笔在纸上摩擦有声,远听如闻刮须,为什么会这样?黄回答说:行笔最忌轻浮顺划,笔重遇到纸的阻力则沙沙作响,古已有之,所以唐人有诗云:"笔落春蚕食叶声。"黄宾虹笔力雄强,笔重如"高山坠石",其功力达到了很高的境界,正成为李可染的最好榜样。但是,黄宾虹的笔墨不仅以"重"震撼人的眼目,更以其"自然"的浩然之气提升人的心灵;而李可染的"重"则刻意而为,在境界上不免稍逊一筹。诚如恽南田所说:"今人用心在有笔墨处,古人用心在无笔墨处,倘能于笔墨不到处观古人用心,庶几拟议神明,进乎技已。"(《瓯香馆画跋》)同理,李可染的"慢"与齐白石的"慢",同样也存在着"刻意"与"自然"之别,所以,其"慢"好学,其境界则难到。

所谓"重",又不能忽轻忽重、力量悬殊。这就需要了解"平"的道理,也就是用力要均匀,"如锥画沙",既不可沉下去,又不能浮上来,这样,线条画到任何一点上都是有力的,而不致形成两头实、中间虚的"系马桩"。李可染指出:"用墨的变化,力求微妙,局部的变化不能太大。初学中国画的青年,见一笔中就有浓淡变化,觉得很新鲜。如果笔笔都求变化,就会使画面'花''乱',破坏了整体感,失去了大的效果。……前辈大师们用墨,少有忽浓忽淡、浓淡悬殊的地方。"用笔的变化,同样也是如此,必须首先了解了"平"的道理,然后才能在此基础上求提、顿、轻、重、疾、徐的变化,这就是寓变于平、寓巧于拙;否则的话,难免不造成"花""乱"的结果,似变反平、似巧反拙。

慢、重、平的笔墨特点,在李可染的人物、水牛画中,表现得最为明显。这主要是因为他的这类作品,大都落笔即成,少用复笔,一笔一个效果,笔笔见其慢、重、平。然而,他的山水画创作,则往往需要一遍一遍地往上加,甚至加到十多遍,这一方面固然进一步加强了其拙重浑厚的整体效果,但另一方面,也就使得其具体的一笔一墨的效果似乎变得模糊不清了。这就不免给人以错觉,似乎拙重浑厚的效果可以不经过具体的一笔一墨、而只要经过最后几道总体的加工程序也可以达到,例如当代一些年轻山水画家常喜欢以石青、石绿等矿物质颜料浓涂厚抹,便是出于对拙重浑厚的错误理解。其实,李可染的山水,虽然乍看之下,不见其勾,不见其皴,不见其点,不见其线,实际上,在具体的创作过程中,他的每一个点,每一根线,无不是慢、重、平地画出来的,只是由于反复地追加,有时用不同的皴法、笔法交错进行,就像印刷套版没有套准似的,笔笔交错、打乱,再以渲、染、刷、擦统一调子,逐渐形成总体的体积、空间、明暗和气氛,而使得具体的一笔一墨、一点一线的效果变得消融了、模糊了。如果没有对于一笔一墨、一点一线的老老实实的用功,企图毕其功于总体加工的最后一役,那么,无论用石青、石绿涂抹到怎样的浓厚,其实质依然只能是单薄的。他的这种笔墨功夫,同样可以概括为"从无到有"、再"从有到无"的积学致远的过程。

后　记

　　我与袁春荣先生相识多年,经常在一起讨论艺术的问题,在学术上颇多共同的观点,尤其对于中国画的见解,更有不少相通之处。因此,当他向我组约《当代十大画家》的书稿,我便一口应承了下来。

　　然而,真要着手进行这项工作,却又感到困难不少。

　　首先,是十大画家的遴选问题。作为中国绘画史上堪与宋、元、清相媲美的一个重要时期,当代画坛上成就卓著的画家实在不止十人之数。孰取孰舍？这就牵涉到对于所谓"成就"的评判标准问题。有一种意见认为,艺术不是体育竞赛,不同的艺术家个性不同、风格不同,相互之间具有"不可通约性",因此,他们的成就也就不存在孰高孰低的比较问题。对这种观点,我并不敢苟同。因为,如果真是那样,那么,岂不是人人都成了"艺术大师"？一部艺术史又将何从写起？诚然,个性、风格是不可通约的,不可比的,但是,气格却是可比的。在中国绘画史上,之所以有"南宋四大家"(李唐、刘松年、马远、夏圭)、"元四家"(黄公望、吴镇、倪瓒、王蒙)、"明四家"(沈周、文徵明、唐寅、仇英)、"清初六大家"(王时敏、王鉴、王原祁、王翚、吴历、恽寿平)之称,正因为这些画家的气格相比于同时代数以千百计的其他画家来得更加恢宏、博大的缘故,由此而确定了他们的成就相比于其他画家要来得高,确定了他们在绘画史上的地位相比于其他画家要来得重要。

　　除气格的大小之外,能否代表一个时期的画学主流,也是评判一个画家成就高低的重要依据。上述画家,不仅个人的成就突出,而且分别启领了时代的风气,堪称是开宗立派的一代宗师,如"南宋四大家"之于"院体","元四家"之于"南宗"法脉,"明四家"之于"吴派","清初六大家"之于"正统画派",等等,由此而更确定了他们的成就相比于其他画家要来得高,确定了他们在绘画史上的地位相比于其他画家要来得重要。

基于气格和开时代风气的标准,通过与袁春荣先生和其他朋友的反复磋商,最后确定了黄宾虹、齐白石、林风眠、张大千、潘天寿、傅抱石、李可染、吴湖帆、刘海粟、徐悲鸿为"当代十大画家"的人选。当然,气格的大小也好,时代风气的启导也好,都没有如同体育竞赛那样的明确的标尺可以拿来衡量,而只能依靠我们的感觉去把握。这里面就存在着一个感觉偏差问题,也就是主观的偏爱对于客观评价的干扰。我们尽可能地希望自己的评价客观公允,但却不能保证绝对没有主观的因素掺杂其中。此外,对十大画家名次的排列,既不是以生年为序,也不是以姓氏为序,而是以我们所认为的成就的高低为序,因此,这种排列本身实际上也意味着对他们历史地位的评价。同样,我们尽可能地希望自己的评价客观公允,但却不能保证绝对没有主观的因素掺杂其中。

十大画家的人选确定以后,接下来就是如何写法的问题。根据通行的画家传记、评论、研究之类的写法,其特点有二:一是按照"时代背景""画家生平""艺术成就"的三段式去套;二是全面地介绍其各方面的成就,务求面面俱到。以"中国画家丛书"中的《郑板桥》为例,其目次为:

一、引言

二、生平概述

(一)童年时代

(二)青少年时代

(三)在穷途上挣扎

(四)出任山东

（五）卖画扬州

二、文学成就

四、艺术成就

　　（一）绘画

　　（二）书法

　　（三）题跋

　　（四）印章

五、小结

　　这几乎已经成为一个固定的模式，任何一个画家的传记、评论或研究都可以轻而易举地纳入其中。然而，本书的写作对于这一模式，我和袁春荣先生都是不能满意也是不能同意的。艺术现象不同于科学现象，科学现象可以用统一的公式去套，比如只要是在光速之内，无论发生在中国还是发生在美国的任何一种力学现象，都可以运用牛顿定律去求解；然而，艺术现象包括某一个艺术家的成长却并不遵从一定的公式、定律，用固定的模式去套无异于削足适履。另外，面面俱到的介绍貌似"全面"，却难以单刀直入地抓住要害，所谓"弄一车兵器，不若寸铁杀人者也"。因此，经过反复磋商，最后决定本书的写法，对不同的画家分别从不同的角度切入，当然，这一角度的选择必须有助于对该画家更深刻、更鲜明的理解和认识；其次，对于画家多方面的成就不作面面俱到的铺陈，而是着重于中国画的方面加以展开，即使涉及其他方面如诗文、书法、篆刻、理论、油画、素描、美术教育等等，目的也并不在于诗文、书法等本身，而是为了更充分、更有力地展开对于其中国画的评价；第三，就中国画的评价而言，则注意将画家放在一个连着过去、指向未来的历史环境中去发现问题、提出问题、探讨问题，如传统与创新的问题，中西融会的问题，深入生活的问题等等。本来，当十大画家的研究完成之后，还想在书后加一篇"十大画家年表"作为附录，但考虑到类似的文字随处可见，而且与本书理论思辨的体例不尽匹配,所以临时把它抽掉了。此外,需要加以说明的是,图版的挑选工作是我和苏霄松先生共同完成的,几乎每一家、每一幅都是百里挑一,颇费周详。

长期以来,我对美术史的研究主要限于古代,收获了一定的成果,引起学术界的关注。今天,当我将研究的重心转向当代这一向来被看作是美术史研究的"禁区",结果又将如何呢?祈望专家和读者指正。

徐建融
1992年8月于毗庐精舍